Zu diesem Buch

Im Kreißsaal dabeisein, von Fall zu Fall im Haushalt mithelfen, Kinderwagenschieben gelten bei vielen als Beweis neuer Väterlichkeit.

Für Horst Herrmann, Vater von zwei Söhnen, ist das viel zu wenig. Er faßt das patriarchale Milieu konsequenter als üblich an: Unsere Gesellschaft ist von Vater-Gewalt (und nicht nur von Männer-Gewalt) bestimmt geblieben. Vatergewalt ist gegen Frauen und Kinder gerichtet.

Warum sahen wir das bisher nicht? Weil sich Vatergewalt immer als Vaterliebe getarnt hat. Immer haben Väter den Frauen und Kindern gesagt, sie wollten nur das Beste für sie. Immer hatten sie, vor allem wenn sie von Partnerschaft und Erziehung sprachen, nur das Beste für den Fortbestand ihrer eigenen Gewalt im Sinn.

Der Autor

Horst Herrmann, geb. 1940, Studium in Tübingen, München, Bonn und Rom, Dr. theol., seit 1971 ord. Professor für Kirchenrecht an der Universität Münster, 1975 Entzug der kirchlichen Lehrerlaubnis, seit 1981 ord. Professor der Soziologie an ders. Universität; 15 Bücher (in versch. Sprachen übersetzt), über 120 Zeitschriftenartikel; lehrend, forschend und publizistisch inzwischen mit den Schwerpunkten Partnerschaft, Ehe, Familie, Institutionen, Verhältnis Frauen – Männer tätig. Mitglied PEN, VS. Mitarbeit vor allem bei SPIEGEL, STERN, KONKRET, Rundfunk, Fernsehen. Vorträge.

Horst Herrmann
Vaterliebe

Ich will ja nur dein Bestes

Rowohlt

Für H. P. G. und M. Schneider

Originalausgabe
Veröffentlicht im Rowohlt Taschenbuch Verlag GmbH,
Reinbek bei Hamburg, Mai 1989
Copyright © 1989 by Rowohlt Taschenbuch Verlag GmbH,
Reinbek bei Hamburg
Umschlaggestaltung: Thomas Henning / Claus Pfitzner
Lektorat: Jürgen Volbeding
Satz Bembo (Linotron 202)
Gesamtherstellung Clausen & Bosse, Leck
Printed in Germany
1280-ISBN 3 499 18248 3

Inhalt

Worum es geht

Die These, die sich durch dieses Buch zieht, ist so einfach, wie ihre Perspektive einseitig erscheint:

Gewaltfreie Liebe gibt es nicht.

Ich halte Fernrohr und Lupe in einer Stellung auf das Thema, renne nicht hierhin und nicht dorthin, verliere den Standpunkt nicht. Schluß mit dem professionellen Drehen und Wenden. Ich halte den Kopf fest. Liebe ohne Gewalt findet sich nicht.

Heißt sie «Vaterliebe», so hält sich diese Definition an die Grenzen des Vaters. Vatersein gründet aber traditionell auf Gewalt. Von der her wird eine Gesellschaft bestimmt – und alle Formen von Liebe, die sich in ihr finden lassen. Gegen diese Gewalt kommt jene Empfindung nicht an, die sich zur Zeit als «Neue Väterlichkeit» zeigt.

Hin und wieder sieht es so aus, als identifiziere sich ein Vater, nachdem er «seine autoritäre Persönlichkeit abgelegt»[1] hat, intensiver mit der Frau als einer Mutter. Elisabeth Badinter macht darauf aufmerksam, daß Frauen inzwischen eine differenziertere Haltung gegen das Muttersein einnehmen. Männer der jüngeren Generation hingegen wünschten tätige Bemutterung, wenn nicht Mütterlichkeit.

Geschiedene Männer beanspruchen zunehmend das Sorgerecht für ihre Kinder. Befragungen ergeben, daß Jungväter Einstellungen aufweisen, die nach dem herkömmlichen Rollenverständnis als mütterlich gelten. Interesse an der Schwangerschaft der Frau, Anteil an der Geburt, Anwesenheit im Kreißsaal, Übernahme der täglichen Kindessorge. Die Väter als die (besseren) Mütter.

Das Zahlenmaterial macht Eindruck: Neue Väter sind von der Schwangerschaft ihrer Frauen physisch und psychisch mitgenommen. Nervöse Anspannungen, Schlaflosigkeit, Gewichtszunahme, Sehstörungen, Zahnschmerzen sind bereits die Regel.[2] Die Väter wollen einbezogen sein. Ihre Aufgabe soll nicht mit der Zeugung beendet sein. Sie brüten neue Ängste aus. Ihre Erzählungen vom Kind wirken stolz.

Die Flasche zubereiten und reichen, Windeln wechseln, Spazierenfahren, Aufstehen bei Nacht, den Säugling baden, das Kind trösten, mit ihm spielen: Die monotonen Bemühungen um das Neugeborene stehen hinter dem Geburtserlebnis als einer singulären Situation des Vater-Werdens nicht zurück. Hier erwacht Vaterliebe – und festigt sich durch Übung.

Das bisherige Reservat der Mütter, die Zuwendung von Zärtlichkeit, wird langsam von den neuen Vätern besetzt. Frühere Väter haben die Zärtlichkeit den Müttern als Rolle auf den Leib geschrieben; heutige Väter schreiben nicht mehr nur zu, sie besetzen immer häufiger selbst das Reservat.

Im Gegenzug beginnt das frühere Monopol der Väter abzubröckeln, Sanktionen gegen das Kind zu ergreifen. Der neue, der «richtige» Vater straft nicht mehr – oder nur noch, wenn seine Agentin, die Mutter, seine Anweisungen nicht gegen das Kind durchsetzen kann oder will.[3]

Aufgepaßt. In diesen Erscheinungen ist nicht schon ein grundsätzlicher Wandel zu sehen. Da wird Sand gestreut. Die Väter müssen unter uns die alten bleiben, und die neue Väterlichkeit erkennt bereits ihre Kehrseite.

«Ich habe mitgehechelt», sagt Detlef[4], «... bei der Geburtsvorbereitung für mein jetzt dreijähriges Kind. Ich habe, mit zwanzig anderen Männern und Frauen auf Turnmatten aufgereiht, neben der dickbäuchigen Mutter meines Kindes gelegen und Atmen und Pressen geübt. Das muß der Anfang vom Ende unserer Beziehung gewesen sein. Lächerlichkeit tötet... Acht Monate nach der Geburt meines Kindes habe ich die Wohngemeinschaft verlassen, heulend, mit Verwünschungen und Drohungen reichlich vollgepackt und mit einem Papier in der Tasche, das mich als unehelichen Vater eines Kindes ausweist. Heute bin ich vollausgebildeter Teilzeitvater: eine halbe Woche Lohnarbeit, eine halbe Woche Knechtarbeit für mein Kind...»

Lächerlichkeit tötet, ein Vater-Wort. Knechtarbeit für mein Kind, auch das ein Vater-Wort.

Detlef hat mit den Gebrauchsanweisungen der neuen Mütter-, Kinder- und Väterliteratur keine guten Erfahrungen gemacht. Er hat mitgehechelt, war ein Softie, wie er im Buch stand. Und jetzt? «Die Tür zum Treibhaus der ‹Dyade› hat sie (die Mutter) mir vor der Nase zugeschlagen, statt dessen sollte ich dessen Fenster putzen...»[5]

Dieser Vater, gewiß einer von den vielen neuen, sagt «mein» Kind, wenn er «unser» Kind meint. Er nimmt in Besitz, weil er sich ausgeschlossen fühlt. Er greift zu Vokabeln, die vatertypisch sind, spricht von «naturhaft» und «zeitlos», um sich sein Scheitern als Mutter-Person in der Dyade (Dyade = Paarverhältnis) zu erklären. Naturhaft ist die Mutter-Kind-Beziehung, und der Vater bekommt die Tür vor der Nase zugeschlagen.

Jetzt steht er draußen und heult. Wo er lieben wollte, mußte er gewohnt fraumenschliche Tätigkeiten verrichten. Fenster putzen. Das ist zum Heulen. Er macht sich ans Neudefinieren. Das haben seine Vorväter ähnlich gemacht. Ihre Angst gegen die Mütter und die Kinder hat sie dazu getrieben. Wo Gefühle nicht gefragt sind, muß der Kopf herhalten; der ist nach der Definition der Mannmenschen mannmenschlich.

Ich denunziere nicht. Ich gebe Normales wieder. Auch der neue Vater spricht und handelt, wie ich noch zeigen werde, ganz vaterspezifisch. Auch wenn er sich so modern wie möglich gibt, erfüllt er nur die althergebrachten – gegen Frauen und Kinder gerichteten – Erwartungen seiner Ober-Klasse. In seiner Sehnsucht nach Liebe erweist er sich nicht als Liebender, sondern als Vatermann-Mensch.

Die von Badinter vorausgesagte «Revolution der männlichen Mentalität»[6] läßt auf sich warten. Nicht nur in diesem einen Fall.

Es gibt Gründe für die Verzögerung der Wende. Die neuen Väter können nicht nur an den Müttern von heute scheitern – und denen die Schuld am Scheitern zuschreiben. Sie bleiben in einer durch und durch patriarchalen Gesellschaft auch stets Söhne von Vätern. Niemand entkommt so schnell dem eigenen Vater und dem von diesem weitergezeugten System.

Daß die spätere Generation viele Erfolge der früheren in den Papierkorb der Ideen wirft, daß die Enkel lachen, wenn sie die Maschinen der Großväter sehen, daß sich eine unerschöpfliche Quelle der Komik auftut, wenn die Väter-Generation zur Sprache kommt, ist nur vordergründig wirklich. Die Prägungen, die ich meine, sitzen tiefer.

Bernward Vesper hat in seinem Roman-Essay «Die Reise», einer «Entdeckungsreise in die psychische Disposition der bürgerlichen Seele»[7], sich stellvertretend für alle mit dem Vater beschäftigt. Seine Zeugenschaft ist charakteristisch.

Bei Vesper finden sich die drei klassischen Generationen, der – 1971 verstorbene – Erzähler, sein Sohn Felix, der den Namen der Mutter Gudrun Ensslin führt, und sein Vater Will, ein deutschnationaler Schriftsteller († 1961). Alle drei Väter-Söhne sind der einen Väterreihe integriert, gerade wenn Bernward über Felix sagt: «Der Gedanke, daß er genauso durch die Scheiße waten muß wie ich, aus den Tiefen eines Dorfes, ist mir unerträglich. (Alle unsere Anstrengungen sind umsonst gewesen, wenn wir unsre Kinder dort anfangen lassen, wo auch wir begannen.)»[8]

Der Anfang ist unverrückbar fest. Die Anstrengungen gegen Felix sind umsonst. Da ist der Vater Will, Großvater von Felix, ein Mann-Mensch, der Bernward ein Leben lang nicht losläßt. Will ist von Bernward mit viel Gewalt geschildert, und mit ein wenig Liebe. Der Vater ist keine Schießbudenfigur, die zum Abschuß freigegeben wäre. Will lebt allein seine – so oder so in allen Familien festzustellende – Alltagswelt des Vaterseins durch.

Wer kann von sich sagen, das kenne er / sie nicht?

Der Scharfblick des Sohnes sieht in diese Welt hinein. Dieser Sohn ist sensibel. Das hebt ihn von anderen, stumpferen ab. Bernward registriert alle Kleinigkeiten seiner Beobachtung und prägt sie sich ein; er hat das Zeug zum Entdecken von vielem, das von einer übermächtigen Vaterfigur gedeckt ist, und er versteht das auszudrücken, was andere schweigend kennen.

Wer ist nicht geschlagen worden? Wer hat sich nicht mit den frühen Schlägen abgefunden? Wer hat nicht die Vater-Gewalt durch Liebe verdrängt? Wer schlägt nicht weiter – statt zurück?

Schläge waren es nicht, die Bernward den Haß auf den Vater gelehrt haben. Vatergewalt gegen die Kinder gründet tiefer als in Schlägen. Vesper spricht von der Ahnung des Kindes, daß eine von Kindern gemachte Welt die Welt der Väter zerstört hätte. In der Frage «Ihr oder wir» mußten daher die Väter eine Entscheidung herbeizwingen. Zu ihren Gunsten. Mit Schlägen. Mit Worten und mit Blicken. Mit aller Gewalt.[9]

So ist es immer gewesen: Das einzelne Gewalt-Leben eines Vaters steht nur in der langen Reihe der Vorväter, die so und nicht anders, also im Zwang, erzogen worden sind – und die die in den Herkunftsfamilien erlittene Gewalt weitergezeugt haben.

Die Geschichte eines Mannes, der am Kinderbett nicht nur als der Mann überhaupt erschien, sondern als der Magier, der Gott, der mit unsichtbaren Kräften kommunizierte. Ein Vater-Gott vor den Kindern, stark in der Reihe der anderen, unnahbar korrekt. Unantastbar entfernt.

Die Karriere des Vaters fordert diesem die Integration in die Väterreihe ab. So bleibt ihm für den Rest seines Lebens nur die eine Aufgabe, die eigenen Kinder zu seinen eigenen Prinzipien hin zu erziehen. Zu den von den Vätern ererbten Werten, zu Fleiß, Härte, Sparsamkeit, bedingungslosem Gehorsam, Ordnung, Askese, Triebverzicht, Kritiklosigkeit, Autoritätsgläubigkeit.[10]

Ich will ja nur dein Bestes.

Also die Gehirne der Kinder verwüstet, den Charakter geschwächt, Vernunft und Kritik erstickt. Und zu diesem Zweck die Gefühle der Liebe mißbraucht, die die Kinder von Geburt an mit den Eltern verbinden.

Die vatertypische Pädagogik, nach Heinrich Böll[11] auch der fürchterliche Terror, den deutschen Teller leeressen zu müssen, solange das Kind an Vaters Tisch sitzt, lebt von einer klassischen Mentalität. Ungehorsam gegen den Vater wird mit Enterbung bestraft.

Das hat nichts mit bloßer Mann-Menschlichkeit zu tun. Schon hier sage ich: «Patriarchat» heißt nicht nur Männerherrschaft, sondern Herrschaft der Väter. Das ist mehr. Wann werden es alle einsehen?

Söhne werden enterbt. Bestraft mit Liebesentzug. «Ich habe keinen Sohn mehr», heißt das klassisch formuliert. Die klassischen Verbrechen am Kind werden täglich verübt. Sie sind weit davon entfernt, mit den einzelnen Vertretern dieser Klassen-Gewalt in die Erde zu sinken. Sie wirken in uns fort und durch uns auf andere und neue Generationen. Eine Bahn der Zerstörung zieht sich durch die Geschichte.[12]

Generation. Ein gedankenlos gebrauchtes Wort für menschliche Zeitmessung. Vergangenheit, Gegenwart, Zukunft, alles in Generationen gemessen. Generation heißt Zeugung, Zeugungsabfolge. Nicht mehr und nicht weniger. Wer zeugt? Die Vater-Menschen.

Sie haben die Geschichte im Griff. Kein Mann kann die autoritäre Persönlichkeit einfach so schnell und folgenlos ablegen. Sie ist in den Generationen verankert, die ihn gezeugt haben. Hinter der autoritären Persönlichkeit steht ein System, das Autorität sanktioniert und deren Ausübung belohnt. Ich nenne es vater-bezogen (patrotrop).

Vereinzelte Ausbrüche aus diesem System, Mithecheln und Kinderwagen-Schieben, wirken nur auf manche sympathisch. Das gegen Frauen und Kinder gewendete Vater-Sein entschuldigen sie nicht.

Mütter und Kinder sollten sich nicht beruhigen lassen durch irgendwelche Symbole neuer Väterlichkeit. Väter auch nicht. Die beschädigte Gesellschaft des Patriarchats (ich werde sie unter einem neuen Namen beschreiben) ist von ihren Rändern her nicht zu ändern. Wer auf die neue Väterlichkeit hofft, zeigt Anpassungs- und Ausfallserscheinungen. Er/sie/es gibt sich mit einem Sektor zufrieden, wo die Totale gefragt ist. Formenwechsel (Reform) ist leicht mit einem Verzicht auf Formung zu verwechseln.

In die Totale beziehe ich die Überlegung ein, daß die Auseinandersetzung mit der Vater-Gesellschaft doppelt gewendet sein muß. Das Mann-Sein, dessen Herrenkultur feministische Wissenschaft zu inspizieren begonnen hat[13], ist nicht alles. Inspektion gilt auch der Vater-Kultur. Die richtet sich nicht nur gegen Frauen, sondern auch gegen Kinder.

Dieser Doppel-Aspekt gründet neben dem bewußt feministischen Standpunkt auf einem nicht weniger bewußten infantistischen. Inmitten der siegreichen Vater-Kultur ist der Infantismus ein nicht weniger wichtiges Kampfmittel als der Feminismus.

Wenn die vater-gelenkte Deutung, die wir alle aufgenommen haben, vom in-fans (Kind) spricht, so besagt das kurzerhand: Das Kind ist ein Wesen, das nicht sprechen kann und soll.[14]

Der Vater spricht für das Kind. Ich will nur dein Bestes. Wann endlich wird diese Begrenzung durch Definition aufgebrochen? Wann wird auch die Stimme des nicht-sprechenden Kindes gehört werden? Das Kind beansprucht eine volle und nicht nur eine vom Vater her definierte Existenz.

Statt dessen zielen die Maßnahmen der sogenannten Erziehung darauf ab, das Kind zur Anpassung an die Gesellschaft der Erwachsenen zu zwingen. Erwachsen sind in erster Linie die Väter. Die Mütter sind nur als Teilnehmerinnen zum Erziehungsvorgang zugelassen.

Anpassung? Was sich als Kind unter uns findet, ist immer an die Erwartungen angeglichen, die Väter von ihm haben dürfen. Kleinst- und Kleinkinder, Trostpflasterkinder, Beziehungskittkinder, Schoßhundkinder, Gänsemarschkinder, Ausbadekinder, Kleiderständerkinder, Blitzableiterkinder, Prügelmädchen-knaben, Hausmusikdressurkinder, Fernsehdrogenkinder, Versuchskaninchenkinder, Störenfriedkinder, Leistungssportdressurkinder.[15] In der Bundesrepublik, einer mäßig freundlichen bis betont feindlichen Gesellschaft[16], viele Millionen.

Alle sind sie als Babies von oben her gegen die Leistungsgesellschaft definiert worden: Welches von ihnen hatte mehr und früher Zähne, höheres Fieber, frühere und erwachsenere Laute, freundlicheres Lachen, geschickteres Krabbeln, lustigeres Brabbeln aufzuweisen? Welches Baby paßte am reibungslosesten zu seinen gesellschaftlich bereits abgeriebenen Eltern?

Was dem einzelnen Kleinkind Fall für Fall angetan worden ist, pflanzt sich eine ganze (Schul-)Kindheit lang fort, bis sich auch dieses Kind erwachsen nennen darf, weil es sich als gleichförmig mit seinem Vater erwiesen hat. Ein legitimer Erbe, eine gesetzliche Erbin.

In diesen Fällen ist gegen die Kinder und ihre Welt das geschehen, was als das Beste der Vater-Pädagogik gilt. In den USA verschwinden jährlich 1,8 Millionen Kinder und Jugendliche spurlos. Eine grauenvolle Heimat, das Vaterhaus.

Vaterliebe verbirgt sich hinter dem gewalttätigen «Besten». So verknüpfen sich Gewalt und Liebe. Die Zeitzeugen beweisen dies: Zärtlichkeit und Zuwendung stehen neben Härte, Ablehnung und Flucht in die ererbte Vatergewalt. Hin und wieder täuscht der Eindruck, Liebe und Gewalt stünden beziehungslos nebeneinander und unvereinbar gegeneinander. Dann bliebe erst recht die Frage, ob sich Gewalt und Liebe des Vaters ausschließen oder nicht.

Lassen sie sich denn, zumindest was die Vergangenheit und die Gegenwart betrifft, überhaupt isoliert betrachten? Oder treten sie, bewußt und unbewußt, direkt und indirekt, immer korrelativ (aufeinander bezogen) in Erscheinung? Sind die Erfahrungen unteilbar, die mit ihnen zu machen sind?

Die Zusammenhänge zwischen Liebe und Gewalt des Vaters sind systematisch noch nicht untersucht. Vorschläge für eine entsprechende Terminologie liegen nicht vor. Ein Randproblem? Das Beste, das ständig gewollt wird?

Ich nehme an, daß diese Selbstvermeidung kein Zufall ist. Die Zusammenhänge zwischen Liebe und Gewalt erscheinen den Forschenden nicht etwa zu banal, zu alltäglich oder zu einsichtig, als daß sie sich auf eine intensive Untersuchung eingelassen hätten. Auch Forscher sind zumeist Väter, und alle von ihnen sind Söhne von Vätern. Eine Analyse mußte vermieden werden, weil sie nicht allein die Väter, sondern ein Gesellschaftssystem entlarvt hätte.

Der gelungenste Trick aller Götter besteht darin, unsichtbar zu bleiben.

Da die sogenannte objektive Wissenschaft in der Regel nur eine von Mann-Menschen (ForschHerren) betriebene Übung darstellt, die dazu dient, gesellschaftlichen Profit zu maximieren und Schaden von der Ober-Klasse (Väter, Männer) abzuwenden, ist das Schweigen der Forscher sehr konsequent. Die Sozialwissenschaftler (neue Theologen, die alles und jedes zu deuten vorgeben) machen keine Ausnahme. Während sie behende mit Kategorien der Schicht, der Klasse oder des Standes jonglieren, ist die Kategorie «Geschlecht» ohne eine ähnlich begriffsgeschichtliche Tradition und Gegenwart.[17]

Ich werde zeigen, daß sie sich auf diese Weise bei nachrangigen Systemen aufhalten. Primäre Kategorien bekommen sie nicht in den Blick. Was alle erfahren müßten, ist allen bewußtlos. Parteiliche und betroffene Forschung? Fehlanzeige.

Da seit langem soziologische, pädagogische, psychologische Forschung zu allen möglichen und unmöglichen Themen auszumachen ist, kann das Schweigen der Väter über die Väter als bewußte Verschleierung gedeutet werden. Gegen diese Annahme spricht am wenigsten jene Literatur, die sich neuerdings den Vater-Problemen widmet. Sie gräbt nicht tief genug, sie bleibt mit ihren Statistiken an der Oberfläche. Sie weiß weshalb: Zahlenmaterial gefährdet die gesellschaftsmächtigen Ideen nicht.

Wer die Vater-Gesellschaft angehen will, muß seine Analyse befreien und tiefer ansetzen. Er/sie stellt dann bald fest, daß die sogenannte Vaterliebe nicht erst heute lebendig geworden ist. Von ihr war in der Geschichte immer wieder die Rede. Welchen Platz hat sie dabei eingenommen?

Vaterliebe hat keine neue Geschichtsschreibung nötig. Was sie braucht, ist überhaupt eine Geschichtsschreibung. Eine systematische Aufzeichnung und Interpretation dessen, was sie bedeutet hat, was sie bewirken sollte und konnte – und was nicht. Während es Hunderte von Abhandlungen über die sogenannte Mutterliebe gibt, findet sich keine einzige über die Liebe des Vaters.

Nochmals: Diese Verborgenheit ist gewollt. Einer wissenschaftlichen Regel folgen bedeutet einen Befehl befolgen. Es gibt starke Impulse unter den Vätern, kein Wort über die Gewaltwirklichkeit ihrer Liebe zu verlieren. Die Väterreihe bewährt sich in dieser Verhüllung ihrer Klassenherrschaft: Die herangezogenen Söhne (über die schweigsamen Töchter schweigt «man» besser) erfahren die Vater-Gesellschaft als stimmig. Ihr Widerstand erlahmt schnell, und die legitimen Erben profitieren am meisten selbst von der sozialen Form, die sie als gerecht ausgeben. Die Söhne haben von ihren Vätern dabei die Technik übernommen, alles Unstimmig-Ungerechte zu übersehen. Die Wirklichkeitsverluste sind erwünscht.

Die einen Worte (Begriffe, Definitionen) tauchen überall auf, wo von Vätern gesprochen wird. Die anderen niemals.[18]

Wer unter die Decke schauen will, muß eine neue Geheimgeschichte der Menschheit schreiben. Menschheit? Besser Mannheit. Vom «Menschen» zu sprechen ist euphemistisch, schönrednerisch. Solche Schönfärber haben wir genug gelesen.

Eine einzelne Untersuchung wie meine kann den Gesamtkomplex nicht erhellen. Was kein methodisches Interesse gefunden hat, obgleich es immer Väter gegeben hat, ja was bewußt in das große Schweigen der Väter über die Väter getaucht worden ist, kann nicht von heute auf morgen aufgearbeitet werden.

Das ist ein entscheidender Vorzug des traditionellen Systems. Es kann in den jahrtausendealten Burgen hockenbleiben, ohne sich um vereinzelte Angriffe zu kümmern. Seine strukturellen Einseitigkeiten und Mängel zählen der Öffentlichkeit gegenüber den meinen nicht.

Ich versuche, das «normale» Paradigma gegen ein «perverses» auszutauschen. Dieser Versuch stellt die Phantasie der Lesenden auf die Probe. Sie müssen sich von allen Vorurteilen lösen, die ihr vom Bestehenden geschädigtes Leben ausmachen. Wer die neue Brille aufsetzt, sieht plötzlich alles in einem anderen Licht. Ein neues Bild? Ein Zerrbild? Bloß eine neue Verschwörungstheorie, die die Mängel der Gesellschaft nicht in den Griff bekommt?

Ich bin ohne Vater aufgewachsen. Macht das besonders objektiv? Ein Leichenredner der Vater-Gesellschaft soll ich sein? Teilhaber ihrer Sinnwelt will ich nicht bleiben.

Daß die Brille blinde Stellen hat, übersehe ich nicht. Manches, was ich sage, wird sich wie eine Wiederholung lesen: verglichen mit der sozialen Langeweile der Vater-Gesellschaft, die wir eingeübt haben, ist es lebendig.

Ich scheue mich nicht, meine Argumentation an Stellen, die für das Weiterdenken Weichen stellen, auf Vermutungen zu stützen. Da ich nicht vorhabe, mich zu rechtfertigen, als benötigte die Phantasie eine Legitimation gegen eine noch höhere Instanz, sage ich einfach, was Vermutungen sind: Ich sehe in ihnen Produkte einer vorauseilenden Kraft der Vorstellung gegen die Erscheinungen. Vermutungen kommen ohne den geordneten Beweis aus, der in den Systemen geläufiger Wissenschaft sich seine Sicherheiten und Profite schafft, doch nicht schon an Wahrheit rührt.

Der Mangel an bewiesener Sicherheit stört meine Kreise nicht. Andere haben ihre eigene Kleiderordnung und wollen eine Vermutung schlechtmachen, weil sie für sie eine «bloße» ist. Nur eine Annahme? Eine bloße Vermutung? Ich halte die Vermutung für eine Vorwegnahme von Wahrheit zu einer Zeit, da die Beweise noch ausstehen.

Beweise? Die meisten kommen nicht aus meiner eigenen Lebenswelt, sondern aus der der Lesenden. Ist ein Text gut gearbeitet, ist er eine Spinnwebe[19]: dicht, konzentrisch, transparent, befestigt. Er zieht alles in sich hinein, was an Assoziationen dahergeflogen kommt. Er zitiert Zitate herbei, läßt Beweise sich beweisen.

Königin Phantasie? Ein schmerzlich isolierter Anspruch, gegen den sich die allgemeine Phantasielosigkeit trotzig behauptet, in der mein Milieu mich meistert. Ich fühle mich noch nicht frei genug, alle Zwänge hinter mir zu lassen. Ich bin noch immer definiert von den Sachzwängen des Themas Vater-Liebe, das doch gar nicht begrenzt sein müßte. Sachzwänge wie zum einen die Methodik, die die Wissenschaft auch dann noch auferlegt, wenn wissenschaftlicher Erfolg seine Fadenscheinigkeit in Fußnoten bei sich hat. Zum anderen die plump gewalttätigen Vorgaben eines Systems, das nicht mehr das meine sein kann – und das doch seinen Lebensraum gegen mich gesichert hat. Seiner Logik muß ich mich anpassen. Der Dolmetscher hat die Sprache zu erlernen, die er deutet.[20] Unterwerfen muß er sich ihr nicht.

Rousseau: «Aber ich gebe unumwunden meine Träume als Träume aus und überlasse es dem Leser, ob sich etwas Nützliches für wache Leute darin findet.»[21]

1. Gewaltgesellschaft

> Die dunklen Nachrichten, die in Mythologie und Sage aus der Urzeit der menschlichen Gesellschaft auf uns gekommen sind, geben von der Machtfülle des Vaters und von der Rücksichtslosigkeit, mit der sie gebraucht wurde, eine unerfreuliche Vorstellung.
>
> Sigmund Freud

Die Vatergewalt, die sich aus einer langen Tradition in die Gegenwart herübergerettet hat, soll weder minimalisiert noch dämonisiert werden. Meine Bestandsaufnahme kann auch keine Utopien planen. Sie fragt, an welcher Stelle wir in der Reihe der Väter stehen. Diese Fragestellung läßt Schlüsse auf die nahe Zukunft zu.

Um präziser als üblich fassen zu können, was Vatergewalt(-gesellschaft) meint, führe ich den Begriff «Patronomie» ein. Als Wort im Sinn von väterlicher Gewalt ist die Patronomie, die sich von pater (Vater) und nomos (Gesetzesordnung) herleitet, zwar schon der griechischen Antike bekannt.[1] Der neue Terminus ist aber ebensowenig wie die noch zu nennenden Begriffe der Vaterforschung («Paternologie») schon von einer anderen Disziplin oder von der Alltagssprache besetzt. Andererseits klingt er auch nicht so exotisch, daß er sich einem intuitiven Zugang verschlösse.

Als wissenschaftlicher Begriff hat er seine Berechtigung erst im Rahmen einer eigenen Theorie und der darin erfolgenden Bestimmung.[2] Dann ermöglicht er mit die Formulierung des Gegenstandes und des Ziels des Erkenntnisinteresses – und ist eine der Voraussetzungen des Erkenntnisprozesses selbst. Als eine normierende Benennung in diesem Sinn, die auf Rezeption hofft, sagt er umfassender als andere Bezeichnungen aus, worum es an dieser Stelle der Vaterforschung geht.

Thesen über die Patronomie, wie sie in den folgenden Kapiteln dargestellt werden, gebe ich schon hier knapp wieder:

1. Die Gegenwart ist geprägt von einer sich ständig aktualisierenden Überlieferung siegreicher Patronomien, die in verselbständigten Institutionen (Ehe, Familie, Schule, Kirche, Staat) wirksam wird. Die Epochen patronomer Vergangenheit existieren nicht nur für sich. Patronomien können nicht leben und nicht sterben. Sie sind mächtig, ihre Zeit auch noch fortdauern zu lassen, nachdem diese bereits um ist. Das Wort «zu meiner Zeit» ist definitionsmächtig.

2. Je absoluter sich Patronomien setzen, desto stärker von Erosion gefährdet sind sie durch ihre Subjekte (Väter) und Objekte (Frauen und Kinder). Um die Gefahr einer Durchbrechung oder gar Abschaffung

der Patronomie, also die «Patroktonie» (Vatermord) möglichst gering zu halten, bedürfen die traditionellen Vatergewalten des Korrelats Vater-Liebe. Liebe soll erneuern und beleben.

3. Da patronome Institutionen nicht selbst lieben können, sind sie an entsprechend funktionierenden Vätern, Müttern und Kindern interessiert. Dabei bleiben Väter in einer von Vatergewalt strukturierten Gesellschaft auf gewaltgeregelte Liebe fixiert und damit so liebesschwach, daß ihre Kinder im Verlauf bestimmter Prozesse der Vater-Werdung («Paternisation») ihre anfängliche Suche nach wirklicher Vaterliebe aufgeben und selbst wieder zu Masken und Agenten der herkömmlichen Vatergewalt werden. In solchen Vorgängen beweist die Schwäche der funktionalisierten Vaterliebe ihre Stärke. Der Kreislauf der Gewalt läßt sich mit Hilfe einer neuen Reihe von Vater-Kindern («Söhnen») fortzeugen. Von Generation zu Generation.
Daß diese Sachverhalte nicht durchschaut und durchbrochen werden, ist auf die Nutzung der – inzwischen vielfach verinnerlichten – Verhüllungsfunktion eben der Vaterliebe zurückzuführen, wie sie seit langem als maskiertes Herrschaftskorrelat vermittelt worden ist. Von einer Vaterliebe, die frei, d. h. von ihren Funktionalisierungen durch die jeweiligen Vatergewalten befreit wäre, ist keine Rede. Als dominant kann sich immer und ausschließlich die Gewalt bestätigen. Bis heute und wohl noch weit in die Zukunft hinein. Der Mythos ist nicht tot. Gerade wenn er seinen Tod feiern läßt.

1.1   In der Gewalt von Vätern

Damit keine Mißverständnisse aufkommen: Die Vatergewalt, die uns begegnet, ist nicht nur Ausdruck eines Mißbrauchs der «an sich richtigen und guten wie notwendigen» Autorität. Auch ist sie nicht nur, wenn schon Gewalt, dann nur Gewalt, die von «uneigentlichen» Vätern ausgeübt wird. Die Mißbrauchs-These wird, so häufig sie sich nutzen läßt, mißbräuchlich verwandt. Vatergewalt setzt sich die Maske Autorität auf, durch deren Abnahme (Demaskierung, Entmystifizierung) sie sich verlöre.[3]

Bei der Vatergewalt handelt es sich nicht um eine Ausnahmeerscheinung, deren Esoterik sich unschwer enthüllen ließe. Es handelt sich um eine ganz gewöhnliche Gewalt gegen Nicht-Väter, die durchweg als normale vermittelt und verinnerlicht wird. Sie wird von den gesellschaftlich legitimierten Trägern jener Vater-Rolle ausgeübt, die als normal gilt: Richter, Lehrer, Wirtschaftsboss, Politiker, Militär, Pfarrer, Polizist. Umgekehrt umschließt die Rolle des Vaters die Funktionen der gesellschaftlichen Autoritäten im sozialen Bereich der Familie. Darin liegt die koloniale Bedeutung dieser Konstruktion.[4]

Ich untersuche die Normalität des Alltags, nicht irgendwelche Manifestationen irgendeiner monströsen Außergewöhnlichkeit. Daß sich dabei die Gewöhnlichkeit selbst als Mißbrauch enthüllt, ist normal. Daß diese Normalität, gerade wenn sie sich ständig flexibel zu neuen Erscheinungsformen weiterbildet, den Normalen als Norm gilt und nicht als Mißbrauch, ist in einer Gesellschaft, die sich der alltäglichen Gewalt angeglichen hat, ebenso normal.

Die Perversionen des Alltäglichen zu durchschauen erweckt dagegen selbst den Verdacht auf Perversität.

Sei's drum. Ich halte den gegenwärtigen Zustand der institutionalisierten Vatergewalt nicht für normal. Weder die Rede von der funktionierenden Vatergesellschaft noch die von deren Institutionen sind in sich so schlüssig, als daß sie nicht auf die Perversion hin befragt werden könnten, die sie bezeugen. Mit dem Vorwurf, durch solche Befragungen den Status quo pervertieren zu wollen, muß ich leben.

Ich will diese Wende, auch wenn ich weiß, daß mein Theoriekonzept monokausale Erklärungen liebt, doch nicht immer einlöst. Ich versuche ein eigenes Bekenntnis gegen das Bestehende: Da Nicht-Väter, also Frauen und Kinder, im patronomen System einzeln und als Gruppen definitionsgemäß weder Gerechtigkeit noch Liebe erfahren, auch wenn deren Masken stets zur gefälligen Nutzung angedient werden, ist das ganze System so unglaubwürdig, daß jedes andere humaner und damit für Menschen erstrebenswerter ist als dieses klasseninteressiert gemeine.

Ich glaube nicht mehr an das mich sozialisierende Milieu der Patronomie. Auch wenn es sich mittlerweile als sterbend beschreiben läßt, um um so fröhlicher überleben zu können. Ich verweigere mich dem Sog seiner Scheinkultur. Ich wehre mich gegen die Verführungsmächte des patronomen Mythos. Nur indem ich mich als Mann und Vater mit dem gegen Nicht-Väter gewendeten Interesse meiner Klasse nicht identifiziere und aus dessen profitablem Zirkel mich ausschließe, verhalte ich mich solidarisch gegenüber dem Leben und Überleben aller.

Daher richte ich die meisten Hoffnungen dieses Buches nicht an bereits paternisierte Erwachsene, als könnten diese noch umdenken, sondern an die Väter, die noch gar keine sind – und an ungeborene Kinder, die einmal wissen sollen, was für ein schweres Erbe patronome Kultur gewesen ist.

Schweres Erbe? Patronome Kultur? Ich frage aus humanitären Gründen, ob die sogenannte «glückliche Ehe» viel anderes darstelle als das Resultat einer dem Patriarchen jeweils geglückten Rollenfestschreibung. Oder auch das Ergebnis einer von diesem besetzten Empfängniskontrolle, die die an sich freie frauliche Reproduktionsfunktion sicher in den Griff bekommen hat.

Ich frage auch, ob die Mutter Kirche mit ihrem Heiligen Vater an der Spitze etwas anderes meinen könne als die Festlegung all ihrer Kinder auf deren glaubensinfantile Situation. Ich frage, ob ein funktionierendes Schulsystem mehr beinhaltet als eine systematisch betriebene Ausnutzung kindlicher Lernwilligkeit durch bestimmte Werte-Väter. Ich frage, ob die Rede vom «Vater Staat» nicht ein Relikt vordemokratischer Zeiten ist, das zugunsten einiger Herrschender am Leben erhalten wird.

Weshalb und in welcher Weise konnte es der Vatergewalt gelingen, in den genannten Institutionen eine spezifische Art von Vaterliebe derart zu verankern, daß der gewöhnliche Gehorsam die jeweiligen Väter in Ehe, Familie, Schule, Kirche und Staat – oder gar die Institutionen selbst – nicht nur zu fürchten gelernt hat, wie dies nahelag, sondern auch zu lieben, wie dies niemals naheliegt? An Diskursen, die Liebe zu den Vätern eintrichtern, ist jedenfalls kein Mangel. Auch fehlt es nicht an Versuchen, Vatergewalt mit Hilfe von Verschleierungen durch Vaterliebe zu stabilisieren.

Wie die Resultate aussehen, d. h. wie tief eine solche Liebe zur Vatergewalt in der Alltagspsyche der heutigen Menschen verankert ist, zeigt ein einziges Beispiel: Der ehemalige Bundespräsident Gustav Heinemann hatte auf die Frage, ob er den Staat (ähnlich: sein Vaterland) liebe, geantwortet, er liebe seine Frau.

Daß eine solche Selbstverständlichkeit als unnormal empfunden worden ist, war aus den öffentlichen Reaktionen zu erschließen. Die Aussage Heinemanns, nicht eine Institution, sondern nur eine Person könne geliebt werden, kam vielen so unerwartet und verquer, daß sie immer wieder kolportiert werden mußte. Damit hatte sich, selten genug, öffentlich ein gutes Stück Normalstruktur der patronomen Weltanschauung verraten.

1.1.1   Wie es im richtigen Patriarchat aussieht

Patronomie hebt sich zum einen von jener Männergewalt ab, die als Gewalt gegen Frauen die feministische Literatur prägt: Patro-Nomie umfaßt sowohl diese Männergewalt (jeder Vater ist Mann) als auch die Gewalt gegen Kinder (nicht jeder Mann ist Vater).

Zum anderen meint Patronomie nicht nur körperliche Gewalt, so hart ihre Schläge treffen. Sie ist strukturelle Gewalt. Patronomie ist Leitwort für die Definitionsmacht, die vor dem Patriarchat als solchem steht. Auch der Begriff «Patriarchat» ist nur Folge. Ergebnis jener ersten Definitionsmacht, die allen Nicht-Vätern zu denken und zu fühlen gegeben hat, daß Väter – und nur die – am Anfang stehen (arche). Diese Definitionsmacht geht dem Begriff voraus. In der De-finition wird, typisch patronom, mit der Gewalt einer «Vater-Logik» freies Land besetzt, ab-, aus-, ent- und begrenzt. Bis der abgegrenzte und umzäunte Begriffsbezirk für alle dieser Definitionsmacht Unterworfenen «definitiv» feststeht.

Schon jetzt etwas über diese «Landnahme»: Definitionsmacht schaltet Ordnungswillen und Ordnungskraft in natürliche Prozesse ein. Sie ist eine doppelt interessengelenkte Gewalt des Kopfes. «Kopf», d. h. Vater-Mensch, da Frauen und Kinder, wie ich zeigen werde, nicht vom Kopf her bestimmt sein sollen. Definitionsmacht setzt Gewalt des Blickes (Über-Sicht) über die niederzuwerfende Wirklichkeit voraus. Der Mächtige ist immer der von oben her Beobachtende, dessen fiktives Auge die Perspektiven lenkt – und sich damit selbst zum Mittelpunkt der geschauten Welt macht. Daher sagt, wer «Perspektive» sagt, «Zentrum», «Ich», das sich alles Nicht-Ich-Sein (Denken, Fühlen, Tun) unterordnet.[5]

Definitionen sind wie Einkaufskörbe: Man kann alles hineinlegen, was man will – und was man bezahlt.

Definitionsmacht benötigt eine stabil organisierte Gewalt des Wortes über die geschaute Wirklichkeit. Die sich hin und wieder recht harmlos gebenden Vorgänge der Namens-Gebung (Benennung) stellen immer

Klassifizierungen dar. Von oben nach unten. Der Aufbau der Welt geschieht als Funktion von Machtdenken.

Dieses verlangt, daß seine Gewalt akzeptiert wird. Als Konsens der Beherrschten mit den Beherrschenden. Daß es sich dabei um sehr einfache Muster handelt, spricht für stärkste Prägung. Einfachste Strukturen – wie «oben und unten» – sind noch in der komplex gewordenen Gesellschaft am mächtigsten.

Daß Definitionsmacht ausschließlich Vater-Gewalt ist, bezeichnet die spezifisch patronome Kultur. In ihr müssen die Relationen der Wirklichkeit den konstant vorhersehbaren Gesetzen gehorchen, die Werte-Väter ihren Söhnen mit dem Anspruch auf Akzeptanz definieren. Erkenntnis ist nicht das einsame Privileg reiner Geister. Sie ist ein Berufsgeheimnis von besonders tüchtigen Inhabern bestimmter Rollen.[6]

Von Inhaberinnen ist keine Rede. Der Schritt vom «Weiblichen zum Männlichen» geschieht in diesem geschlossenen Denken durch «Erlösung vom chaotischen Innern zum worthaften Kosmos»[7]. So sprechen Werte-Väter über Väter-Werte.

Freilich sind solche Werte nicht ungefährdet. Doch haben sie bisher noch immer gesiegt: Auf dem Schlachtfeld der Bezeichnungen und der Klassifikationssysteme nehmen die Unterworfenen ständig von oben gelenkte Ordnungsakte vor. Sie sind angewiesen, den sozialen Raum ihrerseits in Klassen zu teilen und Positionen, Merkmale wie Individuen so zu werten, wie die Definitionsmacht anderer sie haben will. Indem sie Werte und Wertungen übernehmen, schließen sie sich selbst von der Definitionsmacht aus.[8]

Funktioniert diese Selbstelimination vorübergehend nicht mehr im Sinn der Definitionsmächtigen, so greifen diese zur List der Pseudologik. Darin besitzen sie ein fast unerschöpfliches Arsenal von sogenannten Argumenten, die dem Gegenargument der Kritik den Über-Blick bestreiten und das Wort abschneiden. Der geschickte Demagoge beherrscht diese Technik vollendet. Er hat schnell die Lacher auf seiner Seite. Diese brauchen die Wirklichkeit nicht mehr selbst zu überprüfen und können sich schnell mit den Siegern identifizieren.[9] Statt der Unlust, sich auseinandersetzen zu müssen, genießen sie den bequemen Sieg.

Pseudologik ist ein Instrument des Herrschaftswillens und der von diesem definierten Herrschaftsverhältnisse. An Vernunft ist sie nicht gebunden. Die Gebärdensprache der Gewalt ist uralt. Sie testet selbst in den komplexen Gesellschaftsformen von heute noch ebenso wie früher in Sippe und Horde, wer stärker ist und wer schwächer.[10] Sie muß bei bestimmten Klassen der Gesellschaft schon nicht mehr testen, weil alle schon wissen, daß es von Natur aus Schwache gibt: Frauen und Kinder.

Das ist patronomes Erbe – und aktuelle Patronomie.

Macht ist ohne fixierte wie flexibel nachgebesserte Relationen des Oben zum Unten nicht möglich. Körperliche Gewalt braucht sie neuerdings nicht mehr so häufig wie in der Sippe und Horde anzuwenden. Dennoch wird nach wie vor geschlagen. Von oben nach unten. Und unten sind, definitionsgerecht, Frauen und Kinder.

Definitionsgerecht? Die in der Patro-Nomie steckende Nomie ist den Schlägen vorgeordnet. Die Definitionsmacht schafft den legalen Rahmen für die körperliche Züchtigung und verschafft den Väter-Tätern ein ruhiges Gewissen: In faschistischer Diktion hieß Prügeln nicht von ungefähr «den Heiligen Geist erteilen»[11].

Inzwischen benötigt die Gewalt ein gutes Gewissen. Schläge, die der Vater – von oben nach unten – fallen läßt, verdienen nicht nur die – zuvor als untergeordnet definierte – Frau oder das entsprechend definierte Kind. Auch der – ebenfalls vorher als solcher bestimmte – Andersdenkende, Abweichler, Feind braucht (Atom-)Schläge.

Der sichtbar körperlichen Gewalt, die sich in der patronomen Kultur von Ehe, Familie und Schule findet, aber auch in der Weltpolitik, geht die Nomie durch Werte-Väter voraus. Diese Gesetzesordnung muß getreu internalisiert, d. h. im Gehorsam gegen die Väter angenommen und durchgehalten sein. Sie setzt eine Hierarchie von Werten, Gegenwerten und Unwerten durch. Sogar der kleinste Schläger hat vorher im Kopf, daß er schlagen kann, darf und muß. Die Schläge selbst, und seien sie «Atomschläge», bleiben auf eine vorgängige Ordnung angewiesen, die ihnen Legalität und Heimatrecht verleihen soll.

Diese Nomie ist ein entscheidend epochales Element der Weltkultur. Sie zu untersuchen ist Aufgabe einer Ideologiekritik, die ich primär nenne. Die «primäre» Kritik befaßt sich nicht mit den üblichen, hier sekundären Klasseneinteilungen. Ihr geht es nicht um die Leitbegriffe Adel – Klerus – Bürger – Arbeiter oder Kapitaleigner – Lohnabhängige, die sich im Lauf der Geschichte abgelöst haben. Sie entdeckt hinter diesen Sekundärsystemen die Patronomie als das Primärsystem.

Dieses hat zu einer auf Erst-Wahl gegründeten («eklektogenen») Gesellschaft geführt, die ihre Positionen exklusiv nach dem Kriterium Vater-Sein und Nicht-Vater-Sein zumißt. Die Maß-Nahme der Vater-Menschen schafft sich durch Klassifikationen Klassen.

Die Erst-Zumessung geht allen sekundären Messungen voraus: Noch innerhalb der Klassenschichtung in Kapitaleigner und Lohnabhängige, um das geschichtlich neueste Beispiel zu nennen, finden sich die obere Klasse der «Lohnarbeiter-Patriarchen»[12] und die gegen diese abgesetzte untere ihrer Frauen und Kinder. Diese wurden als Nicht-Väter dem Privateigentum bei den Lohnarbeitern ebenso zugerechnet wie bei den Kapitaleigentümern. Alle Nicht-Väter befinden sich in ein und derselben Position, wenn auch die sie beherrschenden Väter verschiedenen sekundären (ökonomischen) Klassen angehören.

Geschichtlich hat die patronome Selektion ihren Vorrang vor allen sekundären Klassifizierungen behauptet. Ihr Wahl-System hat sich bis in die Gegenwart hinein gerettet, während die Sekundärsysteme sich geschichtlich abgelöst haben. Väter haben über Nicht-Väter geherrscht: im Feudalismus, im Kapitalismus, im Sozialismus.

Freilich hat sich diese Herr-schaft der Patronomen in allen Wechselfällen der ökonomischen Systeme so perfekt legitimiert, daß sie – im Vergleich etwa zum Kapitalismus – niemals einer umfassenden Systemkritik unterworfen war.

Mord wird perfekt durch Legitimation. Ich gehe davon aus, daß dieses patronome System die historisch ersten und unvergleichlich wirkmächtigen Klassifikationen der Welt geschaffen und aufrechterhalten hat. Mannmenschen sind, als Väter, individuell und kollektiv, Eigentümer der Frauen und Kinder geblieben. Eigentümer durch Verfügungs- und Entscheidungsmacht, durch Nutzung und Aneignung von Körper und Geist derer, die grundsätzlich unfreie Personen sind.[13]

Land-nahme und Beute-zug: Frauen und Kinder gehören zur «Beute» der Jagd-Menschen. Auf dem Humus der Beute-Menschen wächst die patronome Gesellschaft. Ihre Institutionen nähren sich von dieser Beute. Mannmenschen eignen sich die Hausarbeit, die personalen Dienste, die Produktion von Gebrauchswerten, den Lohn der Frau und vor allem die Produktion von Menschen selbst an. Und sie verlangen Liebe dafür.

Gewaltsam, ohne rechtliche Schranke, ohne Entschädigung, gegen den Willen der Opfer. In diesen Liebes-Verhältnissen gibt es kein Mein und kein Dein. Es handelt sich um das erste und das letzte Eigentumsverhältnis, in dem Menschen Menschen besitzen.[14]

Der in Besitz genommenen unteren Klasse der Patronomie reihe ich bewußt alle Nicht-Väter ein. Also auch die Kinder, gerade sie. Schlimm, daß das eigens gesagt werden muß. Und bezeichnend. Die prinzipielle Unfreiheit der Kinder wird auch in der feministischen Literatur üblicherweise nicht zureichend thematisiert.

1.1.2   Wie es so weit gekommen sein könnte

Wenn ich die frühe Sequenz bestimmen soll, die den Sieg der Patronomie angibt, bleibe ich auf Vermutungen angewiesen. Einen Anspruch auf geschichtliche Wahrheit habe ich ebensowenig wie andere InterpretInnen. Wir alle waren nicht dabei. Und wo niemand Genaues weiß oder wissen kann, darf sich alles eine Theorie halten.

Dennoch erscheint mir die Frage als solche wichtig und hilfreich, welches Denken die Entwicklung bestimmt haben könnte. Ich halte als Phasenschritte fest:

1. Wie und warum es zur Ausbildung anatomischer Unterschiede zwischen Gleichen gekommen ist? Ich nehme an, daß der Unterschied in den Körpern der Menschen nicht einfach da war, sondern daß sich zunächst ein Oben gegen ein Unten durchsetzen konnte.[15] Beispielsweise: Hier der Stab, dort die Öffnung. Die Penetration des Unten vom Oben her, ein Machtmittel und -zeichen. Die Entwicklung der Menschen hätte damit die Instrumente körperlich nachformuliert, die sie in der Natur brauchte – und gegen sie. Der Wille schafft sich die Organe. Also: Nicht diejenigen, die schon einen Phallus haben, siegen über die anderen, die keinen besitzen. Sondern diejenigen, die Ober-Menschen werden wollen und es auch werden, bilden über Jahrtausende hin einen Phallus aus, um unterwerfen zu können. Den Unterworfenen bleiben Resterinnerungen: Die Menschen sind spezifiziert und klassifiziert. Die einen Körper haben einen «richtigen» Stab, die anderen nur noch dessen Rest oder dessen Kleinausgabe. Die primäre Erfahrung der frühen Menschen mit der Natur[16] und mit sich selbst war nicht geschlechtsneutral. Die Menschen haben die Geschlechtsspezifika qualifizieren und gegeneinander abarbeiten können.

2. Im Umgang mit der Umwelt und deren Katastrophen erfahren alle den eigenen Körper. Die Mann-Menschen erleben sich dabei zuneh-

mend produktiv. Doch gerade in der spezifischen Art dieser Produktivität liegt das Verhängnis der Mann-Menschen. Ihre Herrschaft über die Natur gründet nämlich auf bestimmten Körperteilen wie Kopf und Hand. Demgegenüber leben die Frau-Menschen generellere Körpererfahrungen aus. Sie verfügen zusätzlich zu Kopf und Hand über den Schoß (Sitz der Mutterschaft) und über die Brüste, die ihre Kinder von Anfang an nähren können.

3. Die Mann-Menschen, die eben noch so stolz auf ihren Mehrbesitz (Stab-Körper) sein wollten, erfahren sich – vor allem nach der sich entwickelnden Kategorie von Leistungs-Erfolg durch Nutzung von Besitz – gegenüber den Frau-Menschen als zurückgeblieben. Die Frauen haben auch Kopf und Hände, doch auch noch Brüste und Schoß. Muttersein enthält ein entscheidendes Mehr gegenüber dem Vatersein, das niemals als bewiesen gelten kann.[17] Ein dreifaches Mehr: mehr Harmonie mit der Natur (statt Kampf gegen diese), mehr produktive Stärke und entscheidend mehr Sicherheit. Die Mutter reproduziert neue Menschen, auch und gerade Mann-Menschen, und Mutterschaft steht immer zweifelsfrei fest.

4. Dieser unbestreitbare Mehrbesitz, der den – anatomisch wieder privilegierten – Frau-Menschen Exklusivität sichert, erzeugt bei den Mann-Menschen Lückenangst. Jetzt haben wir einen Phallus, denken sie, und nicht einmal das ist genug. Die Frauen, die wir unterwerfen, sind auf ihre Weise die Siegerinnen, und wir sind wieder die Dummen, die Zurückgebliebenen.

5. Um dieser Angst wirksam zu begegnen, nehmen die Vater-Mann-Menschen das Instrument zu Hilfe, das ihnen Vorsprünge garantiert: Sie definieren um. Sie erfinden neue Werte. Sie interpretieren den Besitz- und Leistungsvorsprung der Frauen zunehmend als Nachteil, d. h. als Besitz von Minderem. Aus dieser Perversion gewinnen sie herrschaftlichen Profit. Indem sie den eigenen Kopf verstärkt gegen den fremden Schoß und die fremde Brust ausspielen und ihn schließlich – als weiterer Akt von Natur-Beherrschung – definitiv über diese stellen, ziehen sie einen entscheidenden Vorteil auf ihre Seite. Jetzt ist die Patronomie in ihren Hauptüberzeugungen festgelegt.

6. Sprechendstes Ritual dieser Besitz-Drehung wird die Vater-Werdung. Aus unterlegenen Mann-Menschen werden siegreiche Väter. Vaterschaft wird nicht im natürlichen Akt gezeugt, sondern erst in einem sozialen Akt usurpierender Definition bezeugt. Der Mann wird zum Vater nicht durch körperliche Zeugung, sondern durch geistige Erzeugung und Bezeugung. Nicht im Bett wird man zum Vater, sondern durch die Kopf-Arbeit der «Adoption», der sozial legitimierten Anerkennung des vom Schoß geborenen und von der Brust genährten Kindes. Nicht ein – dem Gebären und Säugen vergleichbarer – Akt des Zeugens macht den Mann zum Vater und das Kind zum Sohn. Allein das Wort desjenigen Mannes, der aus eigenem Willen sich als Vater gegen Frau und Kind bezeugt, bewirkt diese neue Qualität.

7. Bezeugung ist immer Über-Zeugung, und Vaterschaft drückt in sich schon Herrschaft über Frau und Kind aus. Was der Mutterschoß gleichsam beliebig produziert und was dem Nichtproduzenten angst macht, wird erst durch die wertende und interessengelenkte Kopf-Arbeit des Nichtproduzenten, des Vaters, zum Mann-Menschen-Kind, d. h. zum legitimen und damit erbberechtigten «Sohn». Da eine solche Adoption auch gegen Mutter und Kind verweigert werden kann, hat die Geistpotenz der Vater-Logik und des Vater-Rechts die mütterlichen Potenzen eingeholt und überholt. Diese Unterwerfungstat bedeutet den spezifischen Leistungserfolg des Vater-Mannes.

8. Trotz einer solchen Definitionsmacht ist die Urangst der Mann-Menschen vor der Gefährdung durch die Frau-Menschen und deren Kinder lebendig geblieben. Für diese Annahme sprechen die historischen Nachweise sprichwörtlicher Vaterstrenge, die das patronome System einzuschärfen und zu verteidigen hatte. Da diese obsessive Angst jedoch schon früh durch forcierten Herrschafts- und Leistungsanspruch niedergehalten worden war und diese vatertypischen Kategorien auch für die Folgezeit einen gewissen Erfolg im Kampf gegen den Wahn versprachen, mußte sich die Patronomie ständig gegen die Rache der Frauen und Kinder verstärken. Folgerichtig wurde die – als Mutter gedeutete [18] – Natur zunächst rational zu einem Kosmos gebändigt und einem Vater-Gott untergeordnet. Schließlich wurde sie durch stets von Mann-Menschen (nicht von Menschen!) erfundene Werkzeuge (als Phallussymbole [19]) und Maschinen zu beherrschen gesucht. Aber nicht nur die Mutter Natur wird unterworfen. Auch alle Frau-

Menschen und ihre Körper wurden zu Objekten vaterherrschaftsbetonter Wahrnehmung (Blick) und Bearbeitung (Wort) herabgedrückt. Die Schau- und Sprachkategorie «niedrige Zoologie» bietet sich künftig an.

9. Im Verlauf dieser Umformungsprozesse suchten die Werte-Väter das Leben der Unterworfenen total umzuwerten, indem sie es als Existenz von Nicht-Vätern inszenierten. Eine fremddefinierte Existenz bedeutete, daß die Nicht-Väter der Kontrolle eines Vaters unterworfen blieben und dessen Privateigentum zugerechnet wurden. Kontrolle fand statt vor allem über die Reproduktionsfunktion, deren Erfolge und Ergebnisse den Systemen der Monogamie und der Vater-Familie bedrohlich werden konnten. Kontrolle fand statt unter der Legitimation von eigens ausgeformten Institutionen der Vater-Moral (Kirche) und des Vater-Rechts (Staat). Die Objektivierung der Unterworfenen und der Kontrollierten schloß deren eigene Fetischierung und Heroisierung (Frau als Madonna, Kind als Engelchen) nicht aus, sondern notwendig ein. Nachdem alles im Griff war, konnte die Gewöhnung beginnen. Künftig galt als normal, was die sich als normale Normgeber Definierenden durchgesetzt hatten.

10. Bestimmte Prozesse, von denen die Literatur der Bibel oder des «alten Rom» schreibt, führen zur «Patrialisierung»: Ein Mann plant eine Verbindung mit einer Frau. Soll diese Verbindung eine gewisse Dauerhaftigkeit aufweisen, und die ist in bezug auf die Nachkommenschaft und deren Erbrechte seit alters verlangt, so benötigt der Mann einen Ort zum Aufziehen seiner Kinder wie zum Arbeiten für diese. Dieser Ort muß nicht nur gefunden und erobert werden («Landnahme»), sondern er muß auch eine relativ stabile Sicherheit bieten. Der Vater wird ihn nach innen und nach außen abgrenzen. In dieser Eigenschaft als sichernder Grenzzieher bekommt der «paterfamilias» das Sagen: Er allein stellt ranggegliederte Normen und Werte auf. Er schützt diese. Er spricht von seinem Haus (paterna domus), das zum Vaterhaus geworden ist (ein vergleichbares Mutterhaus gibt es nicht). Er spricht von Boden und Besitz (Privateigentum an Land und an Frauen / Kindern) wie von Heimat schlechthin (patria, Vaterland).

11. Seine auf diesen Prozeß der Patrialisierung hin erziehungsfähig gemachten (patriabilisierten) Nachkommen verinnerlichen ihrerseits zu-

nehmend diese Patronomie. Sie werden dadurch zu echten Söhnen, die sich die Adoption durch den Vater verdient haben. Im Verlauf ihrer Entwicklung kommen die Nachkommen über eine als Durchgangsstadium interpretierte Phase der Lösung vom Vater, die keinesfalls die endgültige Lösung vom Vater (Depaternisation) darstellen darf, um systemimmanent bleiben zu können und nicht in die Enterbung zu münden, zu einer eigenen Paternisation. Sie werden selbst zu Vätern. Dabei bleibt eine fundierte Heimat bestehen, und die Reihe der Ahnen gewinnt in dieser Heimat neue Glieder mit gleichem Vaternamen (Patronymie).

12. Der römische paterfamilias, dessen Machtfülle über die des griechischen und germanischen Hausvaters hinausgeht[20], steht für diese Generationenfolge. In den meisten Beschwörungen der Vater-Autorität findet er sich deswegen bis heute als «zeitloses» Vorbild. In der Bewahrung der Väterreihe und ihrer Kontinuität konserviert sich althergebrachtes Ritual der Patronomie. Nur wer sich auf eine im Besitz gründende und diesen festigende Vorfahrenreihe, auf «Väter» berufen kann, gilt als Patrizier: Die plebs hat weder Ahnen noch Besitz. Sie ist nur vaterlose und damit namenlose Menge. Zwar hat sie, als definierte Klasse der «Proletarier», Kinder aufzuweisen, die ihr den Namen geben. Doch Väter hat sie deswegen noch lange nicht. Diese bleiben im Oben. Der Fundus (patria) schafft Eliten, während bloßer Kinder-«reichtum» ohne Namen selbst die Definition nach unten zieht, ins Proletariat.

13. Das Individuum, falls in früher Zeit von einem solchen gesprochen werden kann, definiert sich von der Väterreihe her, um der Menge zu entgehen. Noch die frühmittelalterliche Sippenfamilie sieht den Einzelmenschen als Glied einer Kette. Geschlechtlichkeit dient, soweit sie institutionalisiert wird, als Fortsetzung der Ahnenreihe. Deshalb wird auf Ebenbürtigkeit des Ehepartners geachtet, weil sich Rang und Wert durch das anerkannte Blut fortpflanzen. An der legalen Ehe hängen Erhalt und Erwerb von Grund und Boden, von Vater-Gewalt.[21]

14. Legitimität, ein typisches Ergebnis von Definition, wird zum wichtigsten Bestandteil der Erben-Existenz. Legitim ist allein der anerkannte Erbe, der in der Reihe der Vorväter steht. Die Ahnen sind

ihrerseits Synonyme für die Väter und deren Geschlechtskontinuität. Ahnen sind Reliquien, verehrungswürdige Vorfahren, an deren Gräbern die jeweilige Familie erkennt, was Generation um Generation von ihr verlangt ist. Je berühmter eine Familie (ein «Herrscherhaus») ist, desto prunkvollere Grablegen bezeugen ihre Kontinuität.[22]

15. Das Haus, noch heute «Vater-Haus» geheißen und niemals Mutterhaus, sammelt Erinnerung und stiftet Kontinuität. Im Haus, in dem die Urväter gestorben sind und die Urenkel geboren werden sollen, ist die Stelle, an der Raum und Zeit einer Familie sich verknüpfen. Hier konkretisiert sich Familie, indem sie sich um den Hausherrn und Hausvater schart. Am Haus hängen die Traditionen der Abstammungsgemeinschaft wie die Interessen der Wirtschaftsgemeinschaft.[23]

16. In den genannten Prozessen, die sich immer häufiger unangefochten wiederholen lassen, stabilisiert sich eine komplexer werdende Vatergesellschaft. Schließlich sichern nicht mehr die einzelnen Väter ihren Heimatboden und dessen Besitz-Werte. Eigens ausgebildete Vaterinstitutionen garantieren das Gesamt der Patronomie für die Zukunft neuer Vaterreihen. Die auf diese Weise tradierte Vaterkultur lebt von und in der Abfolge der Generationen, die die Kontinuität nicht abbricht, sondern bestätigt. Haus für Haus, Kopf für Kopf, Tag für Tag.

1.1.3 Wie die kleinen Unterschiede eben sind

Eine vollständige Theorie der patronomen Gesellschaft zu erstellen kann hier nicht verlangt sein. Eine solche zu bilden und durch die tausendfachen Beweisstücke patronomen Alltags zu belegen erfordert eine große Anzahl von Detailuntersuchungen. Diesen zukünftigen Ergebnissen der Paternologie wird es dann, wie ich hoffe, gelingen, meine prinzipielle Annahme nicht zu widerlegen.

Ich kann an dieser Stelle nur einige Linien nachziehen, die auf das ganz gewöhnliche patronom geprägte Verhalten von Vätern, Nicht-Vätern, Institutionen und Gesellschaften deuten. Als Wegweiser in diese Richtung dienen schon die Angaben, die das Wortfeld «Vater» umschreiben. Bei der Fülle der scheinbar unvermittelt nebeneinander stehenden Bezeichnungen handelt es sich in der Mehrzahl um Begriffe, die auf den Generalnenner Patronomie zu bringen sind.[24] Vaterliebe ist lexigraphisch nicht erfaßt.

Die Vater-Wörter lassen sich um Sachverhalte gruppieren, die Normsetzungen durch den Vater und Grundlegungen durch den Vater oder vom Vater ausgehende Prägungen beinhalten. Nicht selten weisen sie zurück auf die angesprochene Lückenangst und die Versuche, diese vaterrechtlich und vaterkriegerisch zu bewältigen. Beispiele: Vaterschaft, Vaterrecht, Vaterland. Dazu gibt es Spezifikationen wie Vaterschaftsanerkenntnis, Vaterschaftsprozeß, Vaterschaftsgutachten, Vaterschaftsnachweis, Vaterschaftsvermutung, vaterländische Dichtung, vaterländische Front, vaterländischer Krieg.

Ein ähnliches Bild läßt sich bei den Ableitungen aus dem griechischen und lateinischen Wortschatz zeichnen: paterfamilias, patria potestas, patrii Dii, pater patriae, Patriarch, Patriarchat, Patriarchade, Pate, Patron, Patronage, Patronat, Patrone, Patriot, Patrozinium, Patrimonium, Patrimonialien, Patrizier, Patriziat, Patrize, Patroklinie, Patronymie.[25]

Die entsprechenden Wortgruppen, die das Wort Mutter (mater) mitführen, sind zwar nicht in der Minderzahl[26], doch drücken sie eher passive und hinnehmende als prägende, normierende Eigenschaften aus. Beispiel: Matrize, die von der in sie eindringenden Patrize geprägt ist.

Ich brauche nicht eigens zu sagen, daß es sich hier nicht um metaphysisch begründete Differenzierungen handelt, sondern um Ergebnisse soziologisch faßbarer Rollenausprägungen und -fixierungen. Diese lassen einen Schluß auf den Zustand der patronomen Gesellschaft zu, in der Väter das Sagen, d. h. das normierende Definieren gegen Nicht-Väter haben. Unter diesen Umständen ist es konsequent, daß ein solcher Sachverhalt schließlich metaphysisch, also unter Berufung auf einen Logos, der männlich oder besser: väterlich sein soll, begründet worden ist.[27] Der Anspruch auf Definitionsmacht und deren Nutzung für das eigene Besitz- und Leistungsinteresse sind typisch für die Vater-Logik.

In die Raster der patronomen Grundmodelle lassen sich die Vaterwörter an einem jeweils vorgesehenen Platz eintragen. Die patronome Ordnung wirkt logisch unangreifbar. Doch besagt solche Ordnung notwendig, daß es differenzierte Ränge und Klassen geben muß, die der Vatermacht der Definition und nicht etwa einer Natur entstammen. So sind Kinder, d. h. vor allem, wenn nicht ausschließlich Söhne, nur in ihrer Stammhalterfunktion als künftige Väter interessant und lohnend. Die definitorisch eingeholten Mütter (und Töchter) kommen in diesem Regelsystem nur noch im Unten oder allenfalls am Rand des Oben vor. Ihnen steht der Platz des Gebärens neuer Kinder zu, die, von den Vätern anerkannt, eben den Vätern den normgerechten Verlauf des Paternisierungsprozesses gewährleisten.

Den Frauen wird in der Väterwelt, die eine Doktrin der getrennten Sphären (Dichotomie) favorisiert, nicht nur ein bestimmter Platz zum Handeln zugewiesen. Sie selbst werden von diesem Platz her ausschließlich als Mütter definiert und als bloße Geburtsorte biologisch von den Vater-Menschen getrennt. Eine Mutter darf daher alles mögliche werden und sein, nur eines nicht: Vater. Sonst wäre die mannmenschliche Urangst unüberwindlich. Ordnung muß sein, und alles wirkt auf dem Territorium solcher Vater-Logik aufgeräumt und homogen.

Die herrschaftsbetonte Platz-Anweisung ist eine charakteristische Funktion und Leistung der als vater-mann-menschlich klassifizierten Ratio. Sie hat, von ihren Agenten ständig verfeinert und multipliziert, sich eine förmliche Ordnungskultur geschaffen. Diese ist von der «weiblichen» Zierkultur abgehoben und erschöpft sich in der Lust am vaterrechtlichen Regeln, am Erstellen und Durchsetzen von «patterns»[28].

Die Verankerung der Patronomie im historischen Kontinuum wie in der Psyche der Menschen beweist ihre Stärke gerade da, wo sie in der Regel nicht vermutet wird. Ich nenne ein paar alltäglich normale Beispiele aus diesem Dunkelfeld.

Es gibt bestimmte Tabuierungen, die den Vater zugleich privilegieren und schützen. Das Tabu, der polynesische Begriff für ein «intensiv Gemerktes, kräftig Gekennzeichnetes»[29], sichert eine Ordnung, indem es ursprüngliche Offenheiten wie Berühren, Behandeln, Bereden oder Betreten zugunsten einzelner beschränkt. Das soziale Handeln von Menschen wird der jeweiligen Nomie entsprechend reguliert. Das Tabu gehört zu den festen Bestandteilen des sozialen Gewissens. Zugleich bietet es dem einzelnen das in der jeweiligen Vaterordnung erlaubte Verhalten als Belohnung an: Widersteht ein Mensch dem Wunsch, das Tabu zu brechen, das die Vatergewalt ihm eingebläut hat, erwirbt er als Anerkennung eine bestimmte Bezeichnung. Wer sich den Willen des Vaters intensiv gemerkt hat und wer ihn nicht durchbrach, heißt jetzt «guter und lieber Sohn».

«Corruptio optimi pessima.» Väter sagen: «Das Schlimmste ist, wenn der Beste korrumpiert.» Niemand fragt in der Vatergesellschaft, wie korrupt ein Sohn gewesen sein mußte, bevor sein Vater ihn den Besten hieß. Der Weg zum Besten führt über das Schlimmste.

Wer Gratifikationen gegen seine Kinder durchsetzen kann, hat wahre Macht, ist ein Vater.

Wie bekannt, können sich die Tabus ändern. Sie sind nicht biogen, sondern soziogen. So wird «die Blöße des Vaters» (Penis) – und damit den Sitz primärer Gewalt – anzuschauen nicht mehr wie früher (im Alten Testament[30]) bestraft. Auch sind jene tabuierten Gegenstände, die als Insignien der Vatergewalt galten und den Penis abgelöst hatten, ohne dessen Form ablegen zu können, nicht mehr in jedem Fall tabu: Zepter, Marschallstab, Schwert der Gerichtsbarkeit, bischöflicher Hirtenstab.[31]

Andere – säkulare – Tabus sind am Leben, ohne daß sie immer als solche bezeichnet werden müßten. Daß sie nicht mehr Tabus genannt werden wollen, ist Ausdruck ihrer gegenwärtigen Überlebenstaktik. Um so intensiver hat der neuzeitliche Mensch, der aus einer normalen, d. h. patronom zugerichteten Familie, stammt, sie sich im Verlauf seines Paternisierungsprozesses gemerkt, um sie in aller Regel an seine Nachkommen weiterzugeben.

Alexander Mitscherlich sagt über solche Gebote und Verbote:

«Die Konsumgesellschaft hat die ihren, und so weit sie auch vom Heiligen abliegen, ihre Verletzung bleibt gefährlich. Da diese Tabus einem sehr raschen Wandel unterliegen, ist die Anpassung selbst zum obersten Tabu geworden, dessen Befolgung die Argusaugen der Kommunikationssysteme überwachen. Es gehört zu den erschütternden Einsichten – und man weiß oft nicht, wo man sie erschreckend und wo man sie beruhigend nennen soll –, daß die Menschen sich ungleich rascher, unmittelbarer und verläßlicher durch die Gleichheit ihrer Tabus als durch kritisches Urteil verstehen.»[32]

Die gesellschaftlich geforderte, überwachte und belohnte Anpassung verlangt von den sogenannten Individuen heute, daß sie sich ständig flexibel angleichen. Diese Leistung ist überlebensnotwendig. Nicht-Erfolg auf diesem Gebiet mindert die Lebenschancen so stark, daß jeder einzelne Mensch bemüht bleiben muß, sich an die ihm jeweils vordefinierte Norm anzupassen.

Norm? Die alltäglichen Tabus gehören ihr an, die den Familienstil mitbestimmen. Sie sind in ihrer Gewöhnlichkeit nicht harmlos. Sie bereiten die grundsätzliche Ausrichtung des Individuums auf den Fremdwillen vor. Tag für Tag üben sie die sozial erwünschte Zurichtung auf das Oben ein.

Besäßen sie solche Normen nicht schon, müßten die Väter sie heute erfinden. Erst die Söhne, die sich gehorsam zeigen, sind richtig zugerichtet. Ein Vater nach dem anderen befriedet seinen Besitz, indem er Tabus errichtet und weitergibt. Er spricht, Nuancierungen im Familienstil nicht ausgenommen[33], von «seiner Frau», von «seinen Kindern», von «seinem Haus», von «seinem Geld». Und von «seinem Tisch», an dem die Kinder sitzen und, solange sie da sitzen wollen, gehorsam zu sein haben.

Zwar reden auch Frauen von «ihren Männern» und so fort. Doch der Qualitätsunterschied zwischen den beiden Benennungen ist unschwer einzusehen: Im Herrschaftsbereich der Patronomie meint der Vater-Mensch, wenn er so spricht, besetzte Wirklichkeit. Der Frau-Mensch kann allenfalls eingeräumte Teilhabe des Unten am Oben meinen. Geht es hart auf hart, stellen sich nicht nur in Geldangelegenheiten die wirklichen Relationen wieder ein.

Familienrituale[34], deren Summe den Familienstil ausmacht, sind patronome Symbole. Sie geben relativ zuverlässige Anzeichen für die Geschlossenheit einer Familie ab – und für die Bewahrung der (Vater-) Werte innerhalb der Familie. Als patterns müssen sie, von Fall zu Fall, ent-deckt werden.

Beispiele sind: Feiertage, Geburtstage, Mahlzeiten, Urlaub, Freizeitgestaltung.

Jeder, der besitzanzeigende, d. h. normale Tabuwörter vom Vater hört, vergleicht sie mit denen, die er bereits verinnerlicht hat. Der normal Erzogene weiß, daß er solchen Tabus immer begegnet ist und ihnen immer wieder begegnen wird. Wenn er, um ein simples Beispiel anzuführen, von exotischen Eßsitten hört, so findet er diese altertümlich und kurios. Vorschriften, nach denen bestimmte Speisen nur von den Männer-Vätern verzehrt werden dürfen[35] und damit für Nicht-Väter tabu sind, sind etwas für «Wilde», meint er. Doch erinnert er sich daran, daß er als Kind zugeschaut hat, wie der eigene Vater zumindest sonntags das Essen aufgeteilt und sich die besten Stücke reserviert hat? Weil der Herr Vater – als einziges Familienmitglied – hart arbeitete? Denkt er noch daran, wie der Vater samstags das Badewasser als erster benutzen durfte, bevor der Rest der Familie im selben Wasser (um Vaters Geld zu sparen) badete?

Ich erinnere diejenigen, die solche Übungen schon deswegen für ähnlich exotisch wie die der Wilden halten, weil sie ihnen bisher im eigenen Erfahrungs- und Verdrängungsbereich noch nicht wirklich nachgegangen sind, an die exemplarische Schilderung des Bernward Vesper:

«Beim Abendessen wartet jeder, hinter dem Stuhl stehend, bis er [der Vater] sich gesetzt hat. Die Beuge Teller steht vor seinem Platz. Er teilt die Suppe aus. Er tranchiert das Fleisch. Er versucht, alle Wünsche nach einem bestimmten Stück zu erfüllen, aber seine Entscheidungen sind unwiderruflich. Er erhebt die Stimme, obwohl niemand mehr spricht. Er schickt den Schwiegersohn fort, der mit kurzen Hosen aus dem Garten zu Tisch kommt. Die Adern an seiner Stirn schwellen an. Er stampft mit den Füßen unter dem Tisch. Dreißig Esser schauen auf ihre Teller. Jemand bricht in Tränen aus und läuft aus der Halle. Er läuft hinterher und verlangt, daß die Tür noch einmal leise geschlossen werde. Er klingelt nach dem Mädchen, das wieder etwas vergessen hat. Er erklärt auch heute, wer nicht von der Hauptmahlzeit ißt, erhält auch keinen Nachtisch. Es ist verboten, sich in der Küche zu erkundigen, welchen Nachtisch es gibt... Er liest die Zeitung als erster. Er öffnet die Post... Er stellt fest, welche Früchte im Garten reif zur Ernte sind. Er dringt darauf, jetzt dies einzumachen, das täglich auf den Tisch zu bringen, ehe es alt, holzig, mollicht, überreif wird. Er faßt den Kindern ins Haar und zieht daran. Er fragt die Erwachsenen ab: ‹Wo steht das?› Er zieht sich zurück. Er verlangt strenge Ruhe während des Mittagsschlafs... Er erwartet, daß der Nachmittagskaffee auf dem Tisch steht. Er erwartet, seine Kinder am Kaffeetisch zu sehn.»[36]

Das ist gerade vierzig, fünfzig Jahre her. Die Eltern oder Großeltern derer, die es heute lesen, haben es nicht anders erlebt. Vesper ist nicht der einzige, der patronome Tabuierungen registrieren mußte, bevor er sie weitergab – oder sich dagegen zu wehren suchte.
Katharina Rutschky hat historische Beispiele für ähnliche Tabuierungen gesammelt. Mit Leichtigkeit, denn sie haben eine lange Tradition, und sie liegen überall bereit.[37] Immer wieder werden spontane Trieb- und Affektäußerungen von Kindern unterdrückt, um die Vater-Kultur zu stützen, um sogenannt aggressive Verhaltensweisen zu verbieten. Aggression ist nach der Vater-Logik gegen das Oben gerichtet und damit verwerflich.
Tabus, die um den Körper und seine Funktionen errichtet werden, schützen die Vater-Kultur vor jeder von dieser als beleidigend definierten Konfrontation mit der Körperlichkeit des Kindes: Rülpsen, Spukken, Schmatzen, Furzen zuerst.[38] Dann auch lautes Lachen, Husten. Begründet werden die Tabugebote und -verbote ausweichend. Mit ästhetischen, moralischen oder hygienischen Argumenten. Doch sie

zielen auf den Schutz jener Vatergewalt-Ordnung ab, die sich mit Vaterliebe gegen die Kinder maskiert.

Ich will nur dein Bestes.

Die Kinder geben ihr Bestes: sich selbst.

Vatergewalt drückt sich, ein weiteres Beispiel, auch in der sogenannten Muttersprache aus. Diese gleicht einem maskulin beherrschten System von geordneten Lautäußerungen und richtet sich gegen Frauen wie Kinder. Patronom ist die Muttersprache nicht etwa deshalb, weil sie immer noch schicht- und geschlechtsspezifische Tabuwörter kennt [39], sondern weil sie durchweg bestimmt ist von mannmenschlicher Privilegierung und Klassifizierung. Luise F. Pusch hat kurzerhand das Deutsche als Männersprache bezeichnet, auch wenn andere Sprachen nicht zurückstehen mögen.[40]

Die Muttersprache ist alles andere als eine Sprache von Müttern für Mütter oder für Kinder. Sie bleibt Vatersprache. Sie ist von Mann-Menschen für Mann-Menschen bequem geordnet, rationalisiert und patronom gestaltet. In diesem Sinn dürfen Mütter sie ihren Kindern weiterreichen. Die Frage, ob herrschaftssichere Sprache nicht verarmte Sprache sein muß, deren Bewußtlosigkeit nur noch die eigene Ratio anspricht, nicht aber die ganze Wirklichkeit, stellt sich hier nicht.

Die Frau wird in der Sprache, die die Realitäten der Vaterkultur fabriziert und ausdrückt, regelgemäß unter das Mann-Menschliche subsumiert. Warum auch nicht? Gilt das Mann-Menschliche doch als geschlechtsneutral Menschliches schlechthin. Das am Mann orientierte System, das beispielsweise noch das als typisch fraulich ausgegebene «Mannequin» vom «Manneken» (Männchen) ableitet [41], macht das Feminine als solches unsichtbar. Kommt dieses dennoch zum Vorschein, gilt es als Störung.

Störungen sind Verhängnisse. Zu einer patronom zugerichteten Wahrnehmung («Blick») und ihren Apparaten gehört zwanghaft die Geschlossenheit, Berechenbarkeit, Regelhaftigkeit und Eindeutigkeit. Diese «Ökonomie» hat auch die Vatersprache («Wort») erfaßt. Trotz und wegen ihrer Verhüllung als Muttersprache hat sie allein als Regelsprache zu gelten. Sie wird als griffiges Instrument zum Transport der patterns gedeutet. Als solches muß sie bedienbar funktionieren.

Die hier wie zufällig gewählten Ausdrücke Funktion, Bedienbarkeit, Instrument, Transport, pattern, Apparat weisen in dieselbe Richtung. Sie entsprechen dem Code, der von Maschinen bekannt ist. Auch hier handelt es sich um die gewollte Beherrschung der Natur in der Form der Über-Zeugung. Nicht von ungefähr ist die Formstruktur der indogermanischen Sprachen als rein patronome Sprachen logisch stratifiziert und in Regeln ablösbar. Hochgradig formalisierte Sprach- und Interaktionsstrukturen sind einer Objektivierung in Form technischer Maschinen zugänglich.[42]

Die von Mann-Menschen entwickelten Maschinen bleiben nicht (als Computer) außerhalb der Sprache oder (in der Apparatemedizin) außerhalb der Körper. In den Maschinen ist eine Denkform verkörperlicht, die das beschädigte Leben ohnehin beherrscht. Dieses Denken hat Sprachen, Körper, Sprachkörper und Körpersprache selbst profitabel im Griff.

Wozu bedarf es noch eines besonderen «Wörterbuches des Unmenschen», wo alle schon Maschinen sind? Wo alle unter Hochdruck stehen, mit Volldampf arbeiten, richtig ticken oder nicht, eine Schraube locker haben oder auch zwei, Kohldampf schieben, gespannt sind? Wo das Herz arbeitet wie eine (austauschbare) Pumpe, wo jede Lunge ihre Flügel hat? Wo der Trieb Auftrieb gibt?

Auch die Sprache der «verwahrten» Liebe ist auf Codes zugerichtet: Beziehung und Verhältnis sind Begriffe, die aus Mathematik und Kybernetik bekannt sind. Liebe wird einfach «gemacht». Auch Liebeslieder kennen den maschinenfreundlichen Stampfrhythmus. Die Beziehungskiste ist ein mechanisches Behältnis. Sexualität kommt der Ausübung von Technik gleich, und die Libido ist auf erogene Stellen konzentriert, damit der Restkörper sich als Arbeitsmittel nutzen läßt.

Die Vatersprache hat mittlerweile alle Wirklichkeit ergriffen und durch ihre aggressiven patterns (Schlag- und Stichwörter) so exklusiv besetzt, daß lebendige Realität aufgehoben ist. Diese Vernichtung der Wirklichkeit (Natur, Leben) durch die Wortgewalt des (als besser) Definierten ist vatertypisch. Patronomien erbauen sich ihre Tempel aus dem Material toter Natur. Dieses Material muß sich, Baustein um Baustein, der Vaterpotenz zum Bau eines Systems rekonstruierter Wirklichkeit fügen. Tod ist hier Bedingung. Alle Realität muß bleibend unterworfen sein, bevor sie der Definitionsmacht definitiv unterliegt und von dieser absorbiert, transformiert und deformiert wird.[43] Definitionsmacht herrscht auf dem Substrat des niedergelegten Lebens. Herrschen und Bauen werden eins.

Eine herrschende (Hoch-)Sprache, Vehikel der jeweils siegreichen Kultur, setzt Grenzen neu fest (De-finition). Sie bietet im profitablen

Tauschverfahren die offizielle Interpretation gegen die erfahrene Wirklichkeit. Sie prägt durch den Oktroi ihrer Deutestandards das Denken, Fühlen und Handeln derjenigen, die sie ihrem Mythos unterworfen hat.

Die Unterwerfung unter die patronom geordnete, d. h. auseinandergenommene und im eigenen Interesse wieder zusammengesetzte Wirklichkeit bildet ihr System aus. Sie schafft immer subtilere Atomisierungen des Ganzen. Gérard Mendel über das Beispiel Schule und Hochschule:

«Die Sprache, wie sie in der Grundschule gelehrt wird, reduziert sich auf die Abhängigkeiten verschiedener autarker Elemente (Syntax, Grammatik, Orthographie); ihr globaler Aspekt, die wirkliche Funktion als Kommunikation, Begriffsinstrument, Aktion und Veränderung der Umwelt wird vernachlässigt, Sprache bedeutet hier eine Abwendung von der äußeren Realität; sie besteht nur in der Vermittlung von Wörtern... Es ist auch bekannt, daß manche der Linguistik innerhalb der Humanwissenschaften eine zentrale Stellung zuweisen wollen. Es ist jedoch nicht übertrieben zu sagen, daß die Linguistik die Wissenschaft von der Atomisierung der Sprache in einzelne Bestandteile (Laute usw.) ist und daß sie sich weder mit der Funktion der Sprache noch mit der Bedeutung von Rede befaßt.»[44]

Die Prägung durch Unterwerfung wird nicht von allen als Niederlage des eigenen Denkens verstanden. Im Gegenteil. Wer das von der Vatergewalt vorausdefinierte Deuteschema als pattern eigenen Denkens übernommen hat, fühlt sich häufig nicht bewußtlos unterworfen. Vielmehr beruft er sich auf eine besondere Verhaltenssicherheit, die seine Angst vor der als chaotisch empfundenen Komplexität des Lebens niederhält. Ich vermute, daß dort die Angst vor Komplexität am gewaltigsten ist, wo die Sprachsymbole sich besonders eindeutig zu manifestieren gelernt haben. Eindeutigkeit ist hier gleich Besetzung aller Deutungsmöglichkeiten und Ausschluß jeder Mehrdeutigkeit. Besatzungssprache herrscht und wehrt zugleich ab. Gelungene Abwehr verleiht Herrschaft.

Daß Sprechende und Angesprochene sich geborgen fühlen in der Sicherheit einer Sprachordnung, die über ihre patronomen Definitionen nicht mit sich sprechen läßt, halte ich schon nicht mehr für eine Vermutung. «Patronome» Definitionen? Die Vatersprache existiert in diesen.

Ein einziges geschlechtsspezifisches Beispiel für die wertenden Konstrukte der Realität. Ein einziges Beispiel, das die Rede von der Muttersprache desavouiert und die sogenannte Geschlechtsneutralität der Sprache als Schein enthüllt: Oben – Unten.

Diese beiden winzigen Wörtchen (und nicht ihre Ableger rechts–links) halten die Vater-Logik aufrecht. Sie sind angefüllt mit rentabel wertenden und profitabel auszuwertenden Deutungen. Patronomie wurzelt in ihrer eigenen Definition, oben sei besser, stärker, gewaltiger als unten. Klaus Theweleit:

«Aber gibt es eine Höhe der Theorie außer als Männerwahn? Hoher Norden – tiefer Süden; tiefste Wildnis... wie wär's mit einer höchsten Wildnis? Am Widerstand, den man (frau?) gegen solche Verbindungen hat, wird erfahrbar, wie sehr das Hoch / Tief die Ordnung unseres Denkens bestimmt und wie sie in der Codierung dieser Ordnung mit den Gegensätzen männlich / weiblich, kontrolliert / unkontrolliert, präzise / vage, auch außen / innen, bewußt / unbewußt Herrschaftsverhältnisse stabilisiert, in denen, was unten ist, immer schon unrecht hat, weil es unten ist. Was dem hochstehenden ‹einzelnen› der höheren Kultur zur seligmachenden Totalität, zu seiner körperlichen Ganzheit fehlt, ist ein Unten, das er unterdrücken kann.»[45]

Ob diese Qualifikation des Oben und des Unten, die allen eindefiniert ist, etwas mit dem Vater-Geschlecht zu tun hat? Nicht sehr weit hergeholt ist die Annahme, das Oben, das Hoch sei phallisch besetzt, die Tiefe, das Unten vaginal. An dieser Stelle unterscheidet sich der Mann-Mensch sichtbar vom Frau-Menschen. Hier erreicht ein wenig von seiner Lückenangst die gewünschte Sicherheit. Den kleinen Unterschied mit den großen Folgen nimmt ihm so schnell niemand, oder doch?

Die gewohnte «Hoch»-Sprache kennt und liebt hierin Eindeutiges. «Hervorragend» heißt außergewöhnlich erigiert, «deprimiert» weist in die Tiefe. Vielleicht werden viele doch noch sprachlos, wenn sie anfangen, auf solche Implikationen unserer Begrifflichkeit zu achten.[46]

Wer um alles in der Welt hat nun aber den Phallus ausschließlich als Symbol des Mann-Menschen gedeutet und den Vater-Menschen darüber vergessen? Steckt im Phallus denn nur das Mannsein und nicht erst recht das Sein als Vater? Ist das Symbol vaterfrei? Die Tatsache, einen Penis zu besitzen und diesen aufrichten zu können, mag mannmenschlich sein. Die Gewalt, den Penis als Phallus symbolisch zu halten und abzubilden, ist Ausdruck der Vater-Stärke. Spricht die Patronomie vom Phallus, meint sie nicht nur den Penis des Mann-Menschen, sondern schen, sondern sie distanziert sich begrifflich vom Frau-Menschen wie vom Kind. In der patronomen Denkstruktur erfüllt der Phallus seinen eigentümlichen Zweck: Hinweis auf alle Nicht-Väter zu sein, die allein seiner Symbolgewalt ihr Leben in der vaterrechtlichen «legitimierenden» Ordnung verdanken.[47]

Margarete Mitscherlich[48] spricht von den phallischen, d. h. den vatermenschlichen Qualitäten, wenn sie das Sich-zur-Schau-Stellen, das Suchen von Rivalitäten, das Überlegen-sein-Wollen klassifiziert. Solche Qualitäten sind charakteristisch für die gegen das Unten der Frauen und Kinder gerichtete Ordnung der Vater-Hoch-Kultur.

Welche psychischen, kognitiven, sozialen und politischen Konsequenzen hat es für Mann-Menschen, daß ihre Muttersprache eine Vatersprache ist? Welche Folgen hat es für die Frauen und die Kinder, daß ihre Muttersprache eine fremdbestimmte Sprache ist?[49]

Wo bereits die Regelmäßigkeit des Menschseins durch das klitzekleine Vokabelchen «man» ausgedrückt ist und wo man die Ausnahme «frau» als feministische Attitüde belächelt, finden erst wenige zu sich selbst. Was Vatergewalt als logisch definiert hat, muß auch logisch sein. Eine Gruppe von Personen ist schon deswegen eine männliche Gruppe, wenn ihr mindestens ein Mann angehört, während die potentielle Mehrheit von Frauen nicht in die Sprache eingeht, weil Mehrheit hier nicht nach Quantität, sondern nach Qualität bemessen wird.

Vater-Logik verfolgt ihre eigenen Interessen, und selbst ihre Asymmetrien haben System. So viel Normalität darf nicht angetastet werden, und die Muttersprache entpatrifizieren[50] zu wollen erhält die gleiche Bedeutung wie das narrenfreie Liebesspiel.

Ein letztes Beispiel für die sogenannte Normalität der Patronomie, dessen sich noch kaum jemand bewußt ist: die Sprache der Körper. Könnte die Muttersprache noch verlernt werden oder könnte sie zumindest teilweise hinterfragt und in einem längeren Prozeß verändert werden, so ist dies bei der nonverbalen Kommunikation ungleich schwieriger. Diese Prägung sitzt zu tief.

Vater-Menschen sind den Körper der Frau auf eine bestimmte Weise zu sehen und zu normieren gewohnt. Der Mehrbesitz mußte auch sprachlich niedergelegt werden. Schon von ihrer Bezeichnung her mußten die sogenannten äußeren Geschlechtsteile der Frau eine eng umschriebene Funktion in der Vaterwelt übernehmen. Sie werden unter dem Oberbegriff «Scham» zusammengefaßt. So weiß die Frau und Mutter genau, was ihre Tugend (Tauglichkeit) ist und wo diese geortet werden kann. Hat eine Frau ihre Scham verloren, hat sie nichts mehr zu verbergen, sagt Tacitus. Und Rousseau, der den Römer zustimmend zitiert, meint, kein anderer Autor habe das Herz beider Geschlechter besser gekannt als dieser.[51]

Die Männermedizin ist sich ihrer Definitionsmacht sicher, wenn sie von Schamhügeln und von Schamlippen spricht. Bei den Vätern selbst hört die Scham schon beim Haar auf.

Der spezifisch weiblichen Schamhaftigkeit, wie sie die Werteväter sich zugerichtet haben, um ihre Angst zu unterdrücken, entspricht jene Auffassung von «Schande», die dieselben Väter für alle Frauen reserviert haben. Jede Frau im Geltungsbereich der Patronomie mußte schon sehr früh lernen, daß ihre eigene Ehre an den genannten Schambereich gebunden ist. Und nur an diesen. Allein die Frau ist geschändet, wenn ihre Schamteile von einem Mann, der kein (väterliches) Besitzrecht an ihnen hat, mißbraucht worden sind. Ist eine Frau, verdinglicht wie die Genußmittel Alkohol und Nikotin, in diesem Sinn «mißbraucht», gilt sie – und nicht ihr Schänder – als entehrt. Dieser Mangel haftet ihr an. In der patronomen Klassifikation kommt sie noch unter einem Genußmittel wie dem Alkohol zu stehen, das selbst durch Mißbrauch nicht an Wert verliert.

Diese Differenz in der Vater-Wertung erlaubt einen Rückschluß auf Besitzverhältnisse. Alkohol, Nikotin und andere Drogen gibt es genug. Sie sind frei konvertierbar und gehören jedem, der sie sich nehmen kann. Frauen gehören regelgemäß einem einzigen Mann. Dem eigenen Vater oder demjenigen, der mit ihrer Hilfe selbst zum Vater werden will.

Besitzansprüche werden dadurch angezeigt, daß frauliche Sexualität angstbelegt abgedrängt wird ins Naturhaft-Blumige. Nur der Penis oder seine Ersatzstücke können «deflorieren». Und auch die übliche Rede von der «Jungfräulichkeit» weist in diese Richtung. Die anatomische Besonderheit des «Jungfernhäutchens», die sich bei höheren Affen, Raubtieren und Huftieren ausmachen läßt[52], paßt den Vätern ins System. An dieser Stelle, und nur hier, unterscheidet sich das aktive Prinzip «natürlicherweise» vom hinnehmenden.

Ich erinnere an die Überlegung, ob sich der anatomische Unterschied zwischen den an sich gleichen Menschen nicht aus Definitionen entwickelt habe. Jedenfalls kommt dieser eine Unterschied wie gerufen. Nicht nur, daß der Mann-Vater seine Mannheit sich selbst und dem Substrat Frau durch aktive Penetration beweisen kann, kommt ihm höchst gelegen. Auch die unbestreitbare Tatsache, daß der durch Penetration erzeugte Effekt in der Regel so schlüssig beweisbar ist, daß er jeden Rückschluß auf die Ehre des Besitzers, sprich Jungfräulichkeit seiner Frau, zuläßt.

Dieser Sachverhalt liefert nicht nur Gesprächsstoff für Männer-Stammtische. Auch die Alltagspraxis einer Väterkirche wie der römisch-katholischen lebt davon. Sie macht die Gültigkeit und damit die Unauflöslichkeit einer Ehe davon abhängig, daß sich der geschlechtliche Vollzug (die Inbesitznahme der Privatfrau) durch gynäkologische Beschau nachweisen läßt. Noch heute werden Jahr für Jahr etliche tausend Frauen von Männern auf ihre Jungfräulichkeit (körperliche Unversehrtheit) getestet, bis der Heilige Vater selbst sein definitionsmächtiges Schlußwort über den Bestand oder Nichtbestand einer Ehe spricht. Ist der Nichtvollzug der Ehe, also die Nicht-Inbesitznahme der Frau durch einen männlichen Besitzer gynäkologisch bewiesen, kann die Ehe vom Papst aufgelöst werden. Scheidung auf katholisch.

Niemand braucht ins finstere Mittelalter auszuweichen, wenn er Beispiele für klerikale Schamlosigkeiten sucht. Diese Patronomie ist jung geblieben. Wie «man» sieht, handelt es sich beim Jungfernhäutchen um einen in der Vaterwelt der Mutter Kirche ausgesprochen wichtigen Körperteil. Er entscheidet mit über das Sakrament der Ehe. Einem Tatbestand wie etwa dem Mordversuch an der Ehefrau gelingt dies nicht. Wenn ein Mann seine Frau töten wollte, hat das die Lösung seiner Ehe nicht zur Folge.

Da auch säkulare Patronomien lebendig sind, wundert es mich nicht, daß die überwiegende Mehrzahl der Frauen dem Verhaltensdruck weicht und ihre als körperlich unterlegene = als körperlich unterlegen definierte Situation noch immer zu verbergen sucht.

Eine besondere Schutzfunktion wird der Körpersprache zugeschrieben. Für die Mann-Menschen ist dieses Terrain ein Betätigungsfeld, auf dem sich ihre sorgsam internalisierten geschlechtsspezifischen Verhaltensweisen tummeln. Für die Frauen bedeutet es ein Leidensfeld, auf dem sich ihr Nichtvater-Sein bewähren muß. Wie es dem Mann und Vater nach dessen eigener Logik zukommt, gegen das Draußen aktiv, fordernd und offen zu sein, so bleibt für die Frau und Mutter die Wahrnehmung ihrer von den Appellstrukturen der Patronomie geforderten Passivität.

Nochmals Jean-Jacques Rousseau:

«Der eine muß aktiv und stark sein, der andere passiv und schwach: notwendigerweise muß der eine wollen und können; es genügt, wenn der andere wenig Widerstand leistet. Steht dieser Grundsatz fest, so folgt daraus, daß die Frau eigens geschaffen ist, um dem Mann zu gefallen. Es ist weniger zwingend notwendig, daß ihr der Mann auch seinerseits gefällt: sein Vorzug liegt in der Kraft; er gefällt allein dadurch, daß er stark ist. Ich gebe zu, daß das noch nicht das Gesetz der Liebe ist; aber es ist das Gesetz der Natur, das älter ist als die Liebe selbst.»[53]

Marianne Wex – und nicht der Bestsellermann Sammy Molcho – hat in einer umfassend belegten Studie die Differenzierung in Betätigungs- und Leidensfelder geortet, abgelichtet und analysiert. Frauenpassivität und Männeraktivität bezeugen sich als Folgen gelungener Verinnerlichung patronomer Wertvorstellungen (Rousseaus «Gesetz der Natur») in alltäglichen Erscheinungsformen. In unwillkürlichen Bein- und Fußhaltungen. Im Gehen, Sitzen, Stehen und Liegen. Im Gesichtsausdruck und in besitzanzeigenden wie besitzhinnehmenden Griffen und Gesten.[54]

Die offensichtlichen Differenzierungen, die am unbewußt äußeren Körperverhalten abzulesen sind, deute ich als Ergebnisse eines langen Kampfes der Väter gegen die Mütter und deren Kinder. Dieser Kampf hat damit geendet, daß die patronome Weltsicht sich durchgesetzt hat (Opferdeklaration) und daß dieser Sieg schließlich von seinen Opfern anerkannt werden mußte. Die Nicht-Väter haben ihre Definition als Unterlegene akzeptiert (Opferperzeption). Sie sind der Gewalt gewichen.

Im Lauf von Jahrtausenden hat die Patronomie die Geschlechtszugehörigkeit in deren körperlichen Ausdrucksformen und kosmetischen Verstärkungen so geregelt, wie es ihren Rangvorstellungen entsprach. So sind die allgemeinsten Körperhaltungen der Frauen zu dem geworden, was ihr Verweiblichungsgrad noch heute darstellt: Eng aneinander gedrückte Beine, die die «Scham» verbergen und dem Zugriff nicht legitimierter Mann-Menschen (also von Nicht-Ehemännern und Nicht-Gynäkologen) entziehen; nach innen gestellte Füße und eng am Körper gehaltene Arme. Die Frau, selbst nicht im Besitz von Territorium, sondern als Frau Territorium und Beute, macht sich schmal und nimmt wenig Raum in Anspruch.[55] Ganz anders die Mann-Menschen. Sie treten breitbeinig auf. Sie haben Raum zu beanspruchen, und sie tun dies auch.

Die lange patronome Tradition, deren gewöhnliche Resultate angesprochen worden sind, hat viel Zeit für ihren Siegeszug benötigt. Sigmund Freud spricht von einer «langen Ahnenreihe von Mördern»[56]. Um so eindeutiger ist ihr Sieg ausgefallen. Inzwischen kann jeder noch so mickrige Vater-Mensch von diesem Ergebnis zehren, das ihm allein seine Klassenzugehörigkeit garantiert. Der Machtwechsel von einer Mütter- zu einer Väterkultur[57], über dessen einzelne Phasen in der Geschichtsschreibung der Väter so gut wie nichts bekanntgemacht worden ist, darf als geglückt gelten.

Wie jede kriegerische Auseinandersetzung, die sich an Normenkonkurrenzen festmacht, hat auch dieser Machtwechsel eine Unzahl von Opfern hinterlassen. Sein jetziger Zustand macht es ebenso. Kranke Frauen und Kinder zuhauf[58], aber auch überforderte, als schwach definierte Männer und Väter[59] sind Opfer. Daß nur über die Krise der letzteren geklagt wird, und dies verbunden mit neuen Unterwerfungsangriffen auf die Nicht-Väter, ist nicht verwunderlich. Viele Väter wollen sich nicht um die Früchte ihrer Mühen bringen lassen und antworten, wie sie es gelernt haben. Sie rufen nach jener Vatergewalt, die ihren Ahnen den Sieg eingetragen hat. Ob sie damit der Gefahr entgehen, die ihrer Klasse droht?

1.2   Gefahr für Väter?

Seit einiger Zeit ist es Mode, sich literarisch mit den Vätern zu befassen. Meist sind es mittelschichtspezifische Publikationen aus einem Umfeld, das einer konservativ-autoritären Weltsicht treu ist: Frauenzeitschriften, Kirchenblätter, einzelne Organe der Rechtsprechung und des Strafvollzugs.[60] Diesen Veröffentlichungen und den sogenannten Stimmen aus dem Volk tritt eine bestimmte Hilfsliteratur bei, die aufwendig die neuzeitliche Gefährdung des Vaterseins beklagt.

Ich bespreche diese Schriften breiter, als es ihrem Gewicht zukommt. Hinter ihren oft ungelenken Äußerungen verbirgt sich das Problem: die Beziehungen zwischen Vatergewalt und Vaterliebe in einer traditionsstarken Gegenwart.

Die archaisierende Sprache mancher Schriften schreckt zwar diejenigen ab, die meinen, an entmythologisiertes Denken gewöhnt zu sein. Doch läßt die Sprache der Defensivliteratur, da Form Inhalt ist, die mythisch verdeckte Überlieferung der Gewalt aufscheinen. Was nicht immer leicht zu lesen ist, weil es antiquiert wirkt, muß antiquiert sein. Die Schreibenden sind diejenigen, welche die Mythen bewahren. Ihre Worte sind Zeichen für den überzeugt festgehaltenen Glauben an das eine: an althergebrachte, nach wie vor unter uns mächtige und zukunftsfrohe Vatergewalt.

1.2.1   Wie eine Krise genutzt wird

Von ohnmächtig und versagend über abgewertet und verloren bis zu unsicher und abwesend reichen die dem Hauptwort «Vater» angefügten Eigenschaftswörter, die sich seit den fünfziger Jahren in der Literatur über die «Welt ohne Väter» häufen.[61] Die Adjektive schreiben ihrem Substantiv totalisierende Eigenschaften zu: verloren ist gleich abhanden gekommen, verschwunden und weg; ohnmächtig ist impotent, schwach und kraftlos; abgewertet ist heruntergebracht wie heruntergekommen. Das alles klingt endgültig.

Die Sprache erfüllt ihren Zweck. Sie ist geregelt, nicht zufällig. Sie ist wortgepanzert: Alles erweckt den Eindruck von unangreifbarer Stärke. Alles folgt genauen Regeln, alles steht im Dienst bestimmter Ausgrenzungs- und Abwehrregeln. Diese Sprache spielt ihre Rolle im Verhältnis der Sprechenden zur Wirklichkeit. Die negativ besetzten Worte über den Vater sollen einen Verlust oder Mangel suggerieren. Von Gewalt sprechen sie nicht. Normalerweise bringt man Gewalt nicht mit Patronomie in Verbindung. Patronomie soll Lebensform sein.

Zu diesem Leben gehört der Vater. Worte über dessen Fehlen dienen handgreiflich der Intention derer, die sie nutzen: Nichts Geringeres als die «Krise des Vaters» soll ausgemacht werden. Eine Lebenskrise.

Das Wort von der Krise begegnet einem auf Schritt und Tritt. Häufig entlarvt sich das Krisengerede als ein Spiel mit den negativ besetzten Gefühlen der Erschütterung[62], die viele mit dem Begriff Krise zu verbinden lernen mußten. In einem angstbesetzten Klima der Irrationalität wird die Krise in ihrer sogenannten Reinigungs- und Entscheidungsfunktion[63] gewandt als Medium genutzt. Die jeweils ausgerufene Krise soll dazu dienen, ihre eigenen Opfer zur Disziplin zurückzuführen. Zugleich legitimiert sie sich selbst – und auch die von den Krisenexperten ausgerufenen Maßnahmen zur Krisensteuerung.

Ich meine, daß diese darauf hinauslaufen, die (institutionalisierte) Gewalt neu zu stabilisieren. Angst vor der Krise und Angst in der Krise sind vorzügliche Hilfsmittel, um jenen Profit zu erreichen, der nicht bei den Opfern zu Buche schlägt, sondern bei den Spekulanten.

Krisenpropheten, Krisenexperten hier, dort Krisenopfer. Logisch, daß es nicht die abgewerteten und abwesenden Väter selbst sein können, die dazu taugen, ihre krisenhafte Situation zu erkennen und anzuerkennen. Sie sind ja soeben als ohnmächtige Versager in die Definition der Krisenmanager eingegangen. Hilfe kommt von den Definierenden selbst. Ihre Sätze stecken voll von Schlüsselwörtern. Und die sind typisch für Vatergewalt.

Beispiele schon jetzt: Norm, Sinngebung, Ordnung, Gesetz, Schöpfung, Gott, Rationalität, Kultur, Kampf, Autorität, Gehorsam, Leistung, Abgrenzung gegen Mutter und Kind, Wiedergeburt, Sinneswandel (Metanoia).[64]

Allen Ernstes werden die erotisierte öffentliche Atmosphäre, die Luxusverwahrlosung, die prinzipiellen Erziehungsunsicherheiten, die Vaterprojektionen von Luther, Goethe, Kierkegaard, Kafka und Freud, alle Spielarten von Komplexen, rationalisierten Techniken und entfremdenden Arbeitswelten, die Frauenemanzipation, der Kollektivismus und der Individualismus zu gleichen Teilen, politischer Wankelmut, religiöse Indifferenz, philosophische Verwirrung der Geister und ebenso Anarchie und Demokratie zugleich nebeneinander und durcheinander als «Gründe für die tiefe Vaterkrise» zitiert.[65]

Wer die totale Krise aufzeigen will, entgeht nicht einer umfassenden Schilderung all dessen, was er gesellschaftlich wahrzunehmen fähig und bereit ist.

Ein besonderes Milieu. Häufig faschistoide Mentalität, und «Seinswahrheit» an allen Orten. Angesichts des noch immer drohenden Untergangs des Abendlandes läßt die Literatur zur Vaterkrise quasiprophetische Aufgeregtheit erkennen. Eine Endzeitstimmung, die ebenso typisch ist für diese Art Literatur wie ein ausgeprägtes Engagement zum Helfen und Lösen. Entsprechend groß und gültig ist die Wortwahl: auf der einen Seite Trauer über den eingetretenen Substanzverlust, auf der anderen Beschwörung. Beschworen wird das eine gewaltige Anliegen: die Menschwerdung und die Rettung des Menschen.[66]

«Mensch» steht hier für «Mann» oder, noch präziser, für «Vater». Der ausgemachte Substanzverlust betrifft nicht den Menschen als solchen, sondern den Vater-Menschen. Die Rettung ebenso.

Folgerichtig ist die Distanz zu allen Mutter-Menschen. «Einseitige Mutterorientierung» gilt als Vorwurf, ebenso «Überbetonung der Mütter», ein förmlicher «Mutter-Mythos» und so fort.[67] Offensichtlich hat die Mutter in der letzten Zeit der überkommenen Stellung des Familienoberhaupts so geschadet, daß die Krisenliteratur an erster Stelle auf diesen Schadensfaktor hinweist und Abhilfe fordert. Angst der Väter vor den Müttern, uralt und aktuell.

Wo die Frau aktiv zu werden droht, reagiert der Vater mit Impotenz.[68] Wird diese beklagt, ist sie kein Versagen mehr. Vielmehr gewinnt sie Qualität des Widerstands. Gegen die dämonische Mutter.

Immer wieder die patronomen Gegenentwürfe gegen die matristische Vergangenheit. Immer wieder Versuche, die noch anwesenden Reste des Großen Muttertums zu tilgen. Immer wieder Angst. Die diesem Denken letztmögliche Argumentationsfigur ist erst erreicht, wenn es sich auf die «Metaphysik» berufen kann, die als übernatürliche, auf das wahre Sein bezogene Wissenschaft sich vom platten Realismus der Nicht-Metaphysiker abhebt. So muß die Vaterkrise «geistesgeschichtlich als eine doppelte gesehen werden: eine Krise der Kultur, die ob ihrer Gottferne dem Vater die tiefste Legitimation nimmt, und eine Krise des Vaters, der es vielfach vergessen hat, daß er seiner Würde und seinem Auftrag in Familie und Kulturgemeinschaft nur dann entsprechen kann, wenn er Imago des göttlichen Urbildes ist».[69]

Wer so argumentiert, überfährt auf der Schnellstraße seiner Beweisgänge alle sogenannten vorletzten Begründungen. Was dann alles nicht mehr zählt? Die «wesentlichen Aussagen der klassischen Psychoanalytiker», die «modernen Theorien zum Vater», die «neuzeitliche Familientherapie», Freud, Jung, Adler, Erikson, der symbolische Interaktionismus, die Ansätze strukturalistischer und funktionalistischer Sozialpsychologen, Soziologen und Kulturanthropologen: alles Schund. Alles nur vorletzte Beweisfiguren.[70]

Wo es um das Sein geht, muß alles andere verstummen und sich schämen. Historisch gewordene und aktuell verstärkte Rollen werden ontologisiert. Jetzt ist die Rede von «Daseinsentwürfen» und von «letzter Sinngebung». Nicht der gesellschaftliche Bezug hat Vorrang, sondern der sogenannt existentielle, der «sich aus dem Sein schlechthin ableitet und Gewissen konstituiert». Gesellschaft bleibt eine «mystifizierte und mystifizierende Größe»[71].

Das ist patronome Sprachproduktion wie eh und je. Wer so letztgültig spricht, verdient Mißtrauen.

Was bleibt von den großen Beschwörungen? Zunächst fallen mir die gesucht historischen Bezüge der Vaterrolle auf. Von der Seinsordnung ist immer da, wo sie erwartet werden könnte, nicht die Rede. Doch die historisierenden Überlegungen haben ihren Sinn. Sie sollen eine Theorie vom historischen Kontinuum stützen.

Was geschichtlich alt und bewährt ist, muß auch für die Gegenwart gelten und der zukünftigen Praxis suggestiv zur Nachahmung empfohlen werden. «Kontinuität orientiert sich am Sein, denn von ihm gehen die eigentlichen ‹erkenntnisleitenden Interessen› aus», meint Walter Braun.[72]

Diese Wissenschaft vom Sein ist nicht ganz so uneigennützig, wie sie sich gibt. Wenn sie darauf verzichtet, sich in der ganzen Geschichte umzusehen, und wenn sie sich nur auf einen kleinen Ausschnitt beschränkt, weiß sie, was sie will. Ihr Bildungskanon spart aus. Ein ideologischer Apparat mit selbstbewußten Tendenzen hat sich ausgebildet, der retten soll, was am Sein der Vater-Mann-Menschen noch zu retten ist. Das ideologische Moment dieses Apparats erscheint weniger darin, daß die Beweise falsche Urteile enthalten. Ideologie einer Entwicklung erscheint «in ihrer mangelnden Klarheit, ihrer Ratlosigkeit, ihrer verhüllenden Sprache, ihren Problemstellungen, ihren Methoden, der Richtung ihrer Untersuchungen und vor allem in dem, wovor sie die Augen verschließt»[73].

Die Augen zu und durch? Braun lehnt die «rationalistische Sonde» ab, weil sie ein Instrument darstelle, «das dem Gegenstand schon nicht mehr ganz adäquat ist»[74].

Angemessener erscheinen diesen Theoretikern andere Instanzen der Wahrheitsfindung, die allerdings nicht unbedingt in einer philosophischen Diskussion der Gegenwart erwartet werden konnten: die formalen Autoritäten etwa der Mutter Kirche und des Vaters Papst.

Der Papst sitzt noch heute in Rom. Im Gehäuse seiner Kirche scheint die Patronomie sich am besten und am intolerantesten tradiert zu haben. Ich komme noch darauf zu sprechen.

Der geschichtliche Ausschnitt der Metaphysiker? Das antike Rom, das ewige Rom. Von den Römern sind die Vatermetaphysiker fasziniert. Das «Goldene Zeitalter» nimmt kein Ende.[75] Für die Sklaven-Mentalität der Römer bringen sie kein Interesse auf; Rom ist Vorbild, weil es den paterfamilias erfunden und «zeitlos gültig» installiert hat. «Rom» ist eine Handlungsaufforderung.

Nicht umsonst hat auch die Gegenseite, die kritische Sozialwissenschaft, Benjamin, Brecht, Gramsci, Adorno, Horkheimer, Bezüge zum vorchristlichen Rom hergestellt.[76] Gegenwart erklärt sich nicht aus sich selbst. Nur das falsche Bewußtsein kommt ohne Geschichte aus.

Die zwei apologetischen Rückzüge der patronomen Metaphysik, der auf den Papst und der auf den paterfamilias, sollen zugleich nach vorne weisen: Wird die Patronomie wieder durchgängig als Struktur der Welt akzeptiert, haben auch die Väter – gleichsam als Profiteure ihrer eigenen Krise – wieder das Sagen. Der Geschlechterkampf als philosophisches Prinzip.

Patronomie erscheint als die von einem Vatergott hergeleitete und im Sein begründete Gewalt gerade der Vater-Menschen allgemeingültige Normen zu setzen und deren Anerkennung – im Prozeß geordneter Erziehung – gegen alle Nicht-Väter autoritativ-kämpferisch zu sichern. Die Frage, ob nicht umgekehrt die patronomen Strukturen erst die des Vatergottes (Theonomie) bestimmt haben könnten und geschichtliches Werden das Sein bestimme, stellt sich nicht. Die Vater-Propheten verschließen ihre Augen vor dem Problem und machen damit ihre Blindheit augenfällig.

Um so beredter schildern sie die Patronomie:

«Der Vater vertritt die Welt einer gesetzhaften Ordnung: sowohl durch die Naturgesetze (die es nicht in der Natur, sondern nur im Menschen gibt) als durch die moralischen Gesetze. Der Vater läßt das in sich selber vernünftige Gesetz aufleuchten, dessen reinster und oberster Typus in den 10 Geboten Gestalt gewonnen hat.»

Und weiter:

«Das Vorherrschen der Vater-Imago in einer Kultur hat zur Folge die Klärung und Festigung der moralischen und sittlichen Ordnung, eine sonnenhafte Sinngebung des Lebens, für die es lohnt, sich und der Gemeinschaft große Opfer aufzuerlegen. Im Bereich der väterlichen Ordnung entstehen die sonnenhaft zum Himmel ragenden Heiligtümer, Pyramiden, Obelisken und gotischen Dome, das Zweckhaft-Nützliche muß sich dem Überzweckhaft-Heiligen unterordnen; das Große bestimmt das Kleine...»[77]

Das Besetzen des Landes. Das ragende Bauen. Das Vaterhaus auf dem Vaterland. Der normale Sprachgebrauch: Der gute Bekannte, das «alte Haus», dem schlechten Bekannten geben wir eins «aufs Dach», dem noch schlechteren bescheinigen wir, bei ihm sei etwas nicht richtig «im Oberstübchen».[78]

Oben und unten, Unter- und Überordnung. Widerstand wäre Entgrenzung.

Wo es gar nicht anders geht, muß Patronomie erkämpft werden:

> «Dieser Kampf um die Durchsetzung des höchsten Wertes ist der eigentliche Urkampf, der auch noch in den Völkerkriegen, trotz ihres meist säkularisierten und korrumpierten Charakters durchschimmert.»[79]

Wenn es säkularisierte Kriege gibt und korrumpierte, nehmen die Vater-Metaphysiker wohl auch an, es müsse «heilige» und «gute» Kriege geben. Alfons Rosenberg ist sich sicher:

> «Autorität und Faszination erlangt der Vater im engeren oder eine väterliche Gestalt im weiteren Sinn (z. B. ein politischer oder Wirtschaftsführer) dadurch, daß sie es vermag, die Vater-Imago-Projektion an sich zu binden. Erst dadurch wird der Mann, nicht nur physisch, sondern in seiner Strahlkraft zum Vater, und der Staats- und Volksführer zu jenem pater patriae, dem man willig Gefolgschaft leistet.»[80]

Diese Sätze sind kurz nach der Befreiung von der Hitler-Diktatur gesprochen worden. Die Normfunktionen des Vaters überleben alle Diktaturen, weil sie seinsgeordnet sein sollen. Dem wahren Vater-Führer leisten die Söhne willig Gehorsam. Eine vatersüchtige (patripetale) Pädagogik hat sie darauf dressiert. Der «natürliche Kindesgehorsam» fließt aus den «grundlegenden Erlebnissen des Kindes»[81]. Denn schon das Vorschulkind assoziiert seinen Vater, falls der wirklich etwas leistet und sich erfolgreich darstellt, ehrfürchtig mit den Begriffen hoch, mächtig, erhaben, groß, engelhaft, heiligengleich, kleiner Gott, Alleskönner, Genie, gerechter Richter, Beschützer, Schutzengel.[82] Denn «die Jugend wünscht Autorität!»[83].

Gegen dieses charakteristische Vaterwort hat die Mutter keine Chance. Sie wird von der Patrozentrik von oben nach unten abgewertet: «Mutterhafte Gesinnung tritt im Zerfall jeder großen Kulturperiode hervor: Probleme der Sorge und Fürsorge, der Gleichschaltung und des Horizontalen – Kollektivierung durch gemeinsame Not.»[84]

Die Vaterprophetie ist sich einig: Kulturzerfall gründet auf einer historisch-gesellschaftlichen und einer individuell-familialen Schwächung des Vaters in einem. Wenn das Irrationale proklamiert wird, wenn Mutterkulte überhandnehmen, wenn die Mütter nicht mehr ihre Aufgabe wahrnehmen, «als Gehilfin dem verwundeten Vater den Rücken zu decken»[85], wenn sie selbst herrschen wollen, verfällt letzte Wahrheit.

Ehen werden brüchig, Familien gehen ein. Die Kinder vereinsamen «in diesem erzieherischen Verwöhnungsmilieu»[86] und wandern ab in die jugendlichen Kollektivbildungen. Schließlich versiegt «auch die noch langhin in den Müttern wirksame seelische Erbsubstanz». Vor allem, wenn «die Mädchen und Mütter selbst in die Zusammenhänge und Einflußzonen des destruierten gesellschaftlichen Lebens berufstätig» eintreten.[87]

Berufstätige Frauen? Auch das noch. Wer nur rettet die Welt «aus den Krallen der Mutter»[88]?

Der Vater. Seine wichtigste Rolle soll darin bestehen, «daß er etwas in der Mutter menschlich macht, ihr das Element entzieht, das sonst magisch wird, übermächtig bleibt und die mütterlichen Eigenschaften zugrunde richtet»[89].

Was immer mütterliche Eigenschaften sein sollen, die ihr Entstehen nicht der väterlichen Definitionsmacht verdanken, auch die gegenwärtige Diskussion kommt ohne dichotomische Wertungen nicht aus. Der Sieg des Vater-Seins ist ohne Niederwerfung der Mütter nicht erfolgreich genug. Jörg Bopp bezichtigt noch 1985 die Mütter jener «Allmachtsphantasien», die zu Lasten der Kinder – und vor allem der Väter – gehen:

«Selten wird die Frage gestellt, ob die Mütter mit den Vätern nichts zu schaffen haben wollen, um die Kinder konkurrenzlos für sich zu haben. Es kommt häufig vor, daß Kritik an der Männerherrschaft dazu herhalten muß, mütterliche Besitzansprüche auf die Kinder zu vertuschen.»[90]

Fürs erste Schluß.

Die Vaterforschung kann keine eigentliche und ausschließliche Metaphysik sein. Sie kann nur die Denk- oder besser Glaubensanstrengungen der Vatermetaphysiker beschreiben. Sie registriert solche Bemühungen als ein Phänomen unter anderen. Sie setzt keinen Glauben an eine wie immer geartete oder begründete Seinsordnung vom Vater voraus. Sie vermittelt eine solche nicht. Sie sammelt und stellt die anfallenden Fakten einer patronomen Überlieferung vor, gerade wenn diese sich und ihre Gewalt sorgfältig tarnen. Paternologie[91] ist keine überparteiliche, sogenannt objektive, d. h. eine von neuem das Alte bestätigende neuartige Expertenwissenschaft von Mann-Menschen für Mann-Menschen. Sie ist offen parteilich. Feministisch und infantistisch.

Den Angelpunkt der vorgestellten Krisentheorie, die Überzeugung, heute handle es sich um eine reale Krise des Vaterseins und nicht um einzelne krisenhafte Erscheinungen bei der Zuschreibung einer bestimmten Rolle und Funktion, kann eine beschreibende Paternologie nur registrieren, nicht stützen. Wer von der Seinskrise des Vaters überzeugt ist, muß notwendigerweise an das Sein des Vaters glauben. Nur wer von einem unveränderlichen Vatersein ausgeht und glaubt, dessen Konkretionen ohne Rücksicht auf geschichtliche Einbindungen angeben zu können, kann auch die Symptome für den Abfall von dieser Seinsordnung detailliert aufzeigen und in diesem Sinn von der Krise sprechen. Wer nicht an die Seinsnorm glaubt, weil er sie als die ideologisch verbrämte Bejahung bestimmter gesellschaftlicher Zustände versteht, kann die Rede von der Krise nur als eine spekulative Anhäufung von Prophetien sehen, die das eine Ziel verfolgen: die Aufdeckung der Ursachen zu behindern.

Paternologie kann, gerade als glaubensfreie Wissenschaft, allerdings bestimmte Inhalte der sogenannten Vaterkrise nennen. Hier sehe ich schon deswegen klarer, weil es sich um historisch faßbare Vorgänge und aktuelle Bezüge handelt. Sie können dem Zugriff nicht einfach durch eine metaphysische Verhüllung entzogen werden.

Im Verlauf einer Analyse der Krisenspekulation komme ich zu dem Urteil, bei der sogenannten Vaterkrise gehe es, wenn überhaupt, um die Krise eines bestimmten und faßbaren Glaubens: um die Krise der Theonomie, um die Krise einer sexistisch besetzten Weltformel, um die Krise der patronomen Tradition. Da Patronomie wesentlich auf Vatergewalt beruht, ist gerade der Glaube an diese in Gefahr. Nicht schon sie selbst.

Die von mir befragte Literatur hält nicht mit der Feststellung hinter dem Berg, den Vätern gehe es heute deswegen so schlecht, weil sie in den eigenen Familien wie im öffentlichen Bewußtsein an Autorität verloren hätten. Bei echten Angriffen auf die Patronomie werden die harten Argumente ausgepackt.

Der autoritätslose Vater. Die Witzfigur. Vater ist ein Witz, weil er keine Autorität mehr hat. Und die Schwiegermütter? Niemand spricht von deren Krise. Offenbar steht im Fall der Väter mehr auf dem Spiel als bei den Schwiegermüttern. Dieses Mehr ist nichts anderes als die Autorität. Lächerlichkeit tötet sie.

«Autorität»? Ein Vater-Begriff erster Ordnung. Etymologisch gesehen, kommt er von «wachsen» und «wachsen lassen», bedeutet die «Heraufkunft der Kraft» und Gewalt, eine «ursprüngliche Stärke, die entspringen läßt und zu Tage fördert», eine Kraft, die «etwas noch nicht Vorhandenes unmittelbar oder mittelbar ins Dasein bringt» oder einem schon Vorhandenen Gedeihen und Lebensdauer schenkt.[92]
Autorität ist vaterbezogen. Nur der Vater hat sie. Die patria potestas ist von innen her misogyn und misopäd. Gegen Frauen und gegen Kinder gerichteter Haß. Ich will euer Bestes.
Die Krisentheoretiker machen diese beste Kraft bei den Gesellschaften aus, die in ihr historisches Konzept passen. Ich nenne drei Beispiele für metaphysische Vorlieben: Rom, Israel, China.
Bei den Römern war alles anders. Denn

«in der Figur des Pater familias hat der anthropologische Sinn der Vatergestalt (wir können auch sagen: die Vateridee) seine (ihre) ... historische Formgebung erfahren. Kaum je in der Geschichte ist die Dreiheit von Herr, Richter und Priester – den Trägern und Wahrern aller Autorität als der gelebten Verantwortung – in einem Bild, in einer Jurisdiktion, der faktischen Konkretisierung auf eine Person in ähnlicher Weise Wirklichkeit geworden. Im Pater familias läßt sich daher so umfassend wie sonst nirgendwo ablesen, was über das Vatersein notwendig und realiter gedacht und ausgesagt werden muß.»[93]

Der paterfamilias, ein Mannmensch, der

«die sittlichen Taten der Vorfahren als Richtschnur seines eigenen Lebens betrachtet, der öffentlichen Sache (res publica) dient und innerhalb seines eigenen Familienwesens cum dignitate zu regieren versteht»[94]

Auch das Judentum – und das in diesem wurzelnde Christentum – kennt den Mythos. Die Geschichte vom verlorenen Sohn ist die Geschichte einer Emanzipation. Wer das Vaterhaus verläßt, ist verloren. Freiwerdung bedeutet Verlorenheit. Zumindest so lange, bis der Vater wieder sein Haus öffnet. Dieses Entgegenkommen gegen den von neuem unterwürfigen Sohn nennt sich dann Erbarmen. Vaterliebe.
Wer sich dem Vater unterordnet, findet Glück und Heil. Ungehorsam ist strafbar. Luzifer, der Engel, der sein wollte wie sein Gott, wird durch seinen Widerstand zum Teufel. Vom Glück, beherrscht zu werden, geht Faszination aus. Die Bösen bleiben draußen, ausgeschlossen vom Vaterhaus.
Vater, das ist der Strafende. Das chinesische Schriftzeichen für «Vater» zeigt einen Mann mit einem Stock.[95] China kannte eine förmliche

«Pietätsstruktur», die nicht nur für die Familie galt, sondern auch für das politische Leben. Nach Konfuzius ist es selten, «daß ein Mensch ein pietätvoller Sohn und folgsamer Bruder ist und sich dennoch gegen die Obrigkeit auflehnt»[96].

Voltaire als Kronzeuge für Vatergewalt:

«Man muß nicht auf das Verdienst der Chinesen versessen sein, um doch anzuerkennen, daß die Einrichtung ihres Reiches in Wahrheit die vorzüglichste ist, welche die Welt je gesehen hat, und auch die einzige, die auf väterliche Macht gegründet ist.»[97]

Schön wär's, wenn sich auch bei uns solche Strukturen durchsetzten oder erneuerten, meinen die Krisenredner. Dann wäre Schluß mit dem unautoritären Stil, mit der Entmachtung des Vaters durch die Parole von Freiheit, Gleichheit, Geschwisterlichkeit. Dann gelänge es keinem Sohn mehr, die Vaterordnung, die stets ein Oben und ein Unten kennt, aufzusprengen. Dann wäre «echte Herrschaft» wieder da.

Autorität in der Krise, Autorität gegen die Krise.

Alle Metaphysik vom Vatersein endet an ein und demselben Punkt. Autorität muß wieder her. So wie Autorität verlorengehen kann, kann sie auch wiedergewonnen werden. Es muß wieder gehorcht werden, meinen diejenigen, die zunächst eine Krise des Vaters herbeigeredet haben. Wenn gehorcht wird, profitieren sie selbst am meisten von ihrer Krise, die Väter. Der Vater «ist es und er allein, der die verlorengegangene Autorität wiedererringen muß»[98]. Krise und Krisenlösung drehen sich im Kreis.

Ob Autorität nicht einer von oben nach unten sich verstärkenden Enteignung gleichkommt, an deren unterstem Punkt das Kind als das total enteignete Wesen steht, stellt sich dem patronom zugerichteten Denken nicht. Die Krisenliteratur ruft nicht «Der Vater ist tot, es lebe das Kind!», sondern «Der Vater ist tot, es lebe der (neue) Vater!».

Faschismen beleben sich immer wieder. Sie sind patronome Theorie und Praxis.

Dem Mangel an Vatergewalt, der die Vaterkrise ausmacht, wird begegnet durch die Verschärfung der Vatergewalt. Die eine Vaterkrise anzeigende Autoritätskrise löst sich durch neue, d. h. eine weniger den Mißbräuchen ausgesetzte Vater-Autorität. Die aber versteckt sich, wie ich noch sagen werde, hinter dem Begriff «Vaterliebe».

Neue Väter wird es geben, wenn die in der Krise ausgearbeitete «Vater-Pädagogik» zum Tragen gekommen sein wird. Die Väter müssen selbst zu neuen Mann-Menschen erzogen werden, damit sie ihre Söhne in der Kontinuität der Väterreihe wiederum zu neuen Vätern (die alles in allem die alten bleiben) erziehen können und wollen.

Diejenigen, die sich als Hoffnungsmacher, Helfer und Löser in der Krise andienen, wollen «die Väter dazu anhalten, diese Rolle des Vorbildes wieder wahrzunehmen». Der einzelne Vater muß also, ich benutze die patronome Kämpfersprache, moralisch und pädagogisch mobilisiert und aufgerüstet werden, um die Patronomie zu verteidigen, die ihm selbst Überleben garantiert. Schwäche des einzelnen kann nur durch Rückbesinnung auf Stärke besiegt werden: Wer sich als einzelner Vater unterlegen fühlt und entmutigt zu werden glaubt, soll auf seine ganze Klasse schauen und unentwegt deren Gewalt tanken.

Neue Erziehungsmodelle, neue Konzeptionen müssen her. Neu, d. h. hier aber: alt, doch der Entwicklung angepaßt und die Krise profitabel verwertend. Vater-Pädagogik ist Vorwärtsverteidigung. Ihre Aggression hat Tradition. Die KritikerInnen des Vater-Modells werden aufgefordert, sich in psychiatrische Behandlung zu begeben.

Doch ob Gewalt sich noch immer so eindeutig legitimieren läßt wie früher? Wenn gar kein Argument mehr hilft, muß der Vater sich ins Jenseits flüchten, wo wahre Autorität auf ihn wartet. Autorität ist immer auf das Oben, auf Transzendenz angelegt. Sie sprengt die Grenzen der Erfahrung. Dementsprechend hat auch De-finition als Ent-grenzung Autorität. Definitionsmacht des Vaters verknüpft Mystik und Mythos autoritativ in sich. Gegen alle Bestreitungen. Hinter den Vätern, die im Einzelfall als schwach definiert werden mögen, hält sich unverrückt die strukturell überlieferte und bewahrte Vatergewalt. Ihren Anspruch, auch und gerade heute neue, d. h. verstärkte Autorität zu schaffen, nutzt die gegenwärtig ausgerufene Krise sehr rentierlich für sich selbst. Wer so denkt, wie die Vatermetaphysiker sich das ausgedacht haben, wird nie zum Widerstand fähig sein.

1.2.2   Warum Söhne und Töchter den Aufstand nicht schaffen

War der Sieg der patronomen Tradition nicht doch nur ein Pyrrhussieg? Nicht selten erscheint die allmächtige Patronomie als eine angefochtene Ordnung, die in ihrer eigenen Geschichte immer wieder stabilisiert werden mußte. Die Zwangsstruktur ihrer Prozesse bringt es mit sich, daß Angst durch Verstärkung von Herrschaft nur für eine bestimmte Zeit beseitigt wird. Herrschaftsverstärkung hingegen belebt sich dauernd durch Angst.

Die Patronomie erlebt in immer perfekter gewordenen Künsten immer wieder nur ihre Abhängigkeit in immer perfekteren Zubereitungen. Ihre Progression reicht über Regressionen nicht hinaus.

Patronome Gesellschaften erscheinen mir von zwei Seiten her gefährdet. Die Gefahr selbst besteht im «Vatermord». Ich benenne diesen, vor allem wenn er gesellschaftlich effizient wird, mit dem alten griechischen Wort «Patroktonie». Diese könnte der Vaterordnung den Todesstoß versetzen: Einerseits kann sie von den Trägern, andererseits von den Objekten der Vatergewalt ausgehen.

Entweder hält der Träger von Vatergewalt selbst die Last der Ordnung nicht aus und bricht, von den Starken als schwach definiert, zusammen. Oder der Leidensdruck, den die Vatergewalten auf die Söhne ausüben (von den Töchtern spricht die einschlägige Literatur nicht), erzeugt bei diesen den durchaus realisierbar erscheinenden Wunsch, sich von den Vätern überhaupt zu befreien.

Patroktone Phänomene sind nicht nur individualistisch oder familialistisch zu deuten. Sie betreffen nicht nur Ehe- und Familienprobleme. Sie finden sich in den patronomen Gesellschaften als solchen: Jede Patronomie bleibt von Patroktonie bedroht, und der Umsturz aller Vaterwerte bedeutet für diese eine umfassende Gefahr. Von daher gesehen beweisen die genannten Krisenredner ein sicheres Gespür für die Gefahr, die ihrer Welt droht.

Freilich trägt diese Gefährdung bis heute zwiespältige Züge. Sie ist – in ihrer Erscheinungsform «Krise» – oft genug nur vermeintlich und nicht real. Hin und wieder wird sie sogar nach Bedarf herbeizitiert und, in Form einer Nutzkrise, von den Patronomen selbst heraufbeschworen. Solche Krisenbeschwörungen haben System. Wenn das Vergangene verklärt wird, so weist dies nicht nur auf eine kritische Periode der Gesellschaft hin. Die Verklärung nützt vor allem denen, die diese kritische Periode als solche kennzeichnen und gleichzeitig ihre Lösungen in sie investieren.

Solche Verwertungsmechanismen umschreibe ich über die genannten hinaus: Die Revolten ungehorsamer Söhne und Töchter tarnen mittlerweile ihren Wunsch, sich von der Vater-Instanz zu lösen, mit Begriffen wie aufbauende (konstruktive) Kritik, partnerschaftliche Zusammenarbeit, Selbstbestimmung.[99] Gegen diese Tarnungen, die eine Art gewandelter «Vaterliebe» zur Grundlage haben – und gegen die Schwäche einzelner Väter –, setzt sich die Patronomie mit Hilfe eigener Stabilisierungsapparate zur Wehr.

Diese Apparate hat die Patronomie im Lauf ihrer Geschichte geschaffen und erprobt. Den patronomen Institutionen, die in sich stabil sein müssen, um die Stabilität ihrer Gesellschaft zu garantieren, ist ein bestimmtes Interesse eingestiftet: Sie sind und bleiben Organisationen, welche die Patronomie decken, sichern und verteidigen. Als Defensiv-Institutionen – und nur als solche – haben sie ihre eigene Notwendigkeit. Sie sichern nicht in erster Linie das sogenannte Mängelwesen Mensch, sondern jene Ordnung, die der Sohn nach der ihm vorgängigen Vaterdefinition so notwendig braucht.[100]

Mängelwesen? Ja, doch nicht im Sinne von «Mensch», sondern von Mann-Mensch und von Vater-Mensch. Die Funktion der Defensivinstitutionen ist erst in einem abgeleiteten Sinn human. Zuerst sichert sie sich selbst und damit die Patronomie, der sie ihre Existenz verdankt. Ehe, Familie, Kirche, Schule, Staat sind auf die Patronomie hin zugeschnitten, und nicht schon auf den Menschen.

Als Beispiel für ihre Selbstsicherung nenne ich die zunehmende Differenzierung der Institutionen in Produktion und Administration. Sie wird bezahlt mit einer ebenso wachsenden Ent-Differenzierung der psychischen Struktur der Menschen. Diese lassen sich nämlich um so funktionaler für das System nutzen, je simpler sie als Individuum strukturiert sind.

Allen Institutionen der Patronomie ist ein gemeinsamer Zweck eingestiftet: das sie tragende System als ganzes zu stützen. Zugleich sucht jede Institution sich selbst zu erhalten. Institutionen und gesellschaftliches System sind, bei allen Spannungen, voneinander abhängig. Und hinter den Systemapparaturen verkümmert der Mensch. Sein «Bestes» sucht jede Institution, statt sich zunächst einmal um das schlichtweg Gute zu bemühen. Der superlativische Anspruch «Ich will nur dein Bestes» ist typisch für die patronome Institution.

Menschen, die einem solchen Anspruch auf den Leim gehen, sind zum Aufstand gegen das vorausdefinierte Beste nicht mehr fähig und bereit. Wozu noch um das halbwegs Gute kämpfen, wenn einem bequem das Beste angedient wird und man sich nur noch zu bedienen braucht?

Andienen und Sich-selbst-Bedienen. Die sekundäre Humanität der patronomen Institution braucht jedoch trotz ihrer Bequemlichkeit nach wie vor eine ständige Legitimation. Da die Institutionen ihre Daseinsberechtigung nicht aus sich selbst erklären (wenn auch ihre Defensive argumentative Offensive ist) und ihre Existenz nicht von vornherein einleuchtet, müssen sie immer wieder von ihren Werte-Vätern legitimiert werden.

Diese Notwendigkeit gilt für den Organisationstyp Ehe und Familie. Aber auch für denjenigen, für den die patronome Wertedefinition die Bezeichnungen Schule, Kirche und Staat bereithält. Diese Einrichtungen erklären sich nicht von selbst. Sie brauchen eine Dauerlegitimation vor den Menschen. In wechselnden Diskursen dienen sie diese an.

Je besser dieses Andienen funktioniert, desto seltener wird die Frage nach dem Warum in den Bedienten wach.

Ich stelle ein historisches Charakteristikum fest: Die Vater-Institutionen haben die notwendige Legitimationsarbeit vor den Menschen immer selbst übernommen, indem sie von Fall zu Fall die jeweiligen Argumentationsgänge einer Nachbar-Institution aus demselben patronomen System anvertrauten. Wenn die eine Institution die andere legitimierte, konnten beide ihre Scham wahren.

Schließlich wird eine Übersumme an Geltung erreicht.[101]

So legitimiert die Kirche die Familie, die Ehe den Staat und so fort. Innerhalb des geschlossenen Systems erscheint die Legitimationsarbeit schlüssig geordnet und in sich konsistent. Die Agenturen der Patronomie, die identisch sind mit den Institutionen derselben Patronomie, standen und stehen im Dienst des einen Systems.

Gegenwärtig ist diese möglichst spannungsfrei zu haltende Einheit nicht überall so offensichtlich perfekt wie früher, doch hält sie sich grundsätzlich, auch wenn einzelne Komponenten des Ganzen periodische Schwächeanfälle zeigen. Die neuzeitliche Industriegesellschaft bietet nur vordergründig etwas Besseres an als der Kleinstbetrieb Ehe und Familie.[102] Doch auch die Flucht aus der Familie, die in den letzten Jahrzehnten als chic gegolten hat, scheint sich bereits umzukehren. Ratgeber haben wieder Konjunktur.

Vater Staat gibt sich geschickter denn je als Mutter, ohne diese je sein zu wollen:

«Die Abhängigkeit aller ‹Landeskinder› von Renten und Pensionen gibt dem Staat die Kennzeichen der Ur-Mütterlichkeit; es wird deshalb auch eine Willfährigkeit gegenüber den Geboten dieses Staates erwartet, die eher in die Kinderstube gehört... definitive Sicherheit bedeutet lebenslangen Anspruch auf

Versorgung. Das erzeugt eine völlig verschiedene öffentliche Meinung darüber, was als lebenstüchtig gilt. Tüchtig ist, wer sich möglichst früh seinen Platz an den Brüsten der Verwaltungsgottheit sichert.»[103]

Das ökonomisch und sozial entfremdete Individuum, das auf Grund der Zwänge, denen es ausgesetzt worden ist, Angst vor der Freiheit hat, erlebt die soziale Gewalt vor allem als kastrierenden Vater. Dieser Vater hat in den gegenwärtigen Industriegesellschaften charakteristische Merkmale: Er ist unheimlich stark; seine Macht grenzt an Allmacht. Auf wirtschaftlichem Gebiet bestimmt der Staat beinahe alles. In kapitalistischen wie in sozialistischen Ländern hängen Löhne, Sozialversicherungen, Familienbeihilfen und Renten nur von seinen Entscheidungen ab.[104]

Staatliches Recht ist anspruchsvoll geworden: Es will gleich sein für alle, doch bleibt es zuinnerst das Vaterrecht, das es immer gewesen ist. Die Rechtsbücher sind durchsetzt von Vorurteilen, die nichts mit einer Rechtsordnung, aber alles mit der psychischen Ökonomie der (patronomen) Gruppen zu tun haben, denen es gelungen ist, ihre Definitionen zum kodifizierten Recht zu erheben.[105] Reformen im Ehe-, Familien- und Strafrecht versuchen gegenwärtig, sich von den schlimmsten Erbstücken zu verabschieden. Der Erfolg ist nicht gesichert.

Das Zusammenspiel von Staat und Kirche wird von Helmut Gollwitzer charakterisiert:

«Überparteilichkeit der Kirche und Überparteilichkeit des Staates korrespondieren... und weisen beiden eine schiedsrichterliche und klassenversöhnende Rolle gegenüber den gesellschaftlichen Gegensätzen zu.»[106]

Noch ein Beispiel aus der Vaterwelt der tragenden Defensivinstitutionen: Die Ehe hat vorrangig

«die Funktion, den Aufbau eines neuen Kulturcharakters, eines neuen Prinzips der sozial-kulturellen Beziehung verhindern zu helfen und den Objektstatus jedes Menschen gegenüber jedem aufrechtzuerhalten»[107].

Die gegenwärtig modische Partnerschaftsideologie aber (ich spreche gleich über die unabdingbare Funktion der «Vaterliebe») muß von allen akzeptiert werden, die sich über Ehe, Familie, Staat und Kirche äußern. Jeder Mensch scheint froh zu sein, sich zumindest an einen anderen legitim fixieren zu können. Er ist glücklich, auch die Völker, Staaten, Kirchen zunehmend als Partner aneinander fixiert zu sehen. Eine recht zwiespältige Chance: Daß sich nichts Grundsätzliches ändert, sondern daß sich die gewohnten Institutionen perpetuieren, ist dieser Chance eingegeben.

Perpetuierung, Kontinuität, Vaterreihe. Die Patronomie gilt wegen ihrer konservierenden Funktion stets als konservativ – und ihren Metaphysikern damit als zeitlos, als endgültig, als wahr. Sie bedient sich des beständig bemühten Bewußtseins, befestigte Begriffe, bodenständige Bilder, bewährte Bedeutungen, bestätigte Beheimatungen und beruhigte Bestände beispielhaft zu beanspruchen, besorgt zu bewahren und bleibend zu beherrschen. Das ist innerster Sinn von Konservatismus, das ist dessen ureigene «Wahrheit».

Wer sich auf diesen Sinn nicht einlassen wollte, mußte über-zeugt werden. Patronomie verlangt, um nicht gestürzt zu werden, stets die Entscheidungszwänge einer Krisensituation. Mit Hilfe ihrer exklusiven Lösungsansätze konnten sich die patronomen Agenturen um so leichter vor den Söhnen und Töchtern legitimieren: Nur die Ordnung der Väter brachte und bringt den Krisenopfern Erlösung.

Solche Gewißheit beruhigt und schafft Verhaltenssicherheit. Innere Ruhe gilt als Leistungserfolg.

Den noch beständigeren Profit hatte die Patronomie selbst. Sie verwertete jede Krise und schöpfte aus deren Heilungs-Funktion neue Stabilität. Die Söhne und Töchter, denen die Leistungen der Vorväter tradiert worden waren, schlossen sich noch fester um die Institutionen, die auch für die Gegenwart Erlösung versprachen. Von neuem wurde der Gehorsam eingeübt. Alle Restwünsche nach Patroktonie wurden unterdrückt. Alles hielt sich wieder an die verbürgte Heimat-Ordnung. In solchen Fällen sagten die Laientheoretiker: «Es ist an der Zeit, daß wieder regiert wird!» und «Wir alle müssen den Gürtel wieder enger schnallen!»

Nicht umsonst hatten die Väter der Krise nicht die Abschaffung der herrschenden Zustände im Auge, sondern deren Verstärkung und Sicherung.[108] Die Nutzkrise ist nicht ein Signal dafür, daß die Patronomie den Bedürfnissen der Menschen nicht gerecht werden kann. Sie ist Anlaß für die herkömmlichen Institutionen, das eigene Überleben noch bestimmter als zuvor zu sichern und zugleich diesen Wunsch nach Sicherheit zu legitimieren.

Keine patronome Gesellschaft hat in der Vergangenheit wirklich unter ihren Nutzkrisen gelitten. Statt eigene Legitimationsdefizite erkennen zu lassen, statt der möglichen Patroktonie sich auszusetzen, haben sich die Institutionen der Vatergewalt bisher als besonders krisensicher erwiesen. Die von einigen Söhnen und Töchtern gewünschte Krisenerschütterung des Systems hat sich in eine Ultrastabilität[109] der Patronomie verkehren lassen. Durch ihre Agenturen versteht die Patronomie alle Krisen bereits vorab zu bestimmen und zu kanalisieren.[110]

Krisen gefährden nur vordergründig die bestehende Normalität. In Wirklichkeit erbringen sie eine Zunahme an Herrschaft für die jeweiligen Väter. Mit dem Problem der «Stabilisierung durch eigene Not» müssen die Söhne und Töchter noch immer leben. Revolutionen gewinnt, wer die Macht schon hat.[111]

Konservatismus interpretiert sich gern als die «Mitte», als das eigentliche Vehikel des Fortschritts. Die Vätermacht, die sich in langen Traditionsreihen fortpflanzt, gibt sich flexibel und geschmeidig: Die Vatergewaltigen haben hin und wieder das Personal ausgetauscht und beispielsweise Präsidenten an die Stelle von Königen gesetzt oder Bischöfe nicht mehr «Exzellenz», sondern «Vater Bischof» nennen lassen. Das Vatertum als solches hat sich über all seine Außenerscheinungen hinweg gehalten. Krisen entstehen hier nicht zufällig. Als organisierte soziale Bewegungen haben sie in ihren jeweils neuesten Trends eine systemerhaltende Funktion.[112] Diese wird vom Zweck der Patronomie selbst hergeleitet.

Zweck? Eine Gesamtheit wird wertend geordnet und dementsprechend immer als die Lösung aller Probleme angedient. Probleme sind in diesem Denken nur geistige Unordnungen und Perversionen des Unten-nach-Oben. Als Lösungs-Inhalt gilt nachweislich die Ordnungs-Macht. Deren Potenz reicht offenbar aus, eine ganze Welt rational, d. h. im patronomen Verständnis vatermann-typisch zu gliedern und entsprechend zu verwalten.

Es bleibt bewußt verhüllt, daß die angediente Lösung nicht nur nicht die Lösung bietet, sondern selbst das ungelöste Problem ist, das sie zu lösen versprach.[113]

Verhüllungsmacht beweist heute die Bürokratie der Vater-Defensiv-Institutionen. Sie ist Mittlerin zwischen Herrschenden und Beherrschten. Mit ihrer Hilfe lassen sich die Beziehungen der Menschen zueinander objektivieren. Sie wird zum Instrument, mit dem der noch widerstrebende Wille des einzelnen Menschen gebrochen werden kann. Sie kann die Gewalt der Institution über alle Individuen dauerhaft begründen. Nach den Maximen effizienten Funktionierens, und damit patronom. Wer Ordnung schafft und erhält, funktioniert und läßt funktionieren.

Ministerien, Kirchen, Firmen gelten als Familien. Als solche sind sie gestaltet, organisiert, verteidigt.

Herrschaft durch Bürokratie, die neueste Flexibilitätsnorm einer uralten Patronomie, wird zur Herrschaft der Bürokratie.[114] Das Individuum ist an die als vernünftig definierten Strukturen und Inhalte gefesselt, die es selbst profitabel beherrschen. Die erreichte Ordnung gilt als gewaltfrei, wenn sie von allen als legitim empfunden wird.

Diese angepaßte Ordnung sichert mittlerweile nicht mehr in erster Linie und gleichsam offenkundig die Privilegien einer Klasse. Sie stabilisiert ein System, das seine – als überfließend vermarkteten – Vorteile den Individuen abgestuft zuteilt. Zuteilung wählt indirekt die einen (Väter) gegen die anderen (Frauen und Kinder).

Dieser auf Wahl beruhende (eklektogene) Status wird von den Integrierten ebenso unsensibel wie widerstandslos akzeptiert. Jene Verwaltung von Personen, die die Herrschaft über Personen abgelöst haben soll, wird als Verwaltung von Sachen verhüllt. Das «glückliche Bewußtsein»[115] nimmt schließlich jede Datei hin. Ordnung muß sein.

In den Büro-Systemen von heute

«manifestiert sich auf die zäheste Weise die paternistische Organisation, ein Abhängigkeitsverhältnis von einem Vater, der geben oder verweigern kann nach seinem Gutdünken und dessen Einkommens- und Vermögensverhältnisse den übrigen Familienmitgliedern mehr oder weniger Geheimnis bleiben. Die parlamentarischen Haushaltsdebatten haben deshalb für die Öffentlichkeit etwas von Entscheidungen aus guten oder schlechten Launen des Vaters ‹Staat› (das ist die Bürokratie) an sich, der gerade dadurch seine Macht bestärkt, daß er die einzelnen Gruppen wie feindliche Brüder um seine Gunsterweise sich zanken läßt.»[116]

Wer um Gunst kämpft, um Belohnung, um Gratifikation, um den Vorzug vor seinen Mitbewerbern und Mitbewerberinnen, kämpft selten gegen den Vater selbst. Er / sie ist widerstandsunfähig.

Sollte sich dennoch ein Rest Patroktonie gehalten haben, so tritt – endlich – jene Gewalt auf, über die ich aus guten Gründen dieses Buch schreibe. Die «Vaterliebe».

Institutionen können normieren, zumal wenn sich ihre Ordnungsmacht bürokratisch verselbständigt hat. Doch können sie nicht lieben. Braucht die Patronomie zum Ordnen ihrer Gesellschaften schon keine lebendigen Menschen mehr, sondern nur noch maschinenerstellte und maschinenlesbare Erlasse und Verfügungen, die sich selbst tragen und fortpflanzen, so ist das im Fall des Liebens anders.

Keine patronome Institution wird von sich sagen, sie liebe den Menschen. So ordnet der Staat, so verwaltet die Bürokratie, so erzieht die Schule, so sozialisiert die Familie, so lehrt die Kirche – doch alle zusammen lieben sie nicht oder nur in einem höchst verquer abgeleiteten Sinn. Wer aber liebt, wenn doch noch von Liebe gesprochen werden darf? Der Vater, die Mutter, das Kind, der Lehrer, die Lehrerin, der Priester, kurz: der lebendige Mensch. Niemand sonst.

Die Patronomie ist schon von daher, und darin liegt eine ihrer Schwächen, auf Menschen angewiesen. Jede Institution, und das macht ihre Stärke aus, hat aber schon seit langem eben diese Menschen nach ihrer eigenen Maske zu bilden verstanden. Gerade was Liebe ist, liegt – Nuancierungen von Institution zu Institution vorausgesetzt – fest.

Wir haben zu lieben gelernt, als wir in eine bestimmte Schule gegangen sind. Mochten sich die Details der Liebes-Erziehung unterschieden haben, «Liebe» ist prinzipiell von patronomen Gegebenheiten vorausdefiniert gewesen – und uns als unsere eigene übergeben worden.

Vorausdefinition der Liebe? Eine zentrale Aufgabe der Patronomie. Die mögliche Aggressivität gegen die Vatergewalt wird neutralisiert, und die Vatergewalten lieben durch die in ihrem Sinn geformten und damit objektivierten Personen hindurch. Im Gegenzug lassen sie sich durch entsprechend genormte Menschen lieben. «Ich liebe die Kirche», «Ich liebe mein Vaterland», «Ich liebe die Schule».

Wenn schon von einer Krise gesprochen werden soll – und von einem möglichen Widerstand gegen das Bestehende: Die reale Gefährdung der Patronomie und ihrer Institutionen liegt zum einen darin, daß die Söhne und Töchter ihre Liebe zu den Vätern aufkündigen, indem sie sich weigern, noch länger die Floskel «Vatergewalt durch Vaterliebe» anzuerkennen. Erkennen die Nachkommen die Definitionsmacht der Väter nicht mehr an und lassen sie sich nicht mehr länger sagen, was das Beste (die Rettung, die Erlösung) für sie sei, wankt eine ganze Patronomie.

Was das Beste für alle sei, weiß im Regelfall der Vater besser als der Sohn. Der Vater glaubt, über ein spezifisches Wissen zu verfügen. Dieses kommt nicht nur aus seinem Altersvorsprung oder aus seiner Erfahrung, sondern aus seinem Vater-Amt. Das amtliche Wissen gibt dem Vater nach dessen eigener Definition das Recht, gegen den Sohneswillen oder -trotz zu agieren. Zum Wohl des Übergangenen.

Entsprechend verhalten sich die patronomen Institutionen. Sie haben sich daran gewöhnt, das jeweils Beste für das verwaltete und geführte

Objekt zu wollen. Wenn nötig, gegen dieses selbst. Gegen seine Sehnsüchte und Bedürfnisse.

Daß dieses Beste nur den Erfolg des jeweiligen Vaters bezweckt, so daß der Erfolg des Kindes noch nachträglich den des Vaters garantiert, wird ebenso selten durchschaut wie die Tatsache, daß altruistisch verpackte Helferliebe sich als Selbstliebe entpuppen kann.[117] Nur ganz wenige sind, wenn überhaupt, imstande, ihre Zuwendung völlig uneigennützig zu erweisen. Je lautstärker sich eine Liebe feiert, desto sorgfältiger muß ihr Zweck entdeckt werden. Sie hat immer etwas zu verbergen.

Zum anderen entwickelt sich eine echte und nicht nur vermeintliche Krise der Vatergewalt, wenn sich eine Patronomie ausschließlich auf schwache Väter gründen muß. Nicht von ungefähr weisen die meisten Diskurse, die sich mit den gegenwärtigen Vätern befassen, in ein und dieselbe Richtung. Der schwache Vater, der weder definitionsmächtig noch liebesstark ist, sondern nur noch ein «Versager», weil er sich und seinen Kindern die prädefinierte Vaterliebe versagt, ist eine Gefahr für das System.

Allerdings kann auch diese Gefahr krisengewinnlerisch vorgetäuscht werden. Nicht alle, die ständig diese Impotenz reklamieren, sind ehrlich genug, die gerade noch hinter der Schwäche einzelner versteckte Klassen-Gewalt offenzulegen.

Ich halte fest: Für den Bestand der patronomen Ordnung kommt es darauf an, daß die Klassenrelationen innen wie außen stabil bleiben. Sowohl die Väter als auch die Söhne / Töchter müssen in ihrer Normrolle als Liebende gestärkt sein. Nur um zu überleben, haben daher die Patronomen aller Zeiten in den Verlauf des langen Prozesses der Psychozivilisation Stärkungsfaktoren eingebaut, welche die zum Nachlassen neigende Vaterliebe aufrichten sollen. Diese Potenzmittel verbinde ich hier mit den Begriffen «Glaube an die Vatergewalt» und «Liebe zur Vatergewalt».

Nachdem es den Wertevätern gelungen war, die Kinder glauben zu machen, daß Moral ein Leistungsmonopol definitionsmächtiger Vater-Menschen sei, das ausschließlich von dazu bestellten Vater-Menschen (Priestern, Philosophen, Experten) auszulegen ist, war die Vaterpotenz entscheidend gestärkt. Ebenso die Liebe zum Vater (als dem Retter). Das ganze System lohnte sich jetzt.

Von solchen Leistungen und ihren Opfern spreche ich noch ausführlich. Hier nur ein Anwendungsfall: Auf besonders exemplarische

Weise ist die Verwertung von Vater-Potenz in der herkömmlichen Sexualpädagogik geglückt.

Aus guten Gründen, d. h. aus Gründen der Profitmaximierung, haben hier die Patronomen einen ständig wiederholten Prozeß eingeleitet und durchgehalten. Einen Prozeß der Industrialisierung von Moral, in dessen Verlauf alle möglichen Erscheinungsformen menschlicher Sexualität kanalisiert worden sind. Umfassende Sinnlichkeit ist auf diese Weise in eklektogene Sittlichkeit transponiert worden. Diese Verkehrung hat offenbar keinen Sohn und keine Tochter gestört: Von Widerstand ist nur am Rande die Rede, und auch erst heute, und durchaus nicht überall auf der Welt.

Die Verinnerlichung hat geklappt. Sexualnormen sind wichtige Herrschaftsinstrumente, und niemand lehnt sich auf, wenn er sexuell befriedigt zu sein glaubt. Vater wird's schon richten.

Bevor jemand so glücklich ist, muß er/sie die Definitionsmacht der Väter anerkannt haben. Im vorliegenden Fall bedeutet dies: Er/sie muß zugestimmt haben, daß zwischen Kindern und Erwachsenen differenziert wird, daß soziale Kontroll- und Therapieinstanzen geduldet werden[118], daß eine genormte Sexualsprache und die dieser innewohnende Tendenz zur Uniformierung[119] übernommen werden.

Das private und das gesellschaftliche Liebes-Glück. Auf diesem Gehorsamsterrain kann sich die Vaterliebe aller Nachkommen bewähren, und niemand erhebt die Hand gegen den Vater. Ich weiß doch, daß du mein Bestes willst.

Das Beste? Die Werteväter durften fast unangefochten ordnen. Zugunsten der von ihnen behaupteten «einen menschlichen Sexual-Natur», die sich als besonders profitabel erwies, weil sie Natur an die legale Ehe und Nachkommenschaft band. Zu Lasten aller Phänomene des Sexuellen, die als ungeordnet und damit als pervers definiert worden sind. Zu Lasten der Phasenhaftigkeit sexueller Lebensvorgänge[120] und so fort.

Niemand hat über Jahrhunderte hinweg ernsthaft dem sexuellen Erfolgsmonopol der Väter widersprochen. So konnte es geschehen, daß diese ihr Ziel bei Millionen erreichten: Jene angepaßt widerstandslose Einheitssexualität aller Individuen, die möglichst problemlos und rentabel in den Dienst aller patronomen Institutionen gestellt werden konnte. Kirche, Staat, Schule, Ehe und Familie profitieren von diesem privaten Glück. Und nicht zuletzt die Wirtschaft.

Individuelle Sexualität, auch sie Erscheinungsform des Ensembles der gesellschaftlichen Verhältnisse, verkümmerte unter diesen Umständen allerdings zu der erwünschten Norm-Geschlechtlichkeit.[121] Diese durfte sich allein auf einem bestimmten Sektor sexueller Möglichkeiten betätigen: der Ehe.

Diese «Keimzelle der (Vater-)Gesellschaft» stützt die Patronomie und ihre Institutionen. In der Ehe geht es nicht um Individuen, sondern um patronome Besitzansprüche. Bert Brecht:

> «Me-ti wurde gefragt, ob es gegen die gute Sitte verstoße, wenn eine Ehefrau ihrem Mann untreu wird. Er sagte: In einem Land, wo der Mensch alles kaufen muß, die Tasse Tee und das Bett und das Buch und den Geschlechtsteil einer Frau, darf man ihm nicht verwehren, wenn er das Gekaufte für sich beansprucht.»[122]

Kauf? Niemand kann sich über den Fortbestand der Vatergewalt hinwegtäuschen. Gerade weil die Ideologie von Liebe und Partnerschaft in der Ehe (wenigstens in manchen Gesellschaften von heute) an die Stelle der patriarchalischen Gewalt früherer Kaufehen getreten ist, lebt Patronomie weiter. Die neuen Ideologien verneinen die alte Gewalt nicht, sondern ästhetisieren und verinnerlichen sie.[123]

Die, wie ich meine, grundsätzlich anarchischen Potenzen sexuellen Lebens sind dauerhaft in das Bett der Patronomie gezwängt. Die «wahre Liebe» wird ausschließlich systemerhaltend als diejenige definiert und belohnt, die dem rechtmäßigen Vater in der gültigen Ehe legitime Nachkommen sichert.[124]

Patronome Institutionen legitimieren sich hierin einmal mehr und bedienen sich zugleich unwidersprochen einer jeweils angepaßten Ideologie von «Liebe». Die Menschen akzeptieren diese freilich so bereitwillig, als hätten sie, und nur sie, die Liebe selbst erfunden. Als sei Liebe etwas Natürliches, ohne alle gesellschaftliche Zutat und Schlacke Vorgefundenes. Reines Gold. Himmelsmacht.

Dabei ist diese Liebe Verhüllung: Von einer gehorsamen Sexualität, die Liebe genannt wird, geht keine Gefahr für die Vatergewalt aus. Alles hat seine Ordnung, wo kein Sohn und keine Tochter den Vätern Schande bereiten, indem sie nicht früher oder später an eigene Kinder und deren Erziehung nach der Vaternorm denken.

Selbst Infragestellungen solcher Vaterreihen durch Homosexualität oder Illegitimität einzelner Söhne und Töchter konnten bisher noch immer nach dem Nutzkrisen-Modell verwertet werden. So ordnet der Strafgesetzbuch-Entwurf E 62 der Bundesregierung aus dem Jahr

1962[125], dem noch heute Modernität nicht abgesprochen werden kann, die gewohnte Patronomie, für die er redet, im eigenen Interesse von neuem. Er legitimiert die Einheitssexualität der Vater-Menschen als einen autoritär gestützten Wert gleichsam ein für allemal:

«Zu bedenken ist aber, daß an Verfehlungen gegen den § 175 StGB überwiegend Personen beteiligt sind, die nicht aus angeborener Neigung handeln, sondern durch Verführung, Gewöhnung oder geschlechtliche Übersättigung dem Laster verfallen sind oder die sich aus reiner Gewinnsucht dem gleichgeschlechtlichen Verkehr dienstbar machen... Wo die gleichgeschlechtliche Unzucht um sich gegriffen und großen Umfang angenommen hat, war die Entartung des Volkes und der Verfall seiner sittlichen Kräfte die Folge... Einen Damm gegen die Ausbreitung eines lasterhaften Treibens zu errichten, das, wenn es um sich griffe, eine schwere Gefahr für eine gesunde und natürliche Lebensordnung im Volke bedeuten würde.»

Form ist Inhalt. Die Sprache ist unerträglich bedeutungsschwer. Gegen diese unhaltbar unmenschliche, aber eingängige Normierung einer Väter-Moral, die einmal mehr einen «Damm» braucht, um sich als Rettung für ein Volk anzupreisen, hat sich kein nennenswerter Widerstand gezeigt. Das Coming out der Schwulen und Lesben ist noch heute eine Randerscheinung. Alles andere jedenfalls als eine Oase inmitten der Wüste patronom geordneter und damit natürlich gemachter Heterosexualität.[126]

Nicht immer ist es den Werteätern und ihrem Profitinteresse so leicht gemacht worden, die eigene Ordnung durch Nutzkrisen zu stabilisieren. Die Patronomen haben ihre eigenen Gefährdungen selbst erkannt. Wie eine ganze soziale Maschinerie gerade die von Vatergewalt geordnete Vaterliebe als Instrument gegen die Patroktonie einsetzt, sollte noch detaillierter gesagt werden.

1.3 Unter dem Deckmantel der Liebe

Warum soll ich nicht auch ein Bild aus dem alten Rom übernehmen? Roms Leitmotiv, die patria potestas (Vatergewalt), ist von den Vatermetaphysikern als gültiges Vorbild wie als Heilmittel in der Autoritätskrise geschildert worden. Der paterfamilias war Hausherr, Herrscher, Richter, Ordnungshüter und Priester in einem.

Dieser Vater trägt, falls er freier römischer Bürger ist (andere Väter passen nicht ins Bild), als Kleidung und Rangabzeichen die Toga. Das war ein aus Wollstoff bestehendes Kreissegment von über drei Metern Länge, das nach genauen Regeln um den Körper drapiert wurde.[127] Der Name dieses etwas unbequemen, doch offiziellen Fest- und Staatsgewands, das die Väter (die Sklaven, ohnmächtige Arme, ausgenommen) getragen haben, leitet sich her vom Verb «tegere». Dieses Verb («decken») bedeutet zum einen «schützen, sichern» (heute noch: gedeckter Scheck), zum anderen «verbergen, verschließen» (heute: Decke).

Beide Bedeutungen treffen auf die strategische Funktion der Vaterliebe zu, und die Toga wird zum sprechenden Begriff: Liebe deckt einerseits die Gewalt und kaschiert sie, andererseits schützt und sichert sie durch Ab-Deckung die Ausübung dieser Gewalt. Dazu noch einmal die Treffsicherheit im Sprachgebrauch: Gewalt braucht nicht nackt aufzutreten; nackte Gewalt ist noch immer Ausnahme, und der Mantel der Liebe deckt alle Sünden zu.

Vaterliebe erfüllt die Funktion der Toga, welche die patria potestas des paterfamilias kleidsam umkleidet. Diese Toga-Funktion der Liebe möchte ich ent-decken.

Hilfreich ist die folgende Annahme: Eine durch Vatergewalt strukturierte Gesellschaft kann und will nicht auf das Korrelat Liebe verzichten. Vaterliebe ermöglicht und stabilisiert Vatergewalt nicht zufällig oder marginal. In der Patronomie erfüllt sie ihre eigentümliche Funktion.

Vatergewalt und Vaterliebe stehen in einem spezifischen Funktionszusammenhang. Vaterliebe geht notwendig in Vatergewalt über, und Vatergewalt bleibt ohne Vaterliebe (die auch unter dem Phänomen des Hasses erscheinen kann) nackt und unwirksam.

Auch wenn das eine oder das andere Korrelat wechselnd betont werden mag, sind auffällige oder verdeckte Wechselbezüge zwischen Gewalt und Liebe in patronomen Gesellschaften stets nachzuweisen:

«Das Instrumentarium der Repression ist nicht mehr greifbar. Humanität wird zum undurchschaubarsten Raffinement der Aggression gegen den Menschen... Dem Albert Schweitzer folgt der Kongo-Müller auf den Fersen; sie sind zwei Ansichten der gleichen Person.»[128]

Um Mißverständnisse auszuschließen: Da es viele patronome Gesellschaften gibt, aber keine einzige durch Vaterliebe geprägte, d. h. konsequent patrophile Gesellschaftsordnung, behält historisch immer die Gewalt die Oberhand. Aus diesem Machtverhältnis folgere ich, daß die Liebe regelmäßig die Togafunktion – und nur diese – zu übernehmen hat. Ihr sind von der Gewalt geordnete Funktionen zugewiesen. Unter Funktionalisierung verstehe ich die Platz-Anweisung durch eine Ordnungsmacht, die Einordnung zum Dienen, den richtigen Zuschnitt.

Ich bleibe beim Bild: Wie die Toga des freien Römers mit Rangabzeichen besetzt war, so erscheint auch die übertragene Togafunktion der Liebe streng klassifiziert. Was Liebe ist und wie sie handelt, hat nicht sie selbst zu entscheiden, sondern ausschließlich eine definitionsmächtige Gewalt, die ihre Gesellschaft ordnet. Die Autorität hat der Liebe, auf deren Togafunktion sie angewiesen ist, im System einen besonderen Platz angewiesen. Bereits der interessengeleitete, rational kalkulierte Akt der «Adoption» wird als Akt der Vaterliebe gedeutet, und diese Drehung dauert an.

1.3.1 Wozu die Liebe herhalten muß

Damit die Toga paßt und auch alle Blößen der Gewalt deckt, muß ihr Stoff zugeschnitten werden. Dieses Zuschneiden (Reduktion) hat System. Es ist kein von Zufällen abhängig gemachtes Ereignis. Auch hier ist nur das Beste gut genug.

Aber wessen Bestes? Nicht umsonst wird dem Vater die Wortgewalt zugesprochen.[129] Realität wird blick-, wort- und sprachgewaltig zurechtgestutzt, auf die eigene Perspektive verengt, in Interessenlagen eingeordnet.

Die Vaterliebe macht keine Ausnahme. Wenn Kindesliebe als Beziehung zur ursprünglichen Quelle der Lust, also zur säugenden Mutter, verstanden wird, muß der natürliche Mangel an Zuneigung zum Vater ergänzt werden. Durch die zu dessen Lückenangst passende Definition, die freilich die Grenzen des vom Kind Erfahrenen überschreitet. Diese Entgrenzung wird in der Definition von «Vaterliebe» zur Begrenzung.

Daß Vaterliebe wie selbstverständlich auf die Größe ihrer Togafunktion reduziert wird, kann vielfach belegt werden. Der Begriff «Liebe» ist als solcher so zweckfrei-indifferent definiert, daß Liebe sich geradezu zur Formung anbietet. Die Gewalt greift sich unter vielen Vorwänden diese Plastizität der Liebe und nutzt sie.

Ich belege diesen Vorgang hier mit einem Beispiel aus der Pädagogik und aus ihrer Defensivinstitution, der Schule. Keine Angst, wer zu schauen gelernt hat, findet überall weitere Belege.

Ein Handwörterbuch für den deutschen Volksschullehrer aus dem Jahr 1874 stellt seine Definitionsmacht unter dem Stichwort «Affenliebe» unter Beweis. Von allem Anfang an soll klar sein, was Liebe ist und was nicht. Wie sie sich zu äußern hat und wie nicht. Was sie leisten kann und was nicht. Wie sie handelt und wie nicht.

Ist das hundertjährige Standardwerk überholt? Oder gibt es die herkömmliche Normalerziehung auch für heute wieder?

«Affenliebe... Zeigen die Menschen gegen ihre Kinder einen ähnlichen Grad natürlicher, oft unvernünftiger Liebe, so spricht man ebenfalls von Affenliebe. Sie äußert sich darin, daß die Kinder nur zum Gegenstand der Bewunderung und Liebkosung gemacht werden... Alles, was die Kinder tun, wird ungeprüft gutgeheißen, belächelt, gelobt, über kindliche Fehler drückt man die Augen zu, anstatt sie abzustellen... Affenliebe ist ein rechter Krebsschaden in der Erziehung; nicht nur, daß sie selbst jedwede Anwendung weiser Zuchtmittel verschmäht, sie kämpft auch gegen ihre Handhabung von seiten der Schulerzieher an; sie erzeugt auf geradestem Wege jene ‹verhätschelten Naturen›, denen Dünkel, Widerspenstigkeit, Haltlosigkeit eigen sind und jede ernste Auffassung des Lebens abgeht... Treten derartig verzogene Muttersöhnchen in die Schule ein, so wird der Lehrer zwar eine schwere Stellung haben, aber er wird sich nicht abschrecken lassen dürfen, die einzigen Heilmittel, Anwendung weiser und strenger Zucht... zur Durchführung zu bringen.» [130]

In der Gewaltsprache dieses Definitionsversuchs, der sich mit seiner Liebe zu den Kindern deckt, sind alle Fehlhaltungen «abgestellt»: Die schwächliche Affenliebe kann nicht hinreichend verhüllen, was es doch unbedingt zu verbergen gilt, nämlich die harte Zucht, auf die Autorität sich stets verläßt. Affenliebe macht die Gewalt zur Farce, nimmt sie nicht ernst genug. Wieder tötet Lächerlichkeit.

Die Väter haben als Kinder selbst Gewalt erfahren. Ihren eigenen Kindern kann daher Gewalt nicht erspart bleiben, wenn die Väterreihe nicht abreißen soll. Affenliebe ist keine Liebe, so ist definiert, weil sie die Erziehung zum Vater nicht leisten kann. Die Hieb- und Stichworte fliegen dieser Definition von selbst zu: Aus dem verweichlichten Mutter-Söhnchen, wie die antimaternistische Charakterisierung heißt (wer kennt sie nicht?), wird niemals ein richtiger Vater-Sohn und damit ein weiterer Repräsentant der Vatergewalt. Mütterlich verzärtelnde Gewöhnung will glücklich machen und schafft nur unglückliche Menschen. Denn «die verwöhnende Güte... schwächt, erschlafft, zieht nicht freie Männer, sondern Sklaven, welche die einem jeden ziemende Herrschaft nicht zu üben wissen: die über sich selbst» [131].

Da sind sie wieder, die für Vatergewalt typischen Bildworte: Hier Schwäche, Erschlaffung, Verzärtlichung, Vermütterlichung, da Herrschaft, Härte, Zucht – und Angst, Angst, Angst.

Der Zusammenhang zwischen Erschlaffung (des Penis?) und fehlender Mannes-Zucht. Die Angst vor den Frauen und Müttern. Der Neid auf die Nachkommen. Also aufgerichtet sein, nach oben streben, den Nicht-Vätern zeigen, worin der kleine Unterschied besteht. Erektion.

Die Schnittmuster (patterns) der wahren Liebe. Wer diese Sätze liest, weiß, was seine/ihre eigene Erziehungspraxis bestimmen muß: Nur keine Schlappschwänze heranbilden, und keine Muttersöhnchen, denen das richtige Vatermannsein abgeht.

Rechte Männer haben einen Sinneswandel (Metanoia) hinter sich. Sie kennen Askese. Sie ist ihr Ideal. Asketisch geschulte Väter bleiben Herren ihrer Liebe. Der Römer Horaz hat mannmenschliche Stärke proklamiert. Sie hat

«die Kraft, den Begierden Trotz zu bieten und alle Ehren zu verachten... wie eine Kugel abgerundet und vollkommen, an deren glatter Fläche nichts von außen haften bleibt, so daß das Schicksal machtlos ihn bestürmt» [132].

Die Kugel ist Symbol für die Welt der harten Männer, die in sich geschlossen ist und den Herausforderungen der Frauen und der Kinder widersteht. Metanoia, Wende zum Harten, zum Vatermannmenschlichen. Wiedergeburt. Auferstehung. Empor nach oben.

Die von mannmenschlichen Worten strotzenden – und nackte Angst verhüllenden – Handlungstheorien und -anweisungen stehen in der Reihe der Vaterpädagogik, der wir entstammen und die wir, schwierig genug, abzubrechen suchen.

Ein anderes, ein vollständigeres Bild der Liebe wird in der Literatur, die hier stellvertretend für andere Schriften der Patronomie steht, nicht gezeichnet. In dieser geschlossenen Welt erscheinen nur zwei in sich grundverschiedene und doch sich bedingende Arten von Liebe: Hier die Liebe der unasketisch zum Verwöhnen neigenden, alles bejahenden Mutter, deren blinde Zärtlichkeit «das Glück des Kindes sofort will» [133]. Dort diejenige Liebe, die als echt gilt, weil sie hart genug ist, männliche Stärke und väterliches Wertgefühl zu beweisen.

Ideen sind Aggressionen. Definitionen haben System. Die Werteväter definieren auch und gerade die wahre Liebe so, daß sie zu ihnen – und nur zu ihnen – paßt. Die Werteordnung darf sich nur insoweit an Liebe interessiert zeigen, als diese das vorgegebene Gewaltsystem autorisiert und deckt. Vaterliebe kann daher, peinlich von Mutter-, Schwulen- und Affenliebe abgegrenzt, nur so weit reichen, wie ihr Zweck es erfordert. Jedes Mehr wäre vom Übel.

Mutterliebe ist, wie Vatersprache das sagt, «blind». Die Frau steht der Patronomie fremd gegenüber, in deren Hierarchie immer die Theorie das Feinere ist, das, was die Mann-Menschen erledigen, die Kopf-Arbeit.[134] Frauen und Kinder bleiben unten; sie lieben wahllos (selektionsfrei). Mutterliebe lockt den Vater von seinem Oben ins Unten. Die Gewaltordnung schafft sich geschlechtsspezifische und in Härte durchgehaltene Kategorien von Liebe.

Wer mit dem Anspruch auf Durchsetzung definieren kann, regiert eine ganze Welt. Und bekommt auf diese Weise vielleicht doch noch die Angst in den Griff seiner Gewalt.

Riskiert eine Frau Anleihen bei der väterlichen, d. h. wertordnenden Liebe und wird sie damit aktiv, verrät sie ihr eigentlich mütterliches Wesen. Patronomen reagieren darauf sehr sensibel. Denn

«es entspricht der Mütterlichkeit, das reine Dasein der Geschöpfe in nicht wertender Bejahung zu empfangen und zu schützen. Während ‹Väterlichkeit› zur Auslese drängt, z. B. in der Bildung des Adels, der als die Sammlung der Edlen sich vom amorphen Volke abhebt, wird ‹Mütterlichkeit› sich nicht am hochwertigsten, sondern am hilfsbedürftigsten Geschöpf entfalten».[135]

Wo das Volk amorph, eine gestaltlose Masse ist, weil es wie die plebs der Römer keine Vaterreihen aufweisen kann, und wo der Adel als Sammlung der Edlen, d. h. der Vater-Besitz nachweisenden Väter, sich gegen das Mütterliche abhebt («Adel» stammt wohl von «atta», Väterchen[136]), darf sich auch der Staat nicht mütterlich zeigen: Patronomen sprechen vom «herannahenden Gespenst des Wohlfahrtsstaats», von der zu befürchtenden «Nivellierung der menschlichen Gesellschaft», von der «reinsten Ausprägung des Mutterarchetypus im Sozialbereich»[137].

Das hat nichts mit Vaterliebe zu tun. Das ist schwach. Das bloße Dasein, das für die Mutterliebe zählt, ist ebensowenig wie Hilfsbedürftigkeit Anreiz zur Liebe des Vaters. Das Humanum hin oder her, Vaterliebe wertet und ordnet. Frauen haben, nach Freud, denn auch «weniger Rechtsgefühl, weniger Neigung zur Unterwerfung unter die Notwendigkeiten des Lebens». Sie lassen sich «öfter in ihren Entscheidungen von zärtlichen und feindseligen Gefühlen leiten» [138].

Vaterliebe ist völlig anders strukturiert. Väter schauen sich die Kinder an – und werten sie. Früher warfen sie die als unbrauchbar definierten Nachkommen an die Wand oder setzten sie aus. Wird – etwa in heutigen vom radikalen Islam bestimmten Gesellschaften – ein Sohn geboren, freut sich das Vaterhaus. Mädchen, die keine Freude auslösen, werden im Dunkeln gehalten.
Vaterliebe soll über den Dingen stehen, Über-Sicht verraten. Vaterliebe kann allein sein, ist autark. Vaterliebe ist nicht an wertfreie, ungeordnete, kaum reflektierte Bindungen gebunden. Die mannmenschliche Geschlechtsidentität ist daher eher durch Bindung gefährdet als durch Trennung. Mann-Menschen haben Schwierigkeiten mit Liebes-Bindungen. Das Problem der Frauen, die «zu sehr lieben», stellt sich ihnen nicht. Aus einem gefühligen Zusammenhang sich nur mit Mühe zu befreien soll ihnen fremd sein. [139]
Väter verlieren nie den Kopf in der Liebe. So haben sie sich selbst eingeschätzt und definiert. So wollen sie sich sehen. So möchten sie gern gesehen sein.
Schon früh soll eine solche Prägung einsetzen. Bereits die Kinder sollen sich differenziert verhalten. Carol Gilligan stellt fest, daß Jungen Regeln für das gemeinsame Spiel entwerfen und bei Bedarf auch Konfliktlösungen erarbeiten. Mädchen sind dagegen eher bereit, Ausnahmen gelten zu lassen und Innovationen zu begrüßen. Spielregeln (frühe Formen patronomer Ordnung) sind ihnen nicht so wichtig wie den Jungen. Die Fortsetzung eines Spiels ordnen sie der für sie viel wichtigeren Fortsetzung der Beziehungen unter den Spielgefährten unter. [140]
Zweierlei Liebe schon so früh? Es leuchtet nicht diskussionslos ein, weshalb die Liebe zur Regulierung des Spielverlaufs höherwertig sein soll als die zu den mitspielenden Kindern. Warum haben die Jungen einen Vorsprung vor den Mädchen? Weshalb setzt sich dieser angebliche Vorsprung unter den Erwachsenen fort? Wer definiert, wenn nicht die Vater-Menschen, was Vorsprung, was Nachteil ist?
Eine Diskussion solcher und ähnlicher simpler Fragen wird von den Werte-Vätern und ihrer als völlig rational (normal) ausgegebenen Forschung verweigert. Sie haben sich daran gewöhnt, auf der Höherran-

gigkeit der eigenen Patronomie zu bestehen, die eigene (Angst-)Ordnung als Maßstab des Menschseins schlechthin auszugeben und eventuelle frauliche oder kindliche Emotionen, die nicht ins System passen, als Abweichung von der Härte-Norm auszugeben.

Die Liebe der Frau und des Kindes gelten damit als inferior, als zweitklassig. Frauen und Kinder sind nicht nur in gesellschaftlichen, sondern auch in ethischen Belangen nachgeordnet.[141] Einzelheiten stelle ich später vor.

Ich vermute, daß die Werteväter viel genauer wissen als in der Regel zugegeben, warum sie zu solchen Kategorisierungen greifen. Ich bin der Ansicht, daß sie sich vor der umfassenden und wertfrei alles bejahenden Liebeskraft der Frauen und Kinder fürchten[142], die sie zwar – als unmännlich – abzuwerten gelernt haben, die sie jedoch nicht durch Leugnen besiegen können.

Auch kann eben die spezifische Vatergewalt nur durch eine spezifische Vaterliebe gedeckt werden. Gewalt-Person und Liebes-Person müssen identisch werden. Dieser Schluß setzt, was das Kind und seine Liebe zum Vater betrifft, schon in der patronomen Pädagogik ein: Es muß, so sagt es ein göttliches Gebot, den Vater – und nicht nur die Mutter – lieben. Der Vater aber begegnet dem Kind als autoritäre Gewalt. Folglich muß das Kind die Gewalt lieben. Zu solcher Vaterliebe neigt es nicht von vornherein. Es muß auf sie hin erzogen werden. Diese Erziehung ist notwendig aggressiv besetzt, bis sie Gehorsams- und Unterwerfungsreflexe absondert und verfestigt.

Was den Vater betrifft, gilt dann: Eine nur von außen an die Gewalt herantretende Liebe könnte ihre Togafunktion nur höchst unvollkommen erfüllen. Da Frau-Menschen nach der Vater-Definition dazu neigen, in einer Welt aus gefühligen Liebes-Beziehungen zu leben und sich an zwischenmenschliche Bindungen zu verlieren, kann Vatergewalt am allerwenigsten durch Mutterliebe gedeckt und gestützt werden.

Wahre Liebe darf nicht «fremdgehen». Sie muß im eigenen Denksystem verbleiben. Also muß der Vatergewalt selbst beigebracht werden, sie habe sich um Liebe zu bemühen. Das gern gezeichnete Bild von der liebevollen Mutter, die sich dem strafwilligen Vater entgegenwirft, um ihr Kind vor dessen Schlägen zu retten, sagt zu wenig aus. Systemkonform ist es allein, dem Vater selbst Liebe zuzuschreiben – und diese zugleich präzise zu definieren.

Eine Untersuchung dieser Umschreibungen erbringt ein konsequentes Ergebnis. Die für den Bereich der Erziehung klassisch gewordenen

Definitionen der wahren, d. h. der väterlichen Liebe greifen notwendigerweise auf Strafen zurück.

Wen der Vater liebt, den züchtigt er.

Zucht muß sein. Ihr Strafsystem steht für den Versuch, der Unsicherheit der Liebe durch Flucht in eine rationale Ordnung zu entkommen. Im Gegensatz zu den Erscheinungsformen der Liebe, die sich bis heute einer hinreichenden Definition haben entziehen können, lassen Aggression und Haß sich wortmächtig ordnen. Die richtige Definition ergibt die Handlungsanweisung, und ein detailliertes Strafsystem ist die Konsequenz. Die klassische Erziehungslehre ist gespickt mit den entsprechenden Handreichungen.[143]

Daß eine gewaltgeordnete Liebe, die sich mit Hilfe von Strafzumessungen aufteilen und verteilen läßt, nur noch einen kargen Ausschnitt aus dem Spektrum ihrer Möglichkeiten darstellt, ist eine andere Sache. Daß dieser Ausschnitt aus der Wirklichkeit der Liebe schließlich so gut wie ganz aus dem Gesichtskreis der Erziehenden verschwunden ist, ebenso. Darf Liebe immer nur hart sein, muß sie immer nur als systemimmanente Vaterliebe erscheinen, soll sie stets eine Verwechslung mit Mutterliebe ausschließen, verschwindet sie – als mehr oder weniger zufällige Zutat – schließlich aus dem Interesse der Väter. Um so häufiger muß sie daraufhin diesen eingeschärft werden, da auf ihre Togafunktion nicht verzichtet werden kann.

Hinter dem Strafsystem Spuren von Vaterliebe auszumachen mag auf den ersten Blick schwierig sein. Oft erscheint es den Forschenden, daß «es eine erdrückende Menge historischer Materialien zum Thema Erziehungsstrafe gibt – und entsprechend viele Historiker, die diese Materialien aufgearbeitet haben –»[144], doch so gut wie keine Vorarbeiten zum Thema erzieherische Liebe.

Dennoch täuscht dieser Eindruck. Stimmig wäre er nur, wenn die in der Welt der Vatergewalten gebräuchliche Gleichung «Strafe = Ausdruck wahrer Liebe» nicht mehr wie gewohnt nachvollzogen würde. Doch ist diese Gleichung die normale und die gesellschaftlich noch weitestgehend anerkannte. Damit ist auch von Vaterliebe in Form von Vatergewalt und Vaterpflicht in der Erziehung die Rede.

«Ich will nicht, wie so viele Erzieher meinen, daß das Kind in den ersten Jahren bloß allein der mütterlichen Pflege und Sorgfalt übergeben werde… Freilich wird das Kind gern von der ernsten Stimme des Vaters zu dem Schoße der Mutter fliehen; aber die Scheu des Kindes, der bange Blick des Kindes zum Vater ist die Ehrfurcht vor dem Gesetz, vor dem Wort, vor dem Befehl der Pflicht… Gut also, daß der Mann zur Seite steht und das aufrichtet, was sich durch die matte Hingebung der Rede bald der Sinnlichkeit zuneigen würde!»[145]

An dieser Stelle ein kleiner Exkurs zur «Stimme des Vaters» (His masters voice, la voce del padrone): Während das Wort «Mama» in weichen Kußmundlauten gebildet wird, weist «Papa» harte Laute auf, wie sie sich auch im lateinischen «poena» (Strafe) finden.
Kinder wissen warum. Auch die Vaterhand

«besitzt grundsätzlich einen ganz eigenen und eigenartigen ‹Widerhall›. Dieser stammt aus seiner Natur als Vater und aus dem Altersunterschied als ‹großer Mann›. Er ist auch besonders eindrucksmächtig, weil die Strafe und deren ‹Widerhall› im Zusammenhang stehen mit dem väterlichen Mythos... Der Stimme des Vaters wohnt eine unergründliche Macht inne, wenn sie etwas fordert oder verbietet, jemanden ermuntert oder aufrichtet. Sie hat durchschlagenden Erfolg und bedarf meist keines anderen ‹Zwangsmittels›.»[146]

Kinder ahnen weshalb.
Strafe ist gleich Liebe, Ausübung von Gewalt gleicht der Zuwendung von Liebe. So heißen die uralten Gleichungen der Patronomie. Allerdings sind die Werteväter auch hierin flexibel: Das Schuldgefühle beim Kind auslösende Gewalt-Wort eines Vaters soll neuerdings nicht mehr als solches gesagt werden, sondern als «Dialog». Doch auch diese sogenannte Erneuerung kann nur dann

«Erfolg haben, wenn die ‹Aura› des Vaters, bei allen notwendigen Modifikationen, in ihrer unantastbaren Substanz unter allen Umständen hoch und heilig gehalten wird. Das liebevolle Überlegensein, die rein rational nicht faßbare Gewalt, der mythische Quellgrund müssen bestehen bleiben. Ohne das könnte kein Mann und Vater sein, was er wirklich ist und sein muß.»[147]

Das liebevolle Überlegensein. Das gewaltige Bewußtsein der Dichotomie. Die Angst.

1.3.2 Wie schwach Liebe sein kann

Väter und ihre Pflicht- und Zuchtliebe haben einen festen Platz im eigenen System. Die Mütter haben dies lernen müssen, die Kinder werden es noch eingebläut bekommen. Wenn Erziehungsziele und -techniken erörtert werden, hat die sogenannte «freie Liebe» gegen die Togafunktion der Vaterliebe keine Chance.

Wir können uns selbst testen: Schon wenn wir den Begriff «freie Liebe» lesen, stellen sich bei den normal Angepaßten keine anderen als die zugerichteten Assoziationen ein. Selbst die Wunschträume des bürgerlichen Menschen sind geordnet. Unser Begriff von der Liebe ist ähnlich dressiert wie wir selbst. Wir wissen nur zu genau, was wahre Liebe ist oder wenigstens sein soll: die zu keinerlei (Seiten-)Sprüngen neigende oder aber diese Ausbruchsversuche (Perversionen) bereits wieder mit schlechtem Gewissen rückordnende Bindung an bestimmte vorgeschriebene Objekte (Partner, Arme, Nächste).

Diese Liebesordnungen haben wir hervorragend verinnerlicht. Liebesordnungen füllen die Menschheitsgeschichte. Und noch eins: Liebe ist vom Scheitern bedroht, haben wir gelernt.[148] Generationen von Schreibenden haben dieses Scheitern beschrieben und ihren LeserInnen zur Nutzanwendung vermittelt.[149] Was nicht scheitern darf, ist die siegreiche Gewalt. Mit der Liebe läßt sich tändeln. Sie darf, in den ihr gesetzten Grenzen, ihre Narrenfreiheit austoben. Liebes-Spiele haben ihre Wiesen, und auf denen kann es getrost auch VerliererInnen geben.

Von Gewaltspielen zu sprechen, von dauerhaften Niederlagen gar auf diesem Terrain, wirkt lächerlich. Mit Gewalt spielt kein ernsthafter Mensch, und jeder Spaß hört auf, wo er an die patronome Substanz geht. Liebeskrisen sind nur insoweit interessant, als sie die hinter der Liebe versteckte Gewalt zu berühren drohen. Alle Werteväter wissen gut, wann sie hellhörig und aktiv werden müssen. Im Fall von Liebe lohnt sich das Aufmerken kaum, im Fall von Gewalt werden tiefsinnige Klagebücher verfaßt, damit alles so schnell wie möglich wieder seine Ordnung habe. Gefahr ist nicht im Verzug, wenn Liebesspiele hin und wieder die ihnen gesetzten Grenzen überschreiten. Gefahr droht erst, wenn die Verankerung der Gewalt in der Psyche der von ihr erzogenen Massen sich zu lockern beginnt.

Liebe hat es so schwer wie Freiheit.

Mit einem Zustand der Erschwernis von Freiheit und Liebe braucht sich allerdings, wie ich inzwischen weiß, auf Dauer niemand abzufinden. Der Widerstand gegen die Liebes-Maskeraden der Patronomie hat mehr Chancen als angenommen. Auch wenn Söhne und Töchter widerstandsunfähig gemacht worden sind. Aus Liebe zum Vater.

Die Toga deckt nicht mehr alles, der übliche Zuschnitt erweist sich als Verschnitt, und an allen Ecken und Enden guckt die Gewalt hervor. Die richtigen Väter merken das. Daß und wie sie versuchen, die Blößen zu decken und Flicken um Flicken auf das alte Kleid zu setzen, sehe ich unter dem Aspekt einer auf Vaterliebe gerichteten Selbstheilungstendenz der Vatergewalt. Ich nenne drei Schwächeanfälle, die zur Zeit die Vaterliebe heimsuchen, nicht aber töten.

1. Der Wirklichkeitsverlust der Vaterliebe. Eine durch und durch patronom gewertete Liebe kann sich zwar griffig anfassen und unter bestimmten Umständen glatt genutzt werden. Doch deckt sie bei weitem nicht die ganze Realität des Menschseins ab. Der patronome Anspruch, Menschsein erschöpfe sich eigentlich im Mann- und Vatersein, löst sich auch hier nicht ein. Liebe kann ungleich mehr sein, als daß sie sich in das System des «Du darfst» und «Du sollst» pressen ließe. Vaterliebe im herkömmlichen Sinn hat bereits eine Selektion aus dem umgreifenderen Bereich möglicher Einsicht und Praxis hinter sich. Nur jene Reduktionsmechanismen, die sich die komplexe Situation des Menschenlebens zurechtschneiden, bis sie paßt, lassen eindimensionale Definitionen zu.

Vielleicht spricht das unordentliche Leben selbst, falls es nur einfallsreicher und phantasiebegabter als bisher erforscht wird, anders als gewohnt. Schon die Lehrmeinung, die Schöpfung sei exklusiv als Kosmos und damit als von der Ratio eines Obervaters zugunsten seiner Miniaturausgaben beherrschte Natur zu verstehen, bedürfte dann der Korrektur. Von den gewohnten Ordnungen des Oben und Unten gar nicht erst zu sprechen.

2. Der feministisch-infantistische Mann. Ich vermute, daß sich der sogenannte harte Mann von gestern zunehmend vom feministisch-infantistischen Mann von heute und morgen ablösen lassen wird. Ein solcher Rollenwechsel könnte auch die Vorstellung und Praxis von Vaterliebe verändern. Freilich wird die Bezeichnung «feministischer Mann» vom harten Kern der PatronomInnen mit der Wertung «effeminierter Mann» belegt. Wer kein Vater im traditionellen Sinn sein will, muß in dieser Vaterlogik ein weiblicher Mann sein, wenn er überhaupt ein Mann ist. Das Androgynie-Problem stellt sich nicht[150], ein Drittes gibt es nicht.

Das stimmt nur in der simpel strukturierten Welt derer, die Stärke und Härte mit Männlichkeit gleichsetzen und sich auch unter Vaterliebe nur eine Art modifizierter Vatergewalt vorstellen können. Der feministisch-infantistische Mann ist solchen Verengungen gegenüber freier.

Zumindest verfügt er über ein – in den meisten Fällen recht anfanghaftes – kritisches Bewußtsein (Denken und Fühlen) von der Unterdrückerrolle, die sich die Reihe seiner Vorväter gesichert hat. Von daher gesehen kann es für ihn konsequent sein, den Kampf der Frauenbewegungen und der möglichen Kinderbewegungen solidarisch zu begleiten.

Solidarität ist weder Neugierde des Zuschauers im Stadion noch schlechtes Gewissen des Anbiederers. Sie bleibt nüchtern und engagiert in einem. Sie versteht den Kampf der Frauen und Kinder um Würde. Doch mischt sie sich nicht, als Strategie eines neuen Chauvinismus, in Sachen, die nur die Frauen angehen. Diese brauchen keine mannmenschliche Unterstützung. Das «Weibliche» oder das «Kindliche» soll nicht in Dienst genommen sein, und schon gar nicht, indem sich die Indienstnahme als Zuneigung oder als Verehrung tarnt.[151] Weiblichkeit oder Kindlichkeit als solche bringen ebensowenig das Heil wie Männlichkeit oder Väterlichkeit. Heil, wenn schon davon gesprochen sein soll, liegt im Humanum selbst. Das zu kennen und zu leben mußten wir verlernen.

Feministisch-infantistische Männer und Väter haben mit sich selbst zu tun, um die eigenen Rollen exemplarisch für die Männer und Väter der Zukunft zu umschreiben. Auf eben das im Konsens aller gefundene – und nicht von Patronomen definierte – Humanum hin.

Ich verstehe es nicht als profitable Weinerlichkeit eines Mann-Menschen, der retten möchte, was noch von seinesgleichen zu retten ist, wenn ich meine, daß der mannmenschliche Feminismus und Infantismus spezifische Schwierigkeiten bekommen wird. Die Emanzipation der Vater-Menschen hat ihr Feindbild in sich, im Eigenen. Gegen sich selbst anzugehen ist nicht leicht. Die kulturelle Innovation ist gegenüber einer jahrhundertelang verfestigten und verinnerlichten Tradition immer im Nachteil. Zu bleiben, wie man schon immer war, ist ungleich bequemer. Die «Patronomie von innen» entfaltet starke Sogwirkungen.

Nicht nur bei den Männern und Vätern selbst. Doch wenn es gelingt, sich von Vatergewalt und Vaterliebe zu trennen und wenn die Söhne und Töchter die «Revolte der Väter gegen die Väter» planen, weil sie selbst – und erst recht die Töchter – andere Väter als ihre eigenen zu sein sich versprechen, droht die Patroktonie.

3. Die Kinder. Sie haben, in der Patronomie auf Grund von Definition, keine Lobby. Sie können mitten in einer auf Lobbyismen ausgerichteten Gesellschaft selbst keine schlagkräftige Lobby bilden. Sie sind – im Gegensatz zu den gegenwärtig sich entwickelnden LobbyistInnen – zunächst nur sprachlos.

Nur ein Zyniker wird jene Propheten für Lobbyisten des Kindes halten, die von der sterbenden Nation der Deutschen sprechen. Was die meinen, ist allzu klar: Sie wollen keineswegs eine Veränderung der auf dumpfen Gehorsam gegründeten Lage der Kinder. Sie wollen allein die Reproduktion weiterer auf diesen Gehorsam einzuschwörender und damit kalkulierbar gemachter Bevölkerungseinheiten. Diese Reproduktion muß wie eh und je patronom gesteuert sein. Sie muß von der Ehemoral und der Familienpolitik der herrschenden Werteväter kontrolliert bleiben, damit die bisherige Patronomie nur ja nicht auf Grund von Verhütungsmaßnahmen der unterworfenen Frauen die nächsten Generationen nicht erreiche.

Generation? Vater-Zeugung. Die darf nicht verhütet werden.

Ganz nebenbei: Wie viele Menschen auf der Erde mag es wohl geben, die die Tatsache, daß ausgerechnet die Deutschen aussterben, nicht als katastrophales Ereignis werten?

Sprachlos ist das Kind in aller Regel noch immer deswegen, weil die überlieferten Formen der Vatergewalt es sich so lange sprachlos gewünscht haben. Weil sie nichts unversucht gelassen haben, diese Sprachregelung einzuschärfen. Lobby-unfähig wurden die Kinder aus keinem anderen Grund: Kinder sprechen nicht für sich. Vielmehr haben die zu Erziehern hochdefinierten Väter seit jeher das Sagen und das Sprechen für die Kinder an sich gezogen. Dabei definierten sie zuerst, was überhaupt ein Kind sei, d. h., worin genau es sich vom sogenannten Erwachsenen zu unterscheiden habe. Damit legten sie den gebührenden Abstand zwischen oben und unten fest.

Ihre erzieherische Allmachtsphantasie wußte, was das jeweils Beste für das zum Objekt pädagogischer Ansprüche definierte und degradierte Kind war. Das wirkliche Leben des Kindes störte bei diesen ernsthaften Definitionshandlungen. Daher wurde es, und mit ihm alle wirklichen Bedürfnisse des Kindes, nur am Rand wahrgenommen. Definition und Kanalisation aller Lebensregungen hieß die Devise. Unterdrückung in der Toga der Verhaltensregulierung wurde identisch mit Erziehung. Und akzeptierte Konditionierung stellte sich als Erzogensein (Erwachsensein) dar.

Das Postulat von der Schwäche und Unschuld des Kindes, ein zentraler Vaterwert, rechtfertigte den totalen Zugriff der Deutediktatur auf das Kind.[152] Dieses wurde von vornherein als unbeschriebenes Blatt definiert. Damit ergab es die Leerstelle, auf die jeder Erziehende sich eintragen konnte. Daß der nicht erkrankten Seele des nach unten definierten Kindes schließlich weniger Eigeninitiative zugetraut wurde, als Psychotherapeuten dies einer bereits erkrankten Seele gegenüber tun[153], bleibt die traurige Erfolgsleistung dieser Befriedungsarbeit.

Ich will nur dein Bestes. Wähle: Ich oder das Chaos!

Wer so spricht, hat Angst vor der möglichen Gegengesellschaft. Die Definition der absoluten Ungleichheit von Vater und Kind konnte trotz alledem die Urangst der Werteväter nicht auslöschen: die Angst, irgendwann einmal in der Eigenschaft als Vater als überflüssig definiert zu werden. Die «pädagogische Produktion des Kindes»[154] war auf Totalität angelegt. Doch sie ist entlarvt als partielle Identifikation mit dem Kind. Als Scheinliebe des Vaters zum Kind, die viel mit Vatergewalt und wenig mit den Bedürfnissen des Kindes zu schaffen haben will.

Vielleicht löst diese Ent-deckung auch die Infantilisierung der Kinder mit auf. Vielleicht ist Schluß mit der Ideologie der affektiven Ausbeutung der Nachkommen:

«... man setzt alle seine Erwartungen in die Kinder – aber man tut alles, damit sie total abhängig bleiben.»[155]

Vielleicht.

Der Anschein von Vaterliebe, wie er sich in den Ausbeutungen der Kindesliebe darstellt, könnte auf diese Weise zumindest erkannt werden. Auch fielen manche der in die Form sogenannter Erziehungsweisheiten gekleideten Vorurteile in sich zusammen. Ich nenne einige dieser Leitsätze, die seit langem für Vater-Pädagogik stehen[156]: «Das Kind ist wie Wachs, dem die Patronomie ihr Siegel bleibend eindrücken darf und muß»; «Die Kindheit stellt nur eine Periode des Übergangs, eine Zeit der Vorbereitung auf die Welt des Vaters dar, doch keinen Wert in sich»; «Kindsein läßt sich nur als relationaler Begriff verstehen, der auf Vatersein hin definiert werden muß.»

Fürs erste Schluß mit den Schwächeanfällen der Vaterliebe. In der Regel zeigen die gegenwärtigen Wirklichkeiten ein ganz anderes Gesicht als das unserer Hoffnungen. Feministisch-infantistische Männer bleiben gegen die mann-menschliche Mehrheit abgezirkelt. Aufbegehrende Frauen werden nach wie vor (auch und gerade von sogenannten

Normal-Frauen, den Patronominnen) als «Emanzen» noch weiter nach unten definiert, und die wissenden Kinder erlernen erst mühsam ein wenig freies Sprechen. Entgrenzungsversuche unterliegen den Definitionsmächten.

Der unbekannte Mann in der Familie, der Vater, ist im stillen stark geblieben. Sein Alltag dreht sich weiter. Die bisher diagnostizierten Schwächeanfälle der Vaterliebe gelten nur als Symptome einer Krankheit, die zum Tod führen kann. Sie sind nicht schon die Krankheit selbst. Und schon gar nicht der Tod.

Noch immer hat meine Vermutung viel für sich, in einer Vater-Gesellschaft führe selbst die funktionalisierte Ohnmacht der Vaterliebe dazu, daß die Kinder selbst wieder regelmäßig zu Agenten der Gewalt werden. Ihre anfängliche Suche nach Liebe haben sie meist sehr bald aufgegeben. Je erwachsener sie werden, desto schwerer fällt es ihnen, Nicht-Väter zu bleiben. Die Reihe der Väter zeugt sich von Stammhalter zu Stammhalter fort. Ihre eigene Lobby ist stark genug geblieben, den Anzeichen von Schwäche nachzugehen. Sie versucht auch heute wieder, mit Hilfe von Diskursen über die Vaterliebe die Vatergewalt vor der Patroktonie zu bewahren. Diskurse, die mögliche Gegenentwürfe absorbieren und deformieren. Wie gehabt.

Solche Verlegenheitslösungen gebe ich im folgenden Hauptteil wieder. Sie zeigen drastisch, wieviel Mühe in wie vielen Ansätzen aufgewandt worden ist, um sich selbst gegen den Tod zu heilen. Zudem zeigen sie nochmals an, daß die Rede von der aktuellen Vaterkrise nur spekuliert: Zu allen Zeiten hatte das Krisenmanagement alle Hände voll zu tun, die jeweilige Krise, die doch immer dieselbe geblieben ist, in dem als richtig definierten Sinn zu lösen.

Welch verdammt gefährliche Rolle dabei die «Vaterliebe» spielt, wird zunehmend deutlich. Eine kleine freundliche Geste, ein zärtliches Wort, eine Liebesbezeigung lassen Frauen und Kinder die erfahrene Gewalt abwerten.[157] Das außeralltägliche «Ich liebe dich», das ein Mann gegen seine Frau verliert, wird von beiden als Freibrief für die alltäglichen Gewalttaten verstanden. Je saurer die Sanktionen schmecken, desto süßer empfinden die Opfer die auf Gewalt folgende Liebe.

Wer sich dem Wechselspiel von Liebe und Gewalt entzieht, wer Männer flieht und sich nicht mehr auf Väter einläßt, gilt künftig als «liebesfern» und «lieblos». Findet keine Liebe mehr. Wo soll sie denn sein? Wenn Frauen und Kinder zu sehr lieben...

Im abwertenden Vergessen und in den Surrogaten ihrer Süße beweist sich die Gewalt der Vaterliebe. Sie versteht ihre systemimmanenten Schwächen umzufunktionieren. Sie verankert den erwünschten psychisch-affektiven Infantilismus der Nicht-Väter auf Lebenszeit.[158] Sie vererbt ihn soziogenetisch weiter. Von Generation zu Generation.

2. Stützen der Gewaltliebe

> Geliebt wirst du einzig, wo du schwach
> dich zeigen darfst, ohne Stärke zu
> provozieren.
>
> Theodor W. Adorno

Wer Patronomien beschreibt, bewahrt nicht vor Pessimismus. Dieser Pessimismus steht nicht im Lager der Krisenspekulanten. Er ist nicht auf die Zwecke der vielen Theologen, Philosophen und Pädagogen gerichtet[1], die ihre Vorstellung von der schlechten Welt immer profitabel mit den Appellen verbunden haben, nach ihrem eigenen Rezept eine bessere zu schaffen. Diese Leute haben auf diese Weise nur die eine Moral auf die andere gehäuft. Sie haben Wortgewalt mit Wortgewalt und Sachzwang mit Sachzwang beantwortet.

Mein Pessimismus läßt Beschädigungen des Menschlichen als Beschädigungen sehen. Er zwingt nicht in das beschädigte Leben. Er soll aus ihm befreien helfen, indem er dessen Beschädigungen ent-deckt: die Zusammenhänge von Gewalt und Liebe, die uns wie ein roter Faden durch dieses Buch ziehen.

Als Befreier stellt der Pessimismus bloß, daß Objektivität nicht schon Wahrheit ist, sondern jene interessengerichtete Subjektivität einiger weniger, die denen als Daseinsentwurf gelten soll, die kein selbständiges Definitionsinteresse haben dürfen.

Bloßstellung: Patronome Definierer haben das, was Liebe hätte heißen können, zum vermeintlich Privaten, Intimen, Emotionalen abgleiten lassen. Zum wirklich Konsumtiven, das – ohne eigene Substanz und Autonomie – als Anhängsel des materiellen Produktionsprozesses mitgeschleift wird.[2] Ein Anhängsel läßt sich willig als nackte Funktion definieren.

Liebe hat ihren Platz im Sinnentwurf der Gewalt eingenommen: Verbote und Strafen sind nur sinnvoll, wenn ihre Opfer gelernt haben, sie als Ausfluß von Vaterliebe zu sehen.

Solch eine Zurichtung ist inzwischen normal. Wenn über Liebe gesprochen wird, müssen immer die Beschädigungen mitbedacht werden, die unsere emotional ausgerichteten Vorstellungen von Liebe in uns hinterlassen haben. Auch wenn es hart zu hören und nachzuvollziehen ist: Liebe hat mehr mit Gewalt zu tun als mit Lust.

Das anzuerkennen tut weh.

Liebe ist als Zufluchtsort des Privaten, Partnerschaftlichen, Ehelichen, Familiären definiert. Doch als ein solcher Fluchtort ist sie nicht bürgerliche Enklave für objektivierte Individuen inmitten eines mörderisch zweckhaften Profitsystems. Sie ist Zuflucht des Systems selbst, dessen

Interesse sich ihrer marktfähigen Plastizität schon längst bemächtigt hat.

Auch das tut weh.

Liebe ist lange schon verraten. Auch und gerade in den gesellschaftlichen Tröstungen «Religion» und «Erziehung», die ich beispielhaft als Stützen der Gewaltliebe sehe. Der Verrat an der Liebe schädigt allerdings nicht nur die Verratene, sondern die professionellen VerräterInnen: Wer sonst nichts mehr zu lieben hat, hält sich an die kalte Liebe zur Gewalt, in deren Sicherheit er / sie leben zu können glaubt.

Nochmals Grund zum Schmerz.

Alles ist heute definiert, auch die Liebe, die zur Ideologie ihrer eigenen Abwesenheit gemacht worden ist.[3] Hinter der anscheinenden Durchsichtigkeit der menschlichen Beziehungen, die nichts Undefiniertes mehr zuläßt, meldet sich die nackte Gewalt.[4]

Schmerz.

Wäre aber Schmerzfreiheit jemals ein Beweis für Wahrheit? Wenn Lustempfindungen über die Frage, was wahr ist, mitreden, erweckt das den größten Verdacht. Woher in aller Welt steht fest, daß wahre Urteile mehr Vergnügen machen als falsche? Weshalb sollen wahre Urteile mit Notwendigkeit angenehme Gefühle hinter sich herziehen? Die Erfahrung aller streng Denkenden lehrt genau das Gegenteil. Nietzsche:

> «Man hat jeden Schrittbreit Wahrheit sich abringen müssen, man hat fast alles dagegen preisgeben müssen, woran sonst das Herz, woran unsre Liebe, unser Vertrauen zum Leben hängt. Es bedarf Größe der Seele dazu: der Dienst der Wahrheit ist der härteste Dienst.»[5]

2.1 Weshalb Religion Gewalt deckt

Vielleicht wundern sich manche, daß hier Religion an die erste Stelle der Beschwörungen von Vaterliebe gegen die Vatergewalt gestellt wird. Wer meint, eine Beschäftigung mit den vielfältigen religiösen Erscheinungen der Gegenwart lohne schon lange nicht mehr, nimmt das Weiterwirken einer intensiven Tradition «in den Seelen» nicht ernst genug.

Diese Tradition wird als christlich ausgegeben. Dabei ist sie schlicht patronom. Von Generation zu Generation wird sie in religiösen Gedächtnisübungen weitergeschleppt. Das kollektive Unterbewußtsein ist noch immer von einer Art Christentum geprägt. In diesem Christentum, in seiner Theologie, im Gebet, in den Außendarstellungen (zwischen Kunst und Kitsch) nimmt das Bild vom «Vater im Himmel» einen sehr wichtigen Platz ein.

Übrigens besitzen wir kein anderes frühes Dokument, das Werden und Sein der patronomen Tradition und ihrer Schichten so gut erhalten hat wie die Bibel, dieser Primärtext der Patronomie. In den paar tausend Jahren jüdisch-christlicher Religion ist die Patronomie nicht untätig geblieben. Sie hat Meinung, Überzeugung, Glauben organisiert. Beeinflussungen, Verschränkungen, Wechselwirkungen zwischen religiösen Vorstellungen und sozialen Erfahrungen[6] sind die Regel. Glaubensexperten haben schließlich die Bedeutungen, die sie dem allen zulegen wollten, verbindlich vereinbart.

Da hat sich genug Gewalt angesammelt. Eine solche Konzentration in der Psyche des Menschen unserer Zonen zu unterschätzen ist ein Fehler. Daß ihr Vater und Gott lebt, rufen sich die Kirchentage gegenseitig zu. Sie tun dies nicht nur, um die Angst niederzuhalten, die sie vor einem definitiven Liebesentzug haben.

Christen wissen sehr gut, wovon sie laut Zeugnis geben. Wenn die religiöse Sozialisation von einem Vater, vom Vater überhaupt spricht, so ist dies keine Floskel, die bei den Betroffenen ohne Folgen für den Prozeß der Paternisation bliebe. Der geringste Versuch, diese Vaterfixierung zu lockern, schmerzt besonders.

Um so genauer müssen die Grundlagen und die Folgen dieser Art von Liebe zum Vater untersucht werden. Einer Vaterliebe, die vielen noch immer die einzig gültige ist. Jedes der folgenden Themen, auf die ich hier nur aufmerksam machen kann, ist eine umfangreichere Analyse wert: Der in der – patronom gestalteten (doch als solche noch nicht untersuchten) – Bibel tradierte Glaube an den einen Vater, die Vater-Sohn-Dogmen der kirchlichen Überlieferung, die soziologische, politologische und psychoanalytische Deutung dieser Phänomene, die heute fast unverbunden nebeneinander stehenden Zeichen von patripetaler und patrifugaler Zeugenschaft, die elitären Strukturen einer Klerikergesellschaft voller «Väter», die exklusiv patronome Pädagogik bestimmter innerkirchlicher Gruppen – und nicht zuletzt die anwachsende Bekenntnisliteratur, die sich mit den im Prozeß kirchlicher Sozialisation empfangenen Traumata auseinanderzusetzen beginnt, mit diesen unverheilten Wunden einer Vaterliebe.

«Neun Zehntel unserer ganzen jetzigen Literatur ...

... haben keinen anderen Zweck, als dem Publikum einige Taler aus der Tasche zu ziehen: dazu haben sich Autor, Verleger und Rezensent fest verschworen.»

Arthur Schopenhauer

Wer nun meint, das sei heute auch nicht anders, der mag sich damit trösten, daß es preiswerte Taschenbücher gibt. Was dazu führen kann, daß die größeren Scheine für Wertpapiere ausgegeben werden können.

Pfandbrief und Kommunalobligation

Meistgekaufte deutsche Wertpapiere - hoher Zinsertrag - bei allen Banken und Sparkassen

Verbriefte Sicherheit

2.1.1 Warum immer noch «Im Namen des Vaters und des Sohnes» gebetet wird

Ist Gott tot, so hat zumindest dieser eine Vater den Mord durch die Söhne nicht überlebt. Der Satz «Im Namen des Vaters und des Sohnes...», der sich im täglichen Gebet von Millionen wiederholt, sänke in sein magisches Dunkel zurück. Was sollte dann die Rede von der Vaterliebe dieses Toten? Hat sie nicht ihre Basis völlig eingebüßt? Ist sie nicht vor aller Augen desavouiert? So fragen viele.

Viele andere verfügen über andere Erfahrungen. Sie halten unbeirrt an ihrem Gott und an dessen Liebe fest: Der Vatermord ist keine Realität für sie, nur Ausgeburt der Phantasie. Nach wie vor garantiert ein lebendig gehaltener Vater ihnen die Erlösung seiner Kinder. So und nicht anders soll es die gesamte Heilige Schrift allen Generationen bezeugen.

Ich will hier nicht die Käuflichkeit der Schriftauslegung gegen ihre Profiteure thematisieren und sagen, daß die Auslegung eine der jeweiligen Gegenwart entsprechende Verfälschung darstellt.[7] Aber ich frage, ob so pauschal wie eben wiedergegeben über Vater-Liebe geurteilt werden darf. Muß den heutigen Einwänden nicht intensiver nachgegangen werden? Beispielsweise den Fragen von Frauen, ob denn nur ein männlicher Gott schon von Anfang an jene Tradition bestimmt habe, die der im Christentum sozialisierte Mensch als Glaubenswissen mit sich herumträgt, oder ob auch von einer Gott-Mutter geredet werden dürfe.

Auch von einer Mutter? Ich nehme an, daß die Urschichten der heutigen Vater-Religion in einer Mutter-Religion ihren Grund haben. Von frühen Wertevätern wurden diese Anfänge schließlich durch Änderung des Geschlechts der Urgottheit[8] profitabel zur Patronomie umgedreht. Von daher gesehen wäre Gott nicht nur «auch eine Mutter»[9], wie gegenwärtig rentierlich zu den fragenden Frauen gesagt wird, sondern primär die Mutter. Folglich müßten, dies vorausgesetzt und akzeptiert, die sekundären dogmatischen Korrekturen der Mann-Menschen wieder zurückgenommen werden.[10]

In einer Vater-Kirche wie der heutigen ein Ding der Unmöglichkeit.

Theologen sagen zwar neuerdings, so typische Anthropomorphismen (besser: Andromorphismen, noch besser: Patromorphismen) wie die Bezeichnungen «König», «Herrscher» oder «Vater» hätten nur Deutecharakter und seien als bloße Chiffren für das Göttliche zu interpretieren.[11] Doch ist dies nur eine Schutzbehauptung. An der Basis-Frage ändern sie nichts.

Wenn der biblische Gott sagt: «Ich tröste euch wie eine Mutter» (Jes 66, 13), so schließe ich nicht auf sein Mutter-Sein. Ich schließe auf die Tatsache, daß das Bild von der Vaterliebe Gottes mit Rollenzuschreibungen ausgeschmückt (und verhüllt) worden ist[12], die in der Regel den Liebesbezeigungen einer Mutter reserviert wird. Der richtige Vater möchte, wenn es paßt, von Fall zu Fall auch «wie» eine Mutter sein.

Ein einzelnes Bild kann den Gesamteindruck nicht schmälern, den das Alte Testament vermittelt. Und der ist patronom. Zwar heißt der Gott des Alten Testaments relativ selten «Vater». Doch wird er immer – der Sache nach – als ein solcher verstanden. Als allmächtiger Träger von Herrschaft, d. h. in einer so typischen Vatermannmenschen-Gesellschaft wie der alttestamentlichen[13] als absoluter Patriarch. Da Gott Vater ist und Herr, der die Natur adoptiert und zum Kosmos geordnet hat, schafft er allein Leben: der «Schöpfer».

Unter seiner Herrschaft haben die Frau-Menschen ihre lebenspendende Funktion eingebüßt. Mütter bringen zwar nach wie vor Kinder zur Welt. Doch er gibt ihnen das Leben, die «Seele».

Natur und Frau sind zugleich dem Vater unterworfen, und jeder noch so winzige Mann-Mensch schöpft – als Miniatur seines Gottes – Stolz aus dieser auf ihn zugerichteten Vater-Religion. Die männliche Ursünde, von einer Frau (unten) geboren zu sein, ist in der Schöpfung des Mann-Menschen durch einen Vater-Gott aufgehoben. Eva bleibt nach-geschaffen (aus der Rippe des Mannes) und nach-geordnet.

Einmal mehr ist die originäre Lückenangst besiegt durch eine Konstruktion und Definition. Natur ist vom Interesse des Mannes untertan zu machen (1 Mose 1,28), und Frau ist demselben Interesse bleibend unter-worfen. Das ist Rache an den Frauen für deren Mehrbesitz.

Schon auf den ersten Seiten der Bibel hat sich die Patronomie ihr Recht geschaffen. Ihre sogenannte Schöpfungsgeschichte bezeugt keine Schöpfung durch einen Gott. Sie steht für die Schöpfung eines Gottes selbst.

Die Werteväter nehmen auf religiösem Terrain ihr verheißenes Land in Besitz: Ein genehmer Gott ist definiert, ein Gott ist erfunden und geschaffen, der alle Ansprüche der Patronomie im Gehorsam gegen seine Schöpfer-Väter erfüllt. Ein Gott, der schon in seinem sogenannten Paradies die mannmenschliche Angst gegen die Frau niederzuhalten hilft.

Die Urangst verhüllt sich in diesem uralten Dokument (dieser und anderer «Schöpfungs-Geschichten») in Gewalt. Alle phallokratischen Phantasien der Gottes-Väter werden auf jenen «allmächtigen» Vater-Gott abgelenkt, von dem Sicherheit gegen die Angst (und die Frau) kommen soll. Gott muß all-mächtig sein, um jede Angst zu besiegen. Er muß klassifiziert mächtig sein, um bestimmte Menschen durch Adoption näher als andere an sich zu binden. Der kleine Unterschied auch hier.

Wie selbstverständlich bleiben auch die biblischen Darstellungen nicht auf Gewalt beschränkt. Eine als absolut empfundene Vatergewalt muß, um auf Dauer ertragen werden zu können, durch zusätzliche Liebesbeschwörungen gemildert werden. Die Bibel macht nicht die geringste Ausnahme von dieser patronomen Regel. Auch ihr Gott entgeht der Patroktonie nur durch weise Selbstbeschränkungen seiner Macht. Durch klassifizierte Vaterliebe.

Wie ein Vater seine Kinder liebt, so liebt der Herr die, die ihn fürchten (Ps 103,13).

Es sieht – im Gegensatz zu vielen Predigtversuchen – nicht so aus, als handle es sich hier, auf beiden Seiten, um die reine Liebe. Dafür verknüpfen die Texte der Bibel viel zu häufig Elemente von Herrschaft und von Furcht vor der Herrschaft mit Vaterliebe. Gottes Gewalt bleibt beherrschend: Weh dem, der mit seinem Schöpfer rechtet, er, eine Scherbe unter irdenen Scherben. Sagt denn der Ton zum Töpfer: Was machst du? Weh dem, der zum Vater sagt: Warum hast du gezeugt? (Jes 45,9–10)

Vom geliebten Sohn wird Gehorsam verlangt: Ich ziehe Kinder groß und bringe sie hoch, doch sie benehmen sich schlimm gegen mich. Ein Ochs kennt seinen Herrn, ein Esel die Krippe des Meisters, doch Israel kennt nichts (Jes 1,2–3).

Das in Vaterliebe auserwählte Volk (Jes 43,21) ist widerspenstig. So klagt – typisch patronomer Beweisgang – ein enttäuschter Vater. Deswegen muß er strafen, denn wen der Herr liebt, den haut er, wie ein Vater seinen Sohn, den er gern hat (Spr 3,12).

Strafe ist Ausdruck wahrer Vaterliebe. Das kennen wir schon. Die Fronten in der Beziehung zwischen Vater und Sohn, zwischen Gott und Mensch sind nach dem Zeugnis der Schriftväter (Autorinnen gibt es keine) so klar, wie es das folgende Schlüsselzitat zeigt: Ein Sohn ehrt seinen Vater, ein Diener seinen Herrn. Nun, bin ich wirklich Vater, wo bleibt dann eure Ehrfurcht? (Mal 1,6)

Die frühen biblischen Menschen drücken ihre Erfahrung mit Gott im Symbol des Vaters aus, dessen Gewalt sie auf der Erde in ihren Bezugsgruppen kennengelernt haben. Dieser Vater-Herr wird – exemplarisch für alle Zeiten – typisiert: «Streng, aber gerecht.»

Gerechtigkeit bedeutet: Ich, euer Gott, weiß, was mir zusteht. Wehe euch, wenn ihr mir keine Ehrfurcht erweist. Dann komme ich über euch mit meiner Rute.

So einfach ist das patromorphe Verhaltensmuster (pattern) einer Liebe auf Gegenseitigkeit, auf Leistung.

Das Rollenschema weitet sich bald aus. Patronomie herrscht nicht nur im persönlichen Bezug zwischen Mensch und Gott, nicht nur in der Kleingruppe (Ehe, Familie, Sippe), sondern auch in der Gesellschaft, die sie sich erbaut. Israels König ist «Gottes Sohn». Der Vater hat ihn aus vielen anderen erwählt, förmlich adoptiert, an Sohnes Statt angenommen und als Sohn gegen alle Nicht-Söhne bezeugt: Mein Sohn bist du. Heute habe ich dich gezeugt (Ps 2,7).

Die gesellschaftlich wirksame Vater-Sohn-Beziehung steht unter der gleichen Sanktion wie die des Individuums: Ich bestätige Davids Thron für alle Zeit. Ich will ihm Vater sein; er wird mir Sohn. Verfehlt er sich, strafe ich ihn mit einer Rute wie für ganz gewöhnliche Menschen, mit Schlägen wir für ganz einfache Leute (2 Sam 7,13–14).

Die Patronomie, die die Autoren des Alten Testaments aus ihrer eigenen Anschauung wiedergeben, ist gekennzeichnet durch die Herrschaft eines Gottvaters, die sich – in den Texten seiner («inspirierten») Söhne – als Bezeugung (Adoption) eines zum Gehorchen verpflichteten Kindes widerspiegelt. Sohnesgehorsam provoziert seinerseits Vaterliebe: Legitimation nach innen und außen, Schutz gegen Fremdvölker, Legalisierung des als Landnahme getarnten Landraubes der Adoptierten gegen die Nicht-Adoptierten (1 Mose 15,7; 5 Mose 34,4; Jos 1,2; Ez 11,15 und 20,6).

In Israels Verhältnis zu seinem Gott stößt Leistung auf Leistung. Die Beziehung zwischen oben und unten verlangt ihren Tribut. Der einzelne gesetzestreue Israelit unterwirft sich in der Beschneidung einer symbolischen Kastration vor seinem Vatergott. Und der sich in die Spätzeit Israels fortentwickelnde Bibeltext hat keine Schwierigkeiten, selbst die geringsten Vorschriften des Gesetzes an die Ur-Adoption rückzubinden und den Gehorsam einzuklagen: Kinder seid ihr dem

Herrn, eurem Gott. Ihr sollt... euch keine Glatze zwischen den Augen scheren... Denn dich erkor der Herr aus allen Völkern auf der Erde zu seinem Eigenvolk. Du sollst nichts genießen, was verboten ist (5 Mose 14, 1–3).

Gegenüber diesem patripetalen Verhältnis, in dem sich alles auf den selbst-erwählenden Vater ausrichtet, hatten weder der Bundes-Gedanke (Bund als Liebe unter Gleichen) noch die – vielleicht herrschaftsfreie – Liebe eines Mutter-Gottes eine historische Chance.

Ein Wörterbuch zum Alten Testament führt das Stichwort «Mutter» gar nicht auf.[14] Der Gott der Väter ist und bleibt ein Vater-Gott.

Die Fakten der Gewalt trieben weiter. Sie entfalteten ihre eigene Konsequenz. Die bezeugende Adoption, die Wohlverhalten gegen den adoptierenden Vater fordert, ist längst schon auf das ganze Volk angewandt: Israel selbst ist «erstgeborener Sohn» (2 Mose 4,22). Auf diese Weise hat sich Israel in seinem eigenen Schrifttum einen unschätzbaren Vorteil vor allen anderen Völkern gesichert.

Der Vorteil? Ruhe im befriedeten Land und Sieg in allen möglichen Kriegen gegen andere. Ein patronomer Gott muß notwendig ein Kriegsgott sein. Daß die spezifisch religiöse Variante des Kriegstreiber- und des Kriegsgewinnlertums kaum untersucht ist, spricht für die Verhüllungsstrategien der Werteväter.

Israel ist, so wollen es seine Schriftsteller, von ganz oben gegen die Konkurrenten legitimiert: Wo ist ein Volk, gleich deinem Israel, ein einzig Volk auf Erden, das sich zum Volk zu erkaufen, ein Gott gegangen wäre, sich einen Namen zu verschaffen, euch Großes zu erweisen und Wunderbares deinem Land? (2 Sam 7,23).

In der Vater-Logik beantworten sich solche Fragen von selbst. Wo von Größe gesprochen wird, wo verglichen und konkurriert wird, wo man sich einen Namen verschafft, wo ein Volk zum Eigenbesitz erkauft wird, ist patronomes Denken und Handeln greifbar. Gott stellt nur den ins höchste gesteigerten Selbstbehauptungswillen eines Volkes dar, und der Gott Israels hat damit mit einem möglichen oder wirklichen Gott nicht mehr zu tun als der griechische Zeus oder der römische Jupiter oder der germanische Wotan.[15]

Zeus? Der «Vater der Götter und Menschen»[16] Griechenlands schützt Hausherren, besonders die Feudalherren, den Hof und den Besitz, das Gastrecht und das Recht derer, die bei ihm Hilfe suchen. Er ist von seinem Namen her «der Leuchtende», ein auf dem Olymp hoch droben thronender Garant der kosmischen Ordnung. Ein Patronom.

Alle miteinander sind die Götter unserer Kultur Herrscher-Bilder, Gewalt-Väter. Ob die gängige Religionswissenschaft sich intensiv genug mit diesen Vorstellungen, ihren Begründungen und ihren Konsequenzen für das Leben der Menschen befaßt hat? Daß nicht von den Kanzeln geschossen wird, ist noch kein Argument für die Friedensliebe der Kirchen.

Die Kirchen berufen sich freilich nur ungern auf das Alte Testament. Sie leben aus dem «Neuen». Nach Meinung vieler Christen soll in diesem alles anders sein als im jüdischen «Alten». Doch wie immer, wenn gewertet wird, ist auch hier Vorsicht geboten.

Alle gewohnten Herrschaftsstrukturen finden sich wieder, und der Vatergott, den die neutestamentlichen Autoren (Autorinnen gibt es wieder nicht) schildern, scheint seit Jahwes Tagen nichts hinzugelernt zu haben. Zwar ist jetzt ständig vom Vater die Rede, die frühere Reserve ist aufgegeben, und «Vater» wird zur steten Bezeichnung Gottes.

Doch wiederholt sich das für jede Patronomie charakteristische Schema von Gewalt und Liebe des Vaters. Damit ist die Rede von Gott als dem «Vater» ein geglückter Hinweis auf die wirklichen Verhältnisse. So wie auch der neutestamentliche Gott handelt, muß er geradezu – im patronomen Verständnis – ein Vater sein. Nichts anderes.

Auf der einen Seite steht die unumschränkte Herrschaft Gottes, die sogenannte Allmacht: Auch Vater heißt keinen auf der Erde, denn einer ist euer Vater, und der ist im Himmel (Mt 23,9). Andererseits ist diese Gewalt wieder zugunsten der Adoptierten klassifiziert. Durch den Verweis auf Liebe wird sie schmackhaft gemacht, auf Liebe, die den Söhnen gilt: Seht, welche Liebe uns der Vater erwiesen hat; wir sollen Kinder Gottes heißen, und wir sind es (1 Jo 3,1).

Die Adoptierten müssen diese Liebe gehorsam anerkennen und damit die gewohnt patronomen Relationen übernehmen: Harret aus in der strengen Zucht: als Söhnen begegnet euch Gott! Wo wäre der Sohn, den der Vater nicht in Zucht nähme? Würdet ihr ohne Züchtigung bleiben, wie sie doch alle kosten müssen, so wäret ihr unechte Kinder, keine Söhne. Und wenn wir unsere irdischen Väter zu strengen Erziehern hatten und ihnen Ehrfurcht erwiesen, sollen wir uns da nicht gehorsam unterordnen dem Vater unsrer Seelen, um das Leben zu gewinnen? (Heb 12,7–9)

Liebe des Vaters ist Strenge, so lautet die zeitlose Gleichung. Und Gehorsam gegen die Vatergewalt ist Liebe zum Vater.

Verharmlosung, Verniedlichung, Verkitschung Gottes in das Sentimentale, Gemütliche würden dem Geheimnis Gottes nicht gerecht, meint ein Theologe von heute.[17] Den Verweis auf «Affenliebe» schenkt er sich.

Die Autoren des Neuen Testaments, das nach allgemeiner Ansicht eine frohe Botschaft darstellen soll, drohen durchweg den bis zuletzt unbußfertig Gebliebenen mit einer auf Ewigkeit berechneten Vatersanktion: mit der Hölle.

Ich will euch sagen, wen ihr fürchten sollt. Fürchtet den, der die Gewalt hat. Der nicht nur töten kann, sondern auch in die Hölle wegwerfen. Ja, ich sage euch, den müßt ihr fürchten (Lk 12,5).

Das hat ein Sohn gesagt, der den Erwählten den Vater zeigen (Jo 14,8) wollte. Er erscheint nicht im geringsten als der einzig mögliche Rebell gegen den Vater. Denn er ist gekommen, nicht den eigenen Willen zu tun, sondern den des Vaters (Jo 6,38). Seine Mutter Maria steht unter dem Kreuz. Schmerzensreich und dem Vaterwillen gehorsam.

Wer das Neue Testament als geschichtlichen Fortschritt ansieht, wer von ihm die Erlösung aus den Gewalten der Welt erhofft, sieht sich enttäuscht. Wie wollen ChristInnen je widerstandsfähig sein?

Jesus von Nazareth wird schon von frühen Zeugen Christus genannt. «Christus» bedeutet der Gesalbte, der Adoptierte. Er soll die Seinen jenes Gebet gelehrt haben, das zwar den damaligen Formen der Volksfrömmigkeit angeglichen war, aber doch noch immer als das Gebet der Christen schlechthin gilt: das «Vaterunser». Heute wollen manche es zum «Mutterunser» umformulieren. Der Vorschlag geht völlig am Wesen dieses Gebets vorbei. Vater muß Vater bleiben, weil das ganze Gebet reinster Ausfluß von Patronomie ist.

Und eines der echtesten Zeugnisse für diese. Einschlägige Untersuchungen zum Verhältnis von Vatergewalt und Vaterliebe in diesem Hauptgebet liegen nicht vor. Das war nicht anders zu erwarten.

Doch weise ich darauf hin, wie häufig sich dieser Text mit den tradierten Herrschaftsfloskeln aufputzt, während Worte der Liebe relativ selten gebraucht werden. Zumindest fällt auf, daß davon die Rede ist, unser Vater sei im Himmel (also oben), sein Name werde geheiligt (aufs höchste erhoben), sein Reich (Territorium, Landnahme) komme, sein Wille geschehe.

Selbst die Bitten um das tägliche Brot, um die Vergebung von Schuld, um die Bewahrung vor Versuchung und um die Erlösung vom Bösen weisen nicht unbedingt auf Liebesbezeigungen hin. In erster Linie beweisen sie die Ausübung von Herrschaftsgewalt, die konsequenterweise «aus Liebe» geschehen kann – oder auch nicht. In jedem Fall geschieht sie zum Besten des Unterworfenen.

Wer festlegt, was das Beste in jedem Fall ist oder sein wird, steht fest. Vater, dein Wille geschehe. Wer nur den lieben Gott läßt walten.

Selbst wenn Liebe sich zur Phantasie eines Kind-Gottes-Seins erhebt, erfährt sie ihre Gebundenheit an einen Traum. Gerade das «Kind Gottes» enthüllt sich als Resultat der Adoptionsmacht eines Vaters, der auf Ehre sieht. Diese Ehre heißt Leistung von Liebe. Nach ihr verlangt er, nach deren Erfolg richtet er. Wer nicht leistet, ehrt nicht. Und ist kein Kind mehr, nur noch ungehorsam reueloses Ego.

Der Reuelosigkeit sind nur wenige schon gewachsen, und noch immer zeigen die sogenannten Gewissensbisse an, daß das Ich der Geschädigten nicht mit seinen eigenen Taten mitgewachsen ist.[18] Es ist üblich, sein Selbst im Stich zu lassen. Die Flucht in die Arme einer richtenden Autorität ersetzt den Sieg über die richtenden Werte in sich selbst.

Solche Feigheit gegen die Liebe zu sich selbst hält das «Gewissen» als Strafwerkzeug intakt. Der Sicherheitsbedürftige wird mit seiner Biographie nur fertig, wenn er diese einem Vater und Richter aufbürdet und sein Ich dessen Liebe anvertraut.

Pour la canaille un dieu rémunérateur et vengeur (Voltaire). Ein Belohner und Rächer als Gott ist was für Kanaillen.

Natur kann durch Leistung über-lebt werden. Das ist eine der neuzeitlichen Lehren der Patronomie. Ins Fromme gewendet, bedeutet sie: Aus dem Erfolg auf Erden kann auf Wohlgefallen beim eigenen Gott geschlossen werden. Der Hauptantrieb im religiösen Leben ist derselbe, von dem auch Sparkassen und Versicherungen leben.[19] Hier, im Erfolg, beweist sich Adoption durch Gott. God blesseth his trade.[20]

Wo Geld Leben, wenn nicht ewiges Leben bedeutet und kontrollierte Kreditwürdigkeit so gut wie alle Lebensfähigkeiten umschließt[21], erzielt Tüchtigkeit Liebe.

Der Gott dieser Liebe ist selbst eine reife Leistung.

Keiner der an ihn Glaubenden hat offenbar Mitleid mit einem Gott, der alles weiß, alles kann. Der nichts mehr vor sich hat. Der seine eigene Vergangenheit, seine eigene Zukunft ist. Kein Verständnis für die ungeheure Langeweile eines vollkommenen Wesens. Kein Mitgefühl mit einem Gott, der seine MitkonkurrentInnen um die Liebe der Menschen aus dem Feld geschlagen hat. Kein Erbarmen mit einem Gott, dessen Vorsehung für alles verantwortlich gemacht werden kann. Dem alles zugeschoben und auferlegt werden kann.[22]

Der Vatergott, den die Patronomen sich zugerichtet haben, stellt in der ihm zugeschriebenen Perfektion eine unvollkommene Kreatur dar. Ihrer Moral fehlt jeder Abstand zu der ihrer Väter. Dieser Vater belohnt, wie am eigenen Sohn vorgeführt, stets genau die Leistung, die ihn geschaffen hat. Die siegreiche Tüchtigkeit der als gut Definierten. Wer aber durch Nicht-Leistung auffällt, wer diesen Gott wieder abschaffen will, gehört bestraft.

Ein armer Gott.

Aber genau der lohnt sich. Wie sich im Vaterunser (Mt 6,9–13) patronome Strukturen bestätigen, suchen auch die Dogmen einer frühen kirchlichen Zeit, die wichtigsten, umkämpftesten und anerkanntesten zugleich, gehorsam die Patronomie zu sichern. Immer wieder zeigen sich in ihnen die verschiedenen (Begriffs-)Dichotomien, mit denen die verschiedenen Religionsansätze sich bekämpfen. Und schließlich setzt die Mehrheits- und Erfolgskirche einen Gott siegreich durch, der allein, was außer ihm existiert, ganz aus nichts geschaffen hat und allmächtig im Dasein erhält.

Die Antwort der Kirche garantiert sich selbst immer wieder diesen profitablen Sachverhalt. In ihrem eigenen «Credo», dem Bekenntnis aller Bekenntnisse, spricht sie daher von Gott, dem allmächtigen Vater, Schöpfer Himmels und der Erde.

Die Kirche erweist sich als kluge Gewinnerin: Offensichtlich hat sie der Liebe ihres Vaters so geglaubt, daß sich ihre Normdogmatik, -moral und -pädagogik haben in den Menschen verankern lassen. Patronomie heißt sich, kirchlich vermittelt, jetzt Theonomie. Die Väter haben eine neue, letzte Instanz gewonnen. Gott selbst, der den Nomos setzt, wird zur eigentlichen Defensivinstitution religiöser Patronomen.

Daß Gott tot sein kann, schreckt von daher gesehen die Werteväter nicht. Patronomie ist vor Theonomie. Letztere ist die Schöpfung der ersteren, und nicht umgekehrt. Die weit ursprünglicheren patronomen Strukturen behaupten sich gegen eine Theonomie, die kommen und gehen kann. Patronomie bleibt. Sie bedient sich der Theonomie als einer Deuterin und Verstärkerin ihres eigenen Wollens. Hin und wieder braucht patronomes Errettungsbedürfnis Über-Väter. Sie können auch «Großer Bruder» heißen.

Patronomie reicht weiter als nur bis an ihre Religion hin.

2.1.2   Warum der eine Vater viele Väter hat

Trifft die Annahme zu, daß die Psychen der im christlichen Milieu
erzogenen Menschen patronom geprägt sind, braucht man nicht nur
die Theologie die religiösen Phänomene der Zeit zu interpretieren.
Psychoanalyse weist ein begründetes Wissen um die Tiefen des Individuums wie der Kollektivseele der Menschheit (Mannheit) auf, und
Soziologie erkennt wichtige gesellschaftliche Begründungszusam-
menhänge. Die «Seele des Menschen» ist ebensowenig vom Alleinver-
tretungsanspruch theologischer Wahrheit mehr zu besetzen wie die
«Seele der Religionen».
Konzilianz und Kompromiß dieser Wissenschaften gegen die Theologie sind nicht angebracht. Auch wenn sich nicht wenige ihrer
begrifflichen Konstrukte aus den Metaphern und Riten der Religion
entwickelt haben.
Es ist zwar schwierig, den historischen Jesus zum «Gegenstand einer
Ferndiagnose»[23] zu machen und Aufschlüsse über jenes Vater-Sohn-
Verhältnis zu gewinnen, das noch immer Millionen von Glaubenden
fesselt. Doch kann sich die Paternologie diese Perspektive nicht schenken. Nochmals: Eine Schriftreligion wie die jüdisch-christliche hat in
ihren Dokumenten die frühe Geschichte der Patronomie aufbewahrt.
Ohne solche Textbeispiele könnte diese ungleich schwieriger aufge-
spürt werden.
Hier enthüllt sich die Geschichte eines Prozesses, in dessen Verlauf
sich «menschlicher Geist aus seiner Naturverhaftetheit»[24] löst. Hier
entpuppt sich «menschlicher Geist» sehr schnell und dauerhaft als
mannmenschlicher Geist, der sich in eine Religion verhüllt, die von
Vater-Menschen beherrscht und von Frau-Menschen bedient wird.
Gottvater verspricht Soforthilfe, wenn sich seine Söhne diesem stabilen
Herrscher-Ich verpflichtet fühlen – und Frauen wie Kinder erst recht.
Ich kann hierher noch keine ausgeführte Religionskritik stellen. Nur
ihre mir wichtigsten Sätze: Ludwig Feuerbach (1804–1872) hat Gott
als Schöpfung des Menschen gesehen. Im neueren Feminismus wurde
korrigiert: Nicht der Mensch, sondern der Mannmensch hat Gott geschaffen. Ich gehe den nächsten Schritt: Nicht der Mannmensch, sondern der Vatermensch hat sich seine (Vater-)Religion gemacht.
Erst diese Annahme erklärt hinreichend, daß und weshalb der christliche Gott ein Vater und ein liebender Gott sein muß.
Die Psychoanalyse hat sich schon früh mit dem Thema Vaterreligion

befaßt. Die so lange im Dunkel gehaltenen Seiten des Christentums mußten sich selbst durchsichtiger und damit kontrollierbarer gemacht werden. Eventuelle infantil-autoritäre Züge sollten sich nicht mehr länger, wie unter einem neurotischen Wiederholungszwang, durchsetzen können.[25] Psychoanalyse verstand sich als Hebammenkunst (Maieutik): Sie wollte dem einzelnen und ganzen Gruppen helfen, von sich aus Probleme zutage zu fördern, die die seinen / ihren sind und die niemand für ihn / sie lösen kann.[26]

Sigmund Freud[27] leitet die augenfälligste Erscheinung der in unserem Kulturkreis überlieferten Spielart von Religion, den Vaterglauben, relativ gesellschaftsfern aus infantilen Triebwünschen und deren Befriedigungen her. Er deutet diese Wünsche als Illusionen, die die vorgegebene Unmündigkeit des Infantilen fortführen und sichern. Die Bindung der Glaubenden an den Vatergott erscheint als Produkt einer Lebensschwäche, die sich den Herausforderungen der Welt durch die Flucht in den Sicherungsgehorsam gegen den starken Vater zu entziehen sucht.

Ein Über-Vater wird geschaffen, der typisch patronome Klassifikationen garantieren soll: Hoffnung auf Belohnung, Auszeichnung, schließlich – gesellschaftlich und national gewendet – auf Weltmacht. Der schwache Sohn kommt nicht über den Tod des leiblichen Vaters hinweg, der den definitiven Verlust von Vaterliebe in sich schließt. Sein Vater muß in jedem Fall am Leben bleiben, weil ohne Vatergewalt wie Vaterliebe ein schwacher Sohn selbst nicht leben kann.

Ist aber nicht nur der leibliche Vater tot, sondern ist auch ein Urvater der Patroktonie zum Opfer gefallen, wie kollektive Angst zu wissen glaubt, muß sich ein «Gottessohn» als Unschuldiger ermorden lassen und damit die Schuld aller Vatermörder auf sich nehmen.

Es mußte ein Sohn sein. Denn es war ein Mord an einem Vater gewesen.[28]

Die Annahme, der Mord am Ur-Vater sei Kern des religiösen Mythos, wird auch von Theodor Reik geteilt. Er erklärt die frühen Vater-Sohn-Dogmen der Kirche als den Ausdruck eines fortdauernden Kampfes, an dem «die verdrängten Triebregungen des Sohnestrotzes und der Revolution ebenso beteiligt sind wie die der Verehrung und der Liebe zum Vater»[29]. Der im Herzen der Söhne keimende und niemals ganz zu unterdrückende Zweifel am Vater soll durch das Dogma beschwichtigt werden.

Doch genau dies will nicht endgültig gelingen. Im Verlauf förmlicher

Immunisierungsstrategien werden deshalb immer noch «präzisere» und noch «gewaltigere» Zwangsideen (Glaubenssätze) ausgeformt. Möglichst im Medium des Scheinbar-Vernünftigen.[30]

Für diese Arbeit braucht man Werteväter. Und der eine Vater, dem die Patroktonie droht, bekommt mehr und mehr Väter.

Die sogenannte Christologie, die sich die Experten des Vater-Sohn-Verhältnisses erarbeitet haben, ist voll von Glaubenssätzen über den Adoptierten, den Christus. Die Vorgeschichte ihrer Zwangsideen ist kaum erforscht. Sie wurzelt in den Evangelien selbst: Hier wird Jesus dargestellt als der «konservative, pietätvolle Anhänger der Vaterreligion»[31]. Er ist, wie es ein bereits bereinigtes Evangelium[32] ausdrückt, gekommen, nicht den eigenen Willen zu tun, sondern den des Vaters.

Vater? Nicht der sogenannt leibliche Vater des Jesus. Nicht Joseph. Das läßt die Patronomie nicht zu. Vater ist derjenige, der schon das Kind von Bethlehem vor seiner Geburt adoptiert hat, wie es der Engel der leiblichen Mutter von oben her sagt: Gott.

Der patronome Mythos ist perfekt: Jesus ist geboren von der Jungfrau. Maria hat gegenüber dem Engel, der ihr die Geburt ankündigte, ihre typisch frauenmenschliche Funktion akzeptiert. Sie ist nur Gefäß. Als solches wird sie, von einer Väterkirche, bis heute gefeiert. Unbefleckte Empfängnis, Jungfrauengeburt.

Jesus selbst, das Kind, hat seine Funktion nicht weniger gehorsam akzeptiert: In aller Öffentlichkeit bezeugt der Zwölfjährige gegen den als natürlichen Vater feststehenden Joseph die Vaterschaft Gottes (Lk 2,49).

Das Evangelium hat ein erkenntnisleitendes Interesse, und die Dogmen haben es auch. Von allem Anfang an ist das Vater-Sohn-Verhältnis exemplarisch gestaltet: Jesus hat ein zeitloses Beispiel dafür abzugeben, wie Söhne sich gegen ihre Väter zu verhalten haben.

Die Väter des Vatergottes, die viele Interessen zu verteidigen haben, wissen, wie sie ihre heiligen Schriften schreiben müssen.

Ob dies ganz geglückt ist? Zu wenig erforscht bleibt, ob sich dieser furchtbar liebe Sohn zwischen den Zeilen nicht auch als Inbegriff einer feindseligen Bestreitung von Vatergewalt darstellt. Wenn die Einsprüche denkender Menschen in den Evangelien Gelegenheit dazu bekommen, darf ein penetrant als gehorsam geschilderter Sohn mit überfließenden Beschwörungen der Vaterliebe antworten. Doch frage ich mich, ob die mittlerweile auf die Bösen des Evangeliums (Pharisäer

u. ä.) zugerichteten Fragen an Jesus ursprünglich nicht Fragen des Jesus gewesen sind. Fragen an einen unverständigen Vater.

Sohnesrebellion ist wohl bereits innerhalb des Neuen Testaments zur Vaterliebe umgedreht worden.

Immer gab es nur das eine Interesse: Die bestehende Patronomie, in der die theonomen Schriftsteller und Missionare jener Zeit gelebt haben, mußte – bewußt oder unbewußt – gesichert werden. Bald gab es – aus der Bibel abgeleitete – förmliche «Vater»-Dogmen. Und denen folgten die «Sohnes»-Dogmen auf dem Fuß.

Jesus Christus, wahrer Mensch und wahrer Gott. Machte man den Sohn gleich gott-gleich, waren selbst die Reste der Rebellion in die Gottheit eingeschmolzen und unschädlich gemacht. Vater und Sohn konnten künftig als ausge-«söhnt» gelten. Perfekt: Heute kommt kein kirchlich Glaubender mehr auf die Idee, zwischen Vater und Sohn einen Keil zu treiben. Alle beten: «Im Namen des Vaters und des Sohnes...»

Wenn also Gott-Vater sagt, er habe seinen einzigen Sohn aus Liebe geopfert und getötet[33], und wenn der Sohn selbst aus Liebe zum Vater diesen unsinnigen Opfertod angenommen hat, ist das eine zentrale Wahrheit.

Die sogenannte Orthodoxie besteht aus siegreichen Denkern und Tätern. Sie hat es geschafft, ihre Irrtümer als Wahrheiten durchzusetzen. Und damit alles noch seine letzte Richtigkeit habe, erfinden die Werteväter eine letzte Instanz für ihre Wahrheiten: Gott selbst hat sie «geoffenbart», und der oberste Vater auf der Erde, der Papst (papa), wacht unfehlbar über diese Offenbarung. Das Papsttum, eine spezifische Defensivorganisation, in der kein Frau-Mensch Platz hat, wächst damit aus der Rolle einer Anwaltschaft für die dogmatisierte Vater-Sohn-Liebe in die einer eigenständigen Vaterschaft hinein. Gegen deren ständig weiter präzisierte Ordnungen darf es keinen Aufstand mehr geben. Was von den wahren ChristInnen verlangt wird, um die Gefahr des Vatermordes geringzuhalten, ist eine besondere ausgeprägte Liebe zu dem einen Vater und zu dessen vielen Vätern.

Zwar begegnen die Kirchen-Väter (Patres, fathers, padres und so fort) den meisten Menschen heute nur noch von Fall zu Fall. Wenn sie sich als Vertreter der Service-Organisation Kirche bei Taufen, Hochzeiten und Beerdigungen betätigen. Doch verlangt der mittelbare Einfluß dieser Gruppe auf die Psyche vieler wenigstens einen Hinweis. Religion besagt für manche die Ausrichtung auf ein bestimmtes Vaterbild.

Und das begegnet ihnen im oft belächelten statt zurückgewiesenen Bodenpersonal.

Dieses besteht, ich begnüge mich mit seiner römisch-katholischen Form, nicht aus prophetischen Menschen, deren Geistesgaben allen frei zu Dienst stünden, sondern aus den Trägern förmlicher Ämter, die in präzis genormten Abstufungen eine Art pyramidaler Wahlordnung darstellen: Ganz oben der Papst, ein geistlicher Monarch, dem inzwischen noch mächtigere Väter seine weltliche Allmacht wieder abgenommen haben. Dann die weniger mächtigen Bischöfe und schließlich die Priester und Diakone, deren Vatergewalt noch geringer ausfällt, weil sie ein kleineres Territorium besitzen. Die Gehorsamsverhältnisse sind in dieser religiös verbrämten Patronomie umgekehrt pyramidal geregelt.

Der liebe Gott braucht viele Miniaturausgaben von Vaterschaft. Und nicht nur Gott braucht sie. Auch die Gläubigen (die besser die Gehorsamen hießen). In einem solchen System darf es keine Lücken geben, die Restschuld zurückließen und Gehorsamsleistungen unnötig machten. Die Väter müssen immer präsent bleiben: Zu allen Zeiten und in allen Fragen müssen sie eine erlösende Lösung anbieten können.

Die Vaterherrschaft höbe sich selbst auf, ließe sie Entscheidungsräume zu, die dem Machtbereich ihrer Definitionen entzogen wären. Nutzkrisen finden sich freilich auch hier. Ist die Kirche wieder einmal in Not, müssen sich die Liebenden um so enger um ihre Väter schließen. Die Väter verkünden nicht nur das – von ihnen und für sie – dogmatisierte Heil. Sie beschwören zuerst jene jeweilige Not, die das Substrat für die Zuwendung ihrer Vaterliebe abgeben muß.

Das ist die wirksamste und die zäheste Form des Kampfes gegen die Befreiung: Den Menschen Bedürfnisse einzuimpfen, die die veralteten Formen des Kampfes ums Dasein verewigen.[34]

Da ist alles geregelt und genormt. Die Väter heben sich strikt von den Nicht-Vätern (Nicht-Kleriker, Frauen, Kinder) ab. Mit den Lebensvollzügen und Beurteilungsmaßstäben der sogenannten «Laien» hat der geistliche Adel nichts zu schaffen. Eliten halten sich beiseite: Armut, Keuschheit, Gehorsam.

Doch beanspruchen die Eliten ein ihnen streng reserviertes Wissen über eben diese Lebensvollzüge der Massen.[35] Unverheiratete Werteväter sprechen dauernd – und mit peinlicher Vorliebe – über Angelegenheiten derer, die nicht so zölibatär leben wie sie selbst. Über Sexualmoral, über Abtreibung, über Geburtenkontrolle.

Wie mich der Vater gesandt hat, so sende ich euch (Jo 20,21). Das sagt der erste Sohn. Er spricht, in diesem Urtext der Väter, die künftigen Väter an. Seine Sendung, ein Anfang heiliger Herrschaft («Hierarchie»), gilt seither vielen als unantastbar funktional. Wem ihr die Sünden erlaßt, denen sind sie erlassen; und wem nicht, dem nicht (Jo 20,23).

Sünde: Verstoß gegen die patronome Ordnung, Beleidigung der göttlichen Vaterliebe. Verzeihung: dem bußfertigen und reuevollen Sünder zugesagt. Aber nur ihm.

Standardisierte Interaktionen wie diese, die sich ständig und regelhaft wiederholen lassen, sind auslösende Faktoren religiöser Organisierung und Maschinisierung.[36] Bei den Betroffenen verfestigen sie sich zu psychischen Strukturen. Die Interaktionen zwischen Vater-Gott und Menschen-Sohn sind bereits zu so abstrakten Organisationsmustern (patterns) versteinert, daß Liebesleistungen wie Gebet, Reue und Gehorsam automatisch die Leistung der Vaterliebe Gottes auslösen.

Wie? Ein Gott, der seine Leute liebt, vorausgesetzt, sie glauben an ihn? Ein Gott, der mit der Hölle droht, wenn seiner Liebe nicht geglaubt wird? Wie? Ein Vater? Selbstverständlich. Nicht mehr als ein Vater.

Liebe? Oder gereizte Rachsucht? Ehrpingeligkeit? Was nur kann einem Gott daran liegen, seine Kreaturen ausgestreckt vor sich liegen zu sehen? Sich von Untertanen geliebt zu wissen? Seine Freude am Unterwerfen als Entsprechung zum Despotentum der Epoche gedeutet zu sehen, die ihn schuf?[37]

Die Tüchtigkeit eines Vatergottes, der die verlorenen Söhne liebt, wenn sie zu ihm zurückgekrochen kommen (Lk 15,11–32), kennt die große Geste gegen die Reuelosen ebensowenig wie dies kleinbürgerliche Väter gegenüber ihren Kindern schaffen. Ein Gott ohne Stolz und Würde?

Wer hat den Mut, von seinem Gott Liebesgesten zu fordern, die einmal von der bourgeoisen Regel abweichen? Gottes Tugenden sind andromorph und patromorph geblieben. Als solche haben sie sich bewährt. Sie haben sich auch ohne große Liebesgesten als verwendungsfähig erwiesen. Noch immer bestimmen sie das sogenannte Leben von Millionen.

Die tüchtigen Werteväter der Religion können zufrieden sein. Einen Zustand der Gesellschaft, in der ihre Priester den Wert der Dinge bestimmen, heißen sie «Reich Gottes». Sie kennen die Mittel und Methoden, die ihnen diesen Zustand aufrechterhalten, und sie nennen sie einfach «Willen Gottes». Sie haben alles Leben nach den eigenen Kategorien geordnet. Priester sind künftig unentbehrlich, glauben sie. Wo Kleinbürgerlichkeit als Norm anerkannt ist und Kaufmannschaft als Tugend, braucht kein Gott sich seiner vatermenschlichen Potenzen zu schämen. Warum sollte sich der Glaube nicht zu seinen Erscheinungsformen bekennen? Er käme nur seiner Angepaßtheit entgegen. Und seiner falschen Optik.

Der Auserwählten-Dünkel spielt hier die Bescheidenheit und die Demut. Man hat sich, vom Vater erwählt, ein für allemal auf die rechte Seite gestellt, auf die der Wahrheit. Den Rest, die Welt, auf die andere. Diese Aus- und Abgrenzungszwänge sind, einmal mehr, Charakteristika der patronom zugerichteten Liebe.

Väter achten die Gleichdenkenden stets höher als die Andersdenkenden. Aus ihrer Liebe zum Gleichen, Höherwertigen folgt notwendig die Verfolgung aller Nicht-Gleichdenkenden. Der Haß gegen die Sünder. Der Wille zu vernichten. Der Kampf des Glaubens gegen den Unglauben (den es gar nicht gibt, da auch er Glaube ist, wenn auch ein anderer).

Die anderen Söhne, die keinen Glaubensgehorsam leisten und ihn nicht von den Wertevätern der Kirche überprüfen lassen, heißen «Ketzer». Töchter heißen «Hexen». Schon das Neue Testament kennt keine ehrlichen GegnerInnen. Nur Objekte für seine Bekehrungsversuche. Die standhaft Ungläubigen verfallen seinem Fluch. KetzerInnen, die patrifugalen Söhne und Töchter, haben das zu tun gewagt, was die guten Söhne nur phantasiert hatten. Indem der Glaube den Unglauben verfolgt, entgeht er seiner eigenen Bestrafung.

Der Fanatismus der VerfolgerInnen ist die einzige «Willensstärke», zu der auch die Schwachen und Unsicheren gebracht werden können. Verfolgung tendiert – wie jede sich neigende Art von Liebe – nach unten. Ihre Potenz sucht sich die Opfer unter sich. Die da oben werden nicht verfolgt. Verfolgung ist patronom.

Sie richtet sich auch nach innen: Askese, Niederwerfung der aufstrebenden «Begierden», Kampf gegen das sogenannte «Niedrige» im einzelnen Menschen – das alles ist Zurichtung. Selbst das langweiligste Leben wird durch gelegentliche Schlachtfeste interessant.[38]

Ich will dein Bestes. Wir alle, die vielen Väter der Kirche, wollen euer Bestes. Schließlich haben wir unseren Brotberuf.

Weil Erfolg KommentatorInnen und ZuschauerInnen braucht, muß sich Theologie an so vielen Stellen aus barem Unsinn Sinn schaffen –

und den Anschein von Tiefsinn erzeugen.[39] Stärke gewinnt das asketische oder moralische Schrifttum, das viel von Lieblichkeit und nichts von Liebe weiß, ebensowenig wie seine LeserInnen, und alle Traktätchen bleiben weißes Papier.

Doch auch diese Blässe beweist eine spezifische Leistung: Da Dogmen dem duckmäuserischen Denken dienen, können sie sich niemals zur Größe aufrechter Vernunft erheben. Ihr Anspruch auf Freiheit bleibt verräterischer Zuspruch an den eigenen Mut, gebückt zu sein. Der göttliche Vater-Tyrann hat immer recht gegen seine Gläubigen. Unrecht darf er nicht bekommen, jedenfalls dann nicht, wenn er es hört.

Es finden sich genug Opferseelen, die ihre gebeugte Haltung als die vor Gott einzig aufrechte zu definieren gelernt haben. Eine gute Portion Schuldbewußtsein gehört beim gutsituierten Christentum zum schlichten Wohlbefinden.[40] Niemandem steht es frei, Christ zu werden. Zum Christentum wird man nicht bekehrt. Man muß krank genug dafür sein.[41]

Kranke, die sich den Formen patronomer Religion überlassen, dürfen eine unterdessen maschinisierte Definitionsmacht an sich erfahren. Die Religionsmaschinerie gleicht einer Konserve ideologischer Kraft, und die Leistungen der Patronomie, die Tausende von Jahren und Millionen von Menschen ihrem Sieg geopfert hat, lassen sich auf Prinzipien maschineller Produktion reduzieren:

1. Die Definitonsgewalt einzelner Völker spricht sich im Religiösen für alle, deren Bestes sie als Verwalterin menschlicher Angst will, eine oberste Kompetenz zu, die dem Vergleich mit systemfremden Instanzen wie Natur und Frau nicht standhalten will (Erfindung).

2. Das definierte System hat notwendig hierarchischen Charakter: Es legt von oben her das Oben und das Unten und vor allem die entsprechenden Mittelwerte fest (Bauanleitung).

3. Effiziente Konstruktion und Kontrolle von religiösem Know-how benötigen eine eigene Defensivorganisation, die sich nach denselben Strukturprinzipien wie das System aufbaut und erhält (Wartung).

4. Kraft selbstdefinierter Kompetenz zergliedert das Gewaltwort der Werteväter die Realitäten der Welt und rekonstruiert sie nach einem eigenen Wertesystem (Autosystematisierung).

5. Für Zergliederung und Rekonstruktion fordern die religiösen Patronomen reproduzierenden Gehorsam bei den zuvor als nicht definitionsmächtig definierten Gläubigen (Funktionalisierung).

6. Systemfremdheiten und deren RepräsentantInnen werden als Störfaktoren, die die erwünschte Leistung behindern, aus der Gruppe ausgegliedert (Leistungswahrung).

7. Wo jahrhundertealte Systemtheorie Lücken belassen hat, stellen die Werteväter die Maschine der Vorsehung ihres Gottes, die künftige Systembesserungen antreibt, ergänzend zur Verfügung (Innovation).

Kranke, Systemkranke gibt es genug. Und Ärzte gibt es in hellen Haufen. Vatergewalt muß überall greifbar bleiben. Noch ins kleinste Dorf gehört ein Wertevater. Noch die niedrigste Kanzel muß besetzt sein. Werte-Väter bleiben Angst- und Hoffnungsmacher in einem. Ihre Liebe läßt sich gesellschaftlich verwerten: Die ausweglose Lage der sozial Ausgebeuteten führt zu einer Übertragung von Liebesgehorsam auf die da oben, aber auch zu einer Abneigung gegen sie. In dieser Situation muß eine Vaterreligion sich – nach Erich Fromm[42] – dreifach funktionalisieren. Für alle Menschen erfüllt sie die profitable Funktion des Trostes für alle vom Leben aufgezwungenen Versagungen: Der Vater da drüben liebt gerade die Armen (sagen seine nicht gerade armen Vertreter auf der Erde). Die Massen finden sich psychisch mit ihrer Klassenlage ab, weil ihnen die Religion vatergeordnete Auswahl suggeriert. Und die Herrschenden finden Entlastung vom Schuldgefühl gegenüber der Not der von ihnen Ausgebeuteten.

Schon die frühen ChristInnen waren ähnlich ausgerichtet: Auf der einen Seite wilder Haß gegen die Ausbeuter (Römer, Pharisäer und andere Vaterfiguren), denen das «Jüngste Gericht» gelten würde. Auf der anderen Seite die Hoffnung auf eine rasche Änderung der Lage.[43] Der Erlöser, der leidende Sohn, der vom Vater in den Tod gegebene Sohn stand bereit für das Identifizierungsbedürfnis der vielen. Einer wie sie hatte es geschafft, vom obersten Vater adoptiert worden zu sein. Einer würde wiederkommen und auf der Erde aufräumen.[44] Einer würde beim Letzten Gericht neben dem Vater sitzen und die Unterdrücker richten. Ab in die Hölle mit den miserablen Vätern und ihren Gewalten.

Herr, komm endlich, komm bald! Befreiungsrufe der Epoche an Vater und Sohn.

Daß diese Hoffnung nicht aufgehen würde, lag im Wesen der Patronomie. Der göttliche Vater konnte, da er den irdischen Vätern nachgebildet war, von diesen ebensowenig befreien wie sein gehorsamer Sohn. Die Vatergewalten hielten durch. Der Aufstand gegen sie war unter Berufung auf den von ihnen geschaffenen und festgeschriebenen Gott nicht möglich. Im Gegenteil.

Flugs entstand eine Staatskirche. Sie verdankte ihr Leben nicht dem Zufall. Sondern dem Bewußtsein, daß die dysfunktional und unpraktisch gewordenen römischen Staatsgötter durch besser funktionierende Patronomen ersetzt werden mußten. Jetzt beriefen sich die neuen Werteväter auf die dogmatisch gesicherte neue Gewalt ihres neuen Gottes und drehten die religiösen und sozialen Verhältnisse nochmals zu ihren Gunsten um.

Nicht mehr die Väter sollen gestürzt werden. Die Aggression richtet sich mehr und mehr gegen die da unten. Eines Tages wird Erfolg auf der Erde zum Erfolg bei Gott umgedeutet sein. Eine konsequent profitable Theologie.

Die sich unterwerfenden Menschen dachten nicht mehr an den Widerstand. Sie mühten sich um Anerkennung bei ihren Vätern, die von einem Großen Vater beschützt erschienen. Sie nannten diese Unterwerfung Liebe. Leid wird künftig als höchster Ausdruck der Liebe gelten. Wer leiden darf, ist dem Vater im Himmel besonders nahe. Ein Adoptierter, der nicht nach den gesellschaftlichen Ursachen seines Leidens fragt, sondern hofft, eines jenseitigen Tages die Vaterliebe seines Gottes als letzte Belohnung zu erhalten.

Kommt ein Mensch zu der Grundüberzeugung, daß ihm befohlen werden muß und daß ihm Gehorsam guttut, fängt er an zu glauben.

Herden verlangen nach ihrem Notbedarf, dem Hirten. Söhne machen sich an ihre Väter heran und suchen Liebe. Vater-Religion macht nicht frei. Sie unterstützt die repressive Versuchung, sich ständig nach einer Vaterheimat umzusehen und sich bei der Vatergewalt einzuhausen. Die Vaterhand, die schlägt, wird noch geküßt.

Hier wird in vielen Psychen Liebe zur Gewalt erzeugt. Auf der einen Seite bei denen, die Gewalt auf die religiösen Inhalte und Formen ausüben können – und auf diejenigen, die diesen unterworfen sind, weil sie sich zu den Gläubigen zählen. Auf der anderen Seite bei den Unterworfenen selbst: Die Hand, die einen schlägt, zu küssen statt abzuhauen, den Straf-Gott noch zu lieben, übt eine spezielle Spielart des Masochismus ein.

Die Glaubenden sind angehalten, den engsten nur möglichen Anschluß an die Gewaltmacht zu suchen. Sie erreichen ihr Ziel durch direktes Paktieren mit der Generalmacht Gott.[45]

Die Kirchenväter haben ihre Organisation auf den «Fels» gegründet. Du bist Petrus, der Felsenmann, und auf diesen Felsen will ich meine Kirche bauen, sagte der Sohn (Mt 16,18). Und die Hölle wird sie nicht besiegen.

In diesem wichtigen Sätzchen ist viel sprachliche Vater(angst)gewalt am Werk: Fels, bauen, besiegen. Eine der intensivsten Erscheinungen phallokratischer Phantasie zeigt sich: die Anbetung der Macht. Und die Psyche zu panzern gelingt offensichtlich noch immer am besten, wenn man sich mystisch mit einem Großen und Heiligen Vater identifiziert.

In einer so geschlossen lernunwilligen Gesellschaft kennen alle ihre Ordnung und ihren Gehorsam. Hier dürfen, streng nach der patronomen Definition, Kinder Kinder und Väter Väter bleiben.

Freiheit bedeutet – in dieser Vater-Logik – stets Zuwendung einer Gnade. Belohnung für erwiesene Liebe zum Vater. Kein selbst erarbeitetes oder erkämpftes Gut. Eine «Theologie der Befreiung» ist in sich unlogisch. Befreiung von den aktuellen Patronomien der Welt ist kein reales Thema der selbst durchweg patronomen Religion. Die wirklichen Probleme des Christentums sind Probleme der Liquidation des Christentums. Falls sich das Christentum nämlich endgültig als für die Patronomie unnütz erweisen wird, ist sein Tod für diese beschlossene Sache. Und sein Ersatz durch profitabler zu nutzende neue Weltanschauungen.

Religion offeriert heute nur noch einen schwachen Gott, der eine widersprüchlicher werdende Welt nicht mehr zureichend erklären kann. Die Patronomie muß sich daher nach anderen Medien umsehen, und die sogenannte Rationalität ihrer Neuzeit geht ohne Hemmungen vor dem Gott der Väter dieser Wirklichkeit auf den Grund. Gottes Vorsehung verspricht demgegenüber eine zu alte und zu wenig profitable Problemlösung. Wer nicht nur die Liebe der Menschen funktionalisiert hat, sondern auch die seines Gottes inszeniert, hat Gott und Liebe in einem verraten. Gottlos ist nicht der, der unter den Göttern der Menge aufräumt, sondern der, welcher die Erwartungen und Vorstellungen der Menge den Göttern anhängt.

Aber nicht zu früh gefreut: Der Vater-Gott des Christentums ist nur der erste große Tote der Patronomie. Noch lange nicht deren letzter.

Auch finden sich noch so viele andere Opfer des Systems, daß ich die grundsätzlichen Verletzungen in einem eigenen Kapitel aufzähle. Die «verräterische Vaterliebe» weist weit über ihre Religion hinaus. Erste Anzeichen dafür finde ich in der Erziehungskunst der Väter-Herren.

2.2   Wie sich eine Pädagogik ihre Kinder herrichtet

Das Korrelativ zum Mann ist die Frau, das zum Vater das Kind. Anerkennung (Adoption) und Erziehung der Nachkommen sind Charakteristiken des Vater-Handelns. Erziehen heißt in die tradierte Väterreihe stellen.

Die Geschichte der Kulturen (hier: der sogenannten abendländischen) hat diese Typik anerkannt und ihre Inhalte nachvollzogen. Sie mußte damit zur Geschichte der patronomen Erziehung werden. Inhalte, Methoden und Ziele der Pädagogik blieben vaterbestimmt.

Der Mensch, sagt Rousseau[46], zwingt ein Land, die Erzeugnisse eines andern hervorzubringen. Einen Baum, die Früchte eines andern zu tragen. Er verstümmelt seinen Hund, sein Pferd, seine Untergebenen. Alles dreht und wendet er. Nichts will er haben, wie die Natur es gewollt hat. Nicht einmal den Menschen. Den muß man, wie ein Schulpferd, für ihn dressieren; man muß ihn stutzen wie einen Baum im Garten.

Richtig. Mit einer kleinen Unklarheit: Nicht «der Mensch» ist hier am Werk, sondern der Vater. Ich rate, auf den kleinen Unterschied zu achten.

Spezifisch für die patronome Pädagogik, die Natur verstümmelt, ist eine dreifache Aufgabenstellung und -zuweisung: Die Väter haben sich historisch die «postulativen» Definitionen reserviert. Sie fordern auf und fordern ein. Die Mütter nehmen eine «partizipative» Stellung ein. Sie sind Gehilfinnen im Prozeß des Erziehens. Den Kindern bleibt der «responsive» Gehorsam. Sie antworten auf die von der Mutter vermittelte Forderung des Vaters mit ihrem Gehorsam.

Die Vaterliebe hat dabei stets die bekannte Togafunktion erfüllt. Sie hat es verstanden, die klassenbildenden Relationen von Postulat, Partizipation und Responson zu verhüllen. Zugleich hat sie deren Realisierung vervollständigt und dadurch am Schleier mitgewirkt.

Patronome Relationen sind ganz in die innere Komposition der Menschen eingegangen. Sie prägen unser Leben. Wer die Wahrheit über dieses erfahren will, muß dessen «entfremdeter Gestalt nachforschen, den objektiven Mächten, die die individuelle Existenz bis ins Verborgenste bestimmen»[47].

Die Väter? Lehrer des beschädigten Lebens. Ich will ja nur dein Bestes.

Ein früher jüdischer Autor über die dreifache Pflicht des Vaters: «Den Sohn im Gesetz seiner Väter unterrichten, ihn verheiraten und ihn ein Handwerk lehren.»[48]

Statt Pädagoge müßte der Vater Pädonom heißen; patronome Pädagogik ist immer Pädonomie, Erziehung statt Kindesführung.

Das sitzt seit Jahrtausenden. Hin und wieder meint zwar ein einzelner Mensch, seiner Autonomie sicher zu sein. Doch ist er in Wirklichkeit längst auf die Anerkennung patronomer Verhältnisse hin erzogen. Auf Strukturen, die ein klassenbewußtes Vater-Mutter-Kind-Verhältnis begünstigen und stärken. Ein Verhältnis, das sich in der Generationenfolge der von Vatergewalt bestimmten Gesellschaften fortgezeugt hat.

Der Vorrang dieser Tradition, wie ihn die Defensivinstitutionen Familie und Schule lehren, wird nur von wenigen bestritten. Allen, deren hämische Normalität immer das Bestehende legitimiert, weil sie aus dessen Illegitimität ihre Vorteile ziehen, gilt dieser Vorrang als Natur.

Das ist normal und natürlich: Die Gewalt selbst, die die Definition der Erziehung trägt, enthüllt sich nicht als widernatürlich. Sie wird proklamiert als ein unabänderliches Faktum. Als ein Stück gesunder Ewigkeit.[49]

Gewalt: ein fesselloses Tun, eine pausbäckige Unersättlichkeit. Freiheit darin: ein ständig verkündigtes Ideal, ein im Hochbetrieb ersticktes Leben.

Die Relationen, die ich meine, gedeihen am besten in ihrem eigenen Milieu. In geschlossenen, monopolartigen Hierarchien, in denen die Oberklasse der Väter das Sagen hat. Eine von diesen Hierarchien heißt heute zurecht «Familie». Noch Luther war das Wort unbekannt; er setzte «Weib und Kind» dafür.

Die Familie hat, geschichtlich gesehen, vor allem mit Dienen («famuli») und Herrschen («paterfamilias») zu schaffen.⁵⁰ Als «Familie» ist sie ein Angstprodukt. Sie verdankt sich der Kreativität von Vater-Menschen. Diesen mußte es vor allem darum gehen, die Gebärpotenzen der Frau-Menschen systematisch zu organisieren, d. h. ihrer Erbfolge dienstbar zu machen.⁵¹ Und die Resultate dieser «Generation» im eigenen Sinn fortzuerziehen, damit die Väterreihe niemals abriß. Und die Bluts- und Besitzbande einbinden in den (Kriegs-)Staat.⁵²

Das sogenannte Familienleben ist vielen noch immer geläufig als Synonym für das geschlossene Private. Privates? Etymologisch hat «privat» mit Privileg und Privation (Raub, Landnahme) zu tun.⁵³ Familienromane sind neuerdings typische Besitzromane.⁵⁴ Die Dynastien⁵⁵, die «Häuser» raffen und das Erraffte verteidigen.

Trotz mancher Funktionsverluste führt Familie sich nach wie vor als Vermittlungsinstanz auf. Eine gefeierte Keimzelle der Vatergesellschaft. Eine kleine und feine Institution, die Reproduktionskontrollen ausführt und hierarchische Relationen zwischen ihren Mitgliedern einübt. Bestimmte Familien neigen dabei zur Ausbildung förmlicher bürgerlicher Dynastien, in denen unentwegt die Geschicklichkeit der Väter, die Besitzstände garantiert, an die Söhne weitergegeben wird: Pastorenfamilien, Lehrer, Handwerker.

Ich habe schon viele Ehe und Familien bestreiten hören. Und viele, etwas später, Kinderwagen schieben sehen. Das Familiäre hat seine Tendenz: Es vermittelt alles Gebotene und wird dabei zu allem fähig.

Fähig auch zur Liebe. Gerade im sogenannten Privaten erweisen sich die Definitionsmacht und der ihr antwortende Gehorsam der Kinder als aufeinander bezogene Begriffshaltungen. Die patronom gestaltete Liebe wird familiär vermittelt auf der Schiene des ausgenutzten Zutrauens der Kinder zum Vater. Sie begegnet uns als solche in uns selbst. Ich sehe sie als eine alles verzeihende, alle Distanz aufhebende und den beschenkten Menschen objektivierende Gewalt.

Liebe, hier funktionalisiertes Synonym für Verzeihung, Intimierung und Objektivierung, entfremdet dreifach. Falls sich die Verschleierung der guten Worte «Verzeihung, Intimität und Beschenkung» heben läßt, bedeutet dies:

1. Weil die Agenten der Patronomie alles gründlich zu verstehen gelernt haben, was Gewalt heißt und ist, sind sie stets bereit, innerfami-

liale Gewalt zu verzeihen. Sie spielen das alte Spiel der verhüllenden Liebe weiter, ohne das nichts mehr geht. Rien ne va plus: Vatergewalt ohne Vaterliebe ist ebenso wie auf dem Terrain der Religion auf dem der Erziehung unmöglich. Alles verstehen heißt auch hier alles verzeihen; wie es die angelernte Laientheorie sagt.

Solch eine verzeihende Liebe ist nur im geschlossenen patronomen System wahr. Hier sind die Organismen, die kein Gift mehr ausscheiden können, tolerant geworden. In Wirklichkeit betrügt die Verzeihung ihre Opfer, indem sie auf deren Schwäche setzt und damit den Lauf der Vater-Welt bejaht, der die Opfer zu Opfern gemacht hat. Im Betrug am Opfer enthüllt sich die Gewalt der Liebe als Liebe zur Gewalt. Wer alles versteht und alles verzeiht, erzeugt in diesem «allväterlichen» Effekt nur eines: Opfer.[56]

Wer die Leute liebt, wie sie geworden sind, haßt den eigentlichen Menschen.

2. Die beschädigte Liebe hebt, weil sie sich des eigenen Profits sicher ist, jene Distanz auf, welche die Gewalt durch Definition erzeugt hat. Einmal mehr entsprechen sich Gewalt und Liebe. Sie bedingen sich. Sie brauchen sich.

Was heißt «Intimität»? Was als Intimität unter Gleichen, also zwischen Menschen, aufscheint, ist genau dies nicht. Intimität ist Gnade. Die Obermenschen geben sich als Partner. Sie beseitigen die zuvor zwischen Mann-Mensch und Nicht-Mann-Mensch aufgerichtete Distanz von Fall zu Fall. Zum Profit der sozialen Apparate.

Familien üben solche Intimitäten ein: familiär ist gleich vertraulich. Grenzen zwischen Menschen, zwischen Mann und Frau, zwischen Vater und Kind fallen dadurch nicht. Familiäre Intimität, Liebe des Vaters, hebt nur fallweise den Grenzbalken der Angst und gewährt Durchlaß zum Vater, zum Ehemann. Jederzeit kann er wieder fallen, der Balken. Von Dauer ist diese Freiheit nicht. Der Vater ist am stärksten allein. Andere braucht er nur vorübergehend.

3. Auch jene Mimikry der Liebe, die in Form der verwalteten Wohltätigkeit daherkommt und «sichtbare Wundstellen der Gesellschaft planmäßig zuklebt»[57], beseitigt keine Grenzen und hebt keine Sicherungen auf. Auch «die verzweifelte Begierde des Rettens, die nur am Verlorenen ihren Gegenstand hat»[58], bejaht den Lauf der Vaterwelt. Sie richtet das entfremdete Leben bei sich selbst wieder ein, indem sie die Gelieb-

ten, die Beschenkten, die Geretteten als Objekte behandelt. Die Lebendigen bleiben Schauplatz der Vaterliebe.[59]

Wer klagt hier an? Inmitten einer geschädigten Zeit nenne ich es normal, daß sich alle, patronom erzogen und erhalten, auf eine falsche Verständlichkeit von Liebe geeinigt haben. Einigung? Das Unwürdige der Patronomie besteht darin, daß der Mensch, der in ihr überleben will, zum Lügen gezwungen ist.[60]

Wer schämt sich der gesellschaftlich approbierten Liebe, die ihre Verhüllungsfunktionen auszubeuten lernen mußte? Wer löst Vatergewalt von Vaterliebe?

Noch immer steht Wahrheit hoffnungslos einsam bei ihrer Schwäche. Was niemand sucht, wird kaum einmal gefunden. Daher zeigt sich in der hergebrachten Erziehung zur Vatergewalt kein ähnlich ästhetisches und gleich wahres Wort über die Vaterliebe wie das von Adorno: «Geliebt wirst du einzig, wo du schwach dich zeigen darfst, ohne Stärke zu provozieren.»[61]

2.2.1 Wie Schwäche Stärke provoziert

Die folgenden Beispiele für gewaltgeordnete Vaterliebe erfüllen den Anspruch Adornos nicht. Vaterliebe provoziert in ihnen nicht nur Stärke des Vaters gegen kindliche Schwäche. Sie ist mit Stärke des Vaters und Führung des Kindes zu gleicher Stärke gleichgesetzt. Innerhalb der Hierarchie des Privathaushalts müssen sich die tradierten Relationen beim kindlichen Opfer verfestigen.

Es handelt sich bei den beiden Beispielen (vergleichbare «Tochter-Historien» finden sich nicht) keineswegs um historische Zufälle. Hier versuchen zwei Väter, die Zutraulichkeit des sich ihnen nähernden Kindes zu nutzen. Das bedeutet, daß sie an dieser Liebe zum Vater patronome Pädagogik gegen ihre Söhne durchsetzen wollen. Vatergewalt soll an Schwache weitergegeben werden, die sich dieser Gewalt nicht gewachsen zeigen. Dieser Erziehungs-Vorgang ist normal.

Beispiel Nummer 1: Daniel Gottlob Moritz Schreber (1808–1861), nach dessen eigenem Vater noch kaum gefragt worden ist, war ein führender deutscher Arzt und Erzieher von erheblichem Einfluß. Sein Gedächtnis lebt in zahlreichen «Schreber-Gärten» weiter. Auch hat er die Heilgymnastik in Deutschland begründet. Seine «Ärztliche Zimmergymnastik» hat, wie noch Freud weiß, fast vierzig Auflagen und Übersetzungen in sieben Sprachen erlebt.[62] L. M. Politzer spricht in seinem Nachruf auf Schreber von einem Mann mit providentieller Sendung. Die Zeit, «welche die Generation unseres Jahrhunderts kennzeichnet, forderte und schuf einen Mann wie Schreber»[63].

Das ist normal. Und auch die Kehrseite ist nicht ungewöhnlich. Der Psychiater Morton Schatzman überschreibt seine Studie zum Fall Vater und Sohn Schreber «Soul Murder. Persecution in the Family».

Verfolgt und seelisch gemordet wurde der eine Sohn, Daniel Paul Schreber (1842–1911), der als klassischer Fall von Paranoia und Schizophrenie gilt.[64] Die Flucht dieses Sohnes vor den absurden Erfahrungen mit dem absurd-normalen Erziehungsverhalten des Vaters in den Wahnsinn ist eine verständliche Reaktion auf den auslösenden Wahnsinn des Vaters.

Doch der Wahnsinn des Vaters ist zu keiner Zeit als behandlungswürdig erkannt worden. Er hat vor hundert Jahren als normaler Ausdruck patronomer Pädagogik gegolten. Und heute? Ich gebe zu, keinen anderen Autor zu kennen, der die Vater-Erziehung so klassisch perfektioniert hat wie Schreber. Eine derart wahnsinnige Normalität stelle ich vor. Hier ist das Problem berührt. Hier wirkt Vaterliebe.

Schreber senior ist, als liebender Vater, ein Mustererzieher von einem Einfluß, der weit über die eigene Familie hinausreicht. Seine Vaterliebe sucht sich ihre Opfer auch außerhalb des familialen Territoriums. Dieser Wertevater hat keine Mühe, Opfer zu finden. Sie drängen sich ihm auf. Schrebers Erziehungskunst entspricht den Erwartungen. Er ist der rechte Mann zur rechten Zeit, die tätigste Hilfe, ein im beschädigten Leben anwesender Vater.

Ausgangspunkt der klassischen Pädagogik Schrebers ist eine bestimmte Beobachtung, die in den Rang eines Prinzips erhoben wird und Rückschlüsse auf den Vatermann-Menschen schlechthin zuläßt: Unsere Zeit ist kraftlos und schlaff.[65]

Und schon provoziert die Schwäche der Epoche («Vaterkrise») – oder die des Beobachters? – (selbst-)erzieherische Stärke. Schreber erzieht in seinem Sohn, in seiner Familie, in seinem Zeitalter sich selbst zur Stärke. Da die Schwäche jedoch andauert, provoziert sie neue Verstärkungen – und so fort.

Die Details dieser Erziehung mögen zeitbedingt sein. Ihre Ideologie ist dies niemals gewesen, und die Patronomie kann ihre Relationen in aller

Ruhe vorweisen: Vater definiert, Mutter nimmt geduldig hilflosen Anteil an dieser Vormacht, Sohn gewinnt Stärke durch Gehorsam.

Die starke Position der väterlichen Definitionsmacht («Grundsätze der Erziehung»), wie sie die innere Komposition der Pädagogik in Familie und Gesellschaft prägt, basiert bei Schreber in einem patrozentrischen Ordnungsdenken. Der Sohn muß an die «allgebietenden Gesetze der Natur und Weltordnung»[66] angepaßt werden.

Er-ziehen heißt, zur Zucht (Ordnung, Sitte, Haltung) der Väterreihe hin-ziehen.

Es versteht sich von selbst, daß diese Ordnung und ihre deduktive Didaktik an die letzte Legitimationsinstanz gebunden sind. An jenen Gott, den Schreber als «liebenden Weltvater»[67] erscheinen läßt. Damit dessen Ordnung aber nicht zu sehr drücke, fordert Schreber wieder klassisch-konsequent die liebende Annäherung der Kinder an den Vatergott:

«... um so an den reinen Strahlen des Gottesbegriffes (des liebenden Allvaters) sein Inneres abzuspiegeln und durch geläuterte Willenskraft belohnt zu werden»[68].

Mit allen Gewaltmitteln wird das Kind an die Vaterordnung gewöhnt:

«Unterdrücke im Kinde alles, halte von ihm fern alles, was es sich nicht aneignen soll; leite es aber beharrlich hin auf alles, was es sich angewöhnen soll. Indem wir das Kind an das Gute und Rechte gewöhnen, bereiten wir es vor, späterhin das Gute und Rechte mit Bewußtsein und aus freiem Willen zu tun.»[69]

Freier Wille des Kindes? Die potentielle Freiheit des an Gehorsam gewöhnten Kindes kann niemals aktualisiert werden. Denn der brave Sohn hat gelernt, was der liebe Vater ihm beigebracht hat: Du könntest auch anders. Aber ich bin es, der dir sagt, wer du bist. Und ich sage dir, du bist ein Kind, das gut sein will und mit meiner Definition von gut übereinstimmt und meine Definition als die Gottvaters ansieht.

Ich will dein Bestes. Darum panzere ich deinen Charakter. Mit Liebe. Gegen alle Liebe, die ich nicht überschauen kann. Das ist normal und beispielhaft: Die vermutete Schwäche wird durch gewollte Stärke ausgetrieben. Zu der müssen Vater und Sohn ertüchtigt (tauglich gemacht) werden. Der Prozeß dieser Ertüchtigung ist angereichert durch ein bombastisch schwaches Kampfes-Vokabular. Dieses spricht in der «Abwehr» der «gemütlichen Seite» (was heißen soll, der frau-menschlichen Seite) durchweg von «Schutzmauern», «niederringen», «edlem Kampf», «Brechen von Trotz und Eigenwillen», «sittlichen Waffen» und «Siegesschwertern der Willenskraft».[70]

Erziehung? Versuch, auf Vaterangst verzichten zu lernen.

Strafe? Das altrömische Rutenbündel (fascis, Namenswort des Faschismus) ist Werkzeug der Strafe und aggressives Symbol für vatermenschliche Stärke (Phallus).[71]

Aber die Gewalt hat ihre Liebe bei sich:

«Alle Eure Beziehungen zum Kinde, alle Eure Einflüsse auf dasselbe müssen sich auf Liebe gründen, das heißt auf die wahre, reine und vernünftige Liebe.»[72]

Schatzmann[73] charakterisiert diese Liebes-Erziehung als Verfolgung des Kindes. Was soll der Vater tun, der sein Kind erziehen will? Er muß seine Verfolgung als Liebe ansehen. Und wenn seine Opfer seine Verfolgung als Verfolgung sehen, ist dies als Beweis zu definieren, wie sehr sie jetzt erst recht die Liebe des Vaters brauchen. Widerstand der Opfer gegen die Verfolgung ist Halsstarrigkeit. Gegenüber diesem Widerstand muß die Verfolgung als Liebe erscheinen.

Ein Schema gibt vereinfacht die Relationen wieder, die in der «freien Wildbahn des Familienlebens» bestehen:

Väter (und hilfsweise hilflose Mütter) verfolgen ihr Kind.

Die Väter halten ihre Verfolgung für Liebe.

Das Kind erkennt die Verfolgung als Verfolgung.

Das Kind erkennt normalerweise nicht, daß die Väter ihre Verfolgung für Liebe halten.

Die Väter wollen, daß ihr Kind sie liebt, ehrt und ihnen gehorcht. Zum Besten des Kindes. Wenn das Kind dies nicht tut, muß es dazu gezwungen werden. Zum eigenen Besten.

Je mehr das Kind die Verfolgung durch die Väter als Verfolgung wertet, desto mehr verfolgen die Väter das Kind und halten ihre Verfolgung für Liebe.

Das Kind muß zu verbergen suchen, daß es die Verfolgung als Verfolgung erkannt hat. Und es muß zu verbergen suchen, daß es etwas verbirgt. Die Väter sagen ihm, lügen sei böse. Und weil ein lügendes Kind böse sei, müsse es zum eigenen Besten bestraft werden.

Das Kind erkennt, daß die Väter es am meisten bestrafen, wenn sie sehen, daß es die Verfolgung als Verfolgung erkennt und es verbirgt, daß es dies tut, und verbirgt, daß es etwas gibt, das es verbirgt.

Das Kind verbirgt vor sich selbst, daß es erkennt, daß die Väter es verfolgen, und es verbirgt vor sich selbst, daß es etwas gibt, was es verbirgt.

Hier wird verdrängt, verleugnet und verworfen, verurteilt und negiert, kurz: gelogen. Aber wer klagt an? Bei normalen Vätern läßt nur die Lüge leben und überleben.

Nochmals normal: Kinder werden von ihren Vätern durch die «Adoption» dem Inventar ihres Besitzes einverleibt. Seither dürfen die Väter ihre Kinder als Gegenstände ihrem Gebrauch zurechnen.[74] Schrebers bezeugte Absicht ist es, «Herr des Kindes für immer» zu werden und das Kind, Objekt seiner Erziehungsgewalt, nur «mit einem Blick, einem Wort, einer einzigen drohenden Gebärde»[75] zu unterwerfen.

Blick und Wort, typisch patronome Gewaltgesten, regieren die Kinder, diese Opfer väterlicher Normalität, als Gegenstände der ständig anwesenden Vaterliebe. Das ist das alltägliche Ergebnis einer Erziehung der vielen Schrebers. Resultat der Verschwörung gegen die eigenen Kinder.

Kein Recht des Kindes auf die eigene Liebe. Kein Recht auf den eigenen Tod.

Beispiel 2: Ein Kind erzählt Kindheit:

«Ob Anton gleich Vater und Mutter hatte, so war er doch in seiner frühesten Jugend schon von Vater und Mutter verlassen, denn er wußte nicht, an wen er sich anschließen, an wen er sich halten sollte, da sich beide haßten und ihm doch einer so nahe wie der andre war. In seiner frühesten Jugend hat er nie die Liebkosungen zärtlicher Eltern geschmeckt, nie nach einer kleinen Mühe ihr belohnendes Lächeln... Diese ersten Eindrücke sind nie in seinem Leben aus seiner Seele verwischt worden und haben sie oft zu einem Sammelplatze schwarzer Gedanken gemacht, die er durch keine Philosophie verdrängen konnte.»[76]

Die autobiographische Schilderung eines Opfers mit Namen Anton Reiser stammt von Karl Philipp Moritz (1756–1793). Von ihm hat Goethe gesagt, er sei wie ein jüngerer Bruder von ihm, von derselben Art, «nur da vom Schicksal verwahrlost und beschädigt, wo ich begünstigt und vorgezogen bin»[77].

Der Roman, «ein seelisches Hochland für sich» (Arno Schmidt), gibt eine verlorene Kindheit und Jugend wieder: ein «einziges Krankheitsbild». Ein Kind bleibt gezeichnet vom Fluch des abwesenden Vaters, der sich nie um seine Liebe kümmert. Ein Kind sucht unaufhörlich den besseren Vater und dessen Liebe.

Hier beweist sich die familiäre Verfolgung nicht wie bei den Schrebers in der ständig unerbittlichen Anwesenheit einer Vaterliebe, vor deren Postulaten es kein Entrinnen gibt. Hier wird durch völliges Fehlen von Vaterliebe verfolgt. Auch einem solchen Mangel kann das Kind ein Leben lang nicht in die eigene Freiheit hinein entkommen: tiefster Grund der Moritzschen Seelenlähmung.

Das Ergebnis: Sowohl in der Anwesenheit als auch in der Abwesenheit von Vaterliebe verbirgt sich jene ichschwache Stärke eines Vaters, die das sensibel reagierende Kind in den je ihm eigenen Wahnsinn treibt.

Unentrinnbar fixiert ist die frühe Prägung des Kindes. Und das Kind wird früher oder später – als Opfer – in der Arena der Väter zu deren Schaustück. Eine Erinnerung?

Eine Er-Inner-ung. Das Er, der Vater, bleibt im Innern. Der Sohn ist sich aller frühen Erziehungsprägungen gewiß. Moritz spürt dies bald: «Das Herz seines Vaters war gegen Anton kalt und verschlossen.»[78]

Denn der Vater hatte «einen bittern, unversöhnlichen Haß auf ihn geworfen, den er ihn bei jeder Gelegenheit empfinden ließ – jede Mahlzeit wurde ihm zugezählt». Schließlich wurde «die Schule gleichsam ein sicher Zufluchtsort für ihn vor der Bedrückung und Verfolgung zu Hause»[79].

Im Milieu der steifen Unnahbarkeit, der erbarmungslosen Kaltblütigkeit und der schroffen Abweisung des Sohnes, die wie eine dauernde Todesdrohung durch den Vater wirken[80], zählen die Beweise kalter Vaterliebe nicht. Doch Moritz erinnert sich – wie Bernward Vesper[81] – einer winzigen Begebenheit: Der Vater schenkt ihm einmal zwei Pfennige.[82]

Das Opfer sucht verzweifelt nur eines, die Liebe seines Vaters. Diese Suche hat ihren Grund. Nachdem Anton die Nacktheit des Vaters erkannt hat, sucht er eine Toga, sie zuzudecken. Der psychologische Roman wird zu einem langen Dokument der Beweissuche. Irgendwann, irgendwo muß es doch einen richtigen Vater geben. Einen ganz großen Liebenden.

Moritz durchleidet in seinem Anton Reiser alle Nöte der Lieblosigkeit und Unsicherheit, bis er schließlich «abgestumpft»[83] sein wird. Im frühesten Stadium seiner Vatersuche kann er freilich dem Liebesmangel noch nicht bewußt entgegenleben.[84] So weicht er der Gewalt zunächst aus und sucht Liebe statt Tod. «Seine ganze Existenz» gäbe er darum, einmal der «glückliche Sohn» – und damit endlich adoptiert – zu sein.[85]

Er fühlt sich – klassisch patronom – durch natürliche Bindungen an den Vater gebunden. Um geliebt zu werden, will er dessen Besitz sein. Die Suche nach Liebe bleibt aber immer vergeblich. So wird er zum Agenten eigener Gewalt. Er versucht sich als Schriftsteller an einem «Trauerspiel», in dem er Meineid, Blutschande und Vatermord «zusammenzuhäufen»[86] sucht. Die Wahl des Schrecklichen hält er für ein schlimmes Zeichen. Innere Leere durch äußeren Stoff zu ersetzen spricht dafür, daß ein Genie fehlgeleitet ist.

Vatermord? Freud sagt, es sei kein Zufall, daß «drei Meisterwerke der Weltliteratur aller Zeiten das gleiche Thema, das der Vatertötung, behandeln»[87]. Ödipus, Hamlet und die Brüder Karamasoff.

Den Vater wirklich getötet hat Moritz nur in der Phantasie seines Lebens. Er ist ständig in die Mühe geflüchtet, den leiblichen Vater durch Ersatz-Väter zu bessern. Sein großer Roman ist voll von Vater-Surrogaten, an die er sein Herz hängt: Schulmeister, Pastoren, Schreiblehrer, Schriftsteller und Schuster.

Die dem eigenen Vater inzwischen entzogene Liebe wird auf andere übertragen. Die Neuen bieten größere Sicherheiten als der mehr und mehr negierte Alte. Sie werden allesamt heroisiert. Und auch die bekannten Formen der Scheinliebe, die die Relationen der Patronomie decken. Hier Gewalt und Forderung, dort Gehorsam und Reue. Die Schwäche des Opfers ruft bei den Ersatzvätern ständige Belehrungen, also Stärke, hervor. Nirgends darf dieses Kind sich schwach zeigen. Was von ihm gefordert wird, ist Unterwerfung unter das ewige Joch der Definition. Andere wissen immer wieder, was für Anton das Beste ist.

Was bleibt: Die Anpassung eines bedrängten Opfers, das definitionsgetreu ein guter und damit ein potentiell adoptierter Sohn sein will, an eine jede ihm begegnende Vatergewalt.

Demütigung durch Intimität und Schenkung. Das Leben dieses Kindes, das sich jedem Vater anpaßt, den es findet, und dem sich kein einziger Vater anpaßt, weil keiner es sucht, ist objektiviert.

«Hier aber war der Stuhl, worauf er saß, eine Wohltat. Möchten dies doch alle diejenigen erwägen, welche irgend jemandem Wohltaten erweisen wollen, und sich vorher recht prüfen, ob sie sich auch so dabei nehmen werden, daß ihre gutgemeinte Entschließung dem Bedürftigen nie zur Qual gereiche.»[88]

Mitleid beschämt, und Intimität macht lächerlich:

«Sie hatten ihn auch noch als Kind gekannt und nannten ihn nicht auf eine zärtliche, sondern verächtliche Weise bei seinem Vornamen Anton, da er doch anfing, sich unter die erwachsenen Leute zu zählen.»[89]

Liebe verführt einmal mehr zur Lüge, und Verstellung wird zum Surrogat der Liebessuche:

«Das Kind lernet schon leere Glückwünsche und Danksagungen stammeln, bei denen es nichts empfindet; es lernet sich verstellen, ehe es noch weiß, daß es Verstellung giebt, und daß Verstellung ein Laster ist; es lernet in einerlei leerem Komplimenttone seinem Vater mit einem Handkusse, und seinem Schöpfer mit gefalteten Händen danken, und wenn die Zunge noch lallet, sind die Worte schon gekünstelt.»[90]

Schließlich enthüllt sich dem Opfer die eigene Gewalt, «Resultat der höchsten Verzweiflung»[91], als schwacher Ersatz für Liebesstärke. Anton Reiser[92] köpft Disteln auf der Spielwiese, und das «fürchterliche Schlachtfeld» ist sein Werk. Hier beherrscht er «eine ganze Generation von Blumen und Pflanzen mit eisernem Zepter». Alle seine Spiele, auch die mit Kirsch- und Pflaumenkernen, laufen auf «Verderben und Zerstörung» hinaus.

Als der Vater endlich den Sohn verflucht, ist eine langgehegte Angst erfüllt. Das Kind weiß sich definitiv verachtet. Es ist der Vaterliebe unwert. Ein «Gefühl von Verächtlichkeit und Weggeworfenheit» ist ihm so lästig wie der eigene Körper.[93] Der nicht-adoptierte Sohn will «als Tier fortleben»[94]. Künftig sieht er sich nie mehr im Oben, sondern im tierischen Unten. Wie ein Hund begnügt er sich mit den Brosamen der Anerkennung, die vom Tisch der Väter zu ihm herunterfallen. Er freut sich, überhaupt noch wahrgenommen zu werden. Er wird dankbar für jeden noch so zufälligen Vaterblick.[95] Und gerade die Entzauberung eines Vaters, die er hin und wieder phantastisch vollzieht (indem er sich den Herrn und Vater Pastor in der Nachtmütze vorstellt)[96], reißt die Grenzen der Vatergewalt nicht ein. Es bliebe das Schlimmste für ihn, ein Nichts vor den Vätern zu sein. Die Furcht vor diesem definitiven Entzug

«war bei Reisern zuweilen so entsetzlich, daß er alles, selbst sein Leben, würde aufgeopfert haben, um dies zu vermeiden»[97].

Daß Moritz seinen Vätern gleich sein könnte und müßte, ein Mensch unter Menschen, kommt dem Nicht-Adoptierten nicht in den Sinn. Sein Lebens-Opfer haben die Väter gern angenommen, und Moritz ist ein ganzes beschädigtes Leben hindurch exemplarisches Opfer einer zweifach wirksamen Gewalt geblieben. Zum einen unterliegt er der Grenzziehung, welche die Agenten des Systems schon vor seiner Geburt zwischen Vater und Sohn vorgenommen haben. Andererseits muß er diese schäbige Grenzziehung zwischen oben und unten akzeptieren, um in einer lieblosen Vaterwelt zu überleben. Keine Verdrängung in die Idealwelt des Schriftstellers hinein hat seine Psyche jemals vor dem bewahren können, was er auf den Fluch des Vaters reduziert:

«Reiser wurde nun im Grunde völlig wie ein Domestik betrachtet, ob er gleich ein Primaner hieß.»[98]

2.2.2 Warum Erziehung geistige Zeugung sein soll

Dem Einwand, die beiden Beispiele aus der vaterländischen Geschichte zeigten in poetischer Vereinzelung nur Sonderfälle des Wahnsinns, doch keinen sogenannten Alltag, begegne ich mit einer weiteren Darstellung der Normalität. Sie ist so knapp wie möglich gehalten, was mir leid tut – und auch nicht.

Schmerzlich empfinde ich, daß das breit und detailliert aufzufindende Material nicht umfangreich bekannt gemacht werden kann. Tröstlich ist, daß die Erbstücke jener trostlosen Tradition, die die Erziehung in die heutigen Väter gesteckt hat, um sie fortzeugen zu lassen, nur sehr ausgewählt vorgestellt werden: Noch mehr pädagogische Tristesse wäre von der Sensibilität für die Millionen Opfer, die der gegen Nicht-Väter geführte Kreuzzug unaufhörlich fordert, nicht zu ertragen.

Trost? Vielleicht «in dem Blick, der aufs Grauen geht, ihm standhält und im ungemilderten Bewußtsein der Negativität die Möglichkeit des Besseren festhält»[99]. Vielleicht.

Ich vermute das folgende Urdatum der Patronomie: Der Vater steht im Gegensatz zur Mutter nicht von vornherein biologisch und sozial als solcher fest.[100] Er muß das nicht in seinem Leib herangewachsene Kind in einem ersten sozialisierenden Akt eigens als das eigene anerkennen. Diese Adoption ist ausschließlich vaterrechtlich geregelt. Sie ist kein biogener Vorgang. Nichts eigentlich Natürliches, Lebendiges. Sie bleibt künstlich. Eine Konstruktion. Vaterschaft stellt einen gesellschaftlich bedingten (soziogenen) Prozeß dar. Als solcher steht sie prinzipiell der Ausgestaltung (Normierung, Platzanweisung) durch patronome Interessen offen.

Ist die Soziogenese des Vaterseins anerkannt, nimmt die Liste möglicher Väter, die ethnologische Untersuchungen erbracht haben, kaum mehr wunder:

«Vater kann sein der oder die Erzeuger, der offizielle Liebhaber, der Beschützer der Frau während der Schwangerschaft, derjenige, der (prä- oder postnatal) die Couvade [das Vater-Kindbett] praktiziert, derjenige, dem während der Geburt oder während des Post partum eine – und sei es auch nur zu vermeidende – Rolle zukommt, derjenige, der sich während der Schwangerschaft oder nach der Geburt einer offiziellen Zeremonie unterzieht, der Ehemann der Mutter (ihr Haupt- oder Nebenmann), Bruder oder Brüder der Mutter (Onkel mütterlicherseits), Bruder oder Brüder des Vaters (Onkel väterlicherseits), der Großvater (väterlicher- oder mütterlicherseits), ein Mann derselben Abstammungslinie, ein Mann aus dem Clan, der Mann, der das Kind aufzieht, derjenige, der das Kind gesetzmäßig und rituell anerkennt, ein als unfruchtbar geltender Greis, ein lediger Mann, eine sterile Frau, ein als unfruchtbar geltender Mann, Gott» [101].

Viele mögliche Väter. Wir müssen uns von der Vorstellung befreien, nur der sogenannte leibliche Vater sei «Vater». Er kann das zwar sein, doch muß er es nicht. Was er ist? Erzeuger. Bezeuger muß er erst noch werden wollen.

Da der Patronomie stets am prägenden Ordnen der Materie und am Unterordnen von Natur unter die eigenen Wertinteressen liegt, spielt der einzelne Vater in ihrem Machtbereich eine künstliche Rolle.

Die Spartaner lehren, daß «jeder Mann jedes Kindes Vater» ist. [102]

Bei den Römern, auf die sich die Vater-Metaphysik beruft, erkennt der Vater den Sohn an, indem er ihn auf seine Knie hebt. Nach oben also. Damit bestätigt er ihn als Angehörigen der Oberklasse. Römische Kaiser nahmen an, ihre Nachfolge liege in besseren Händen, wenn sie sie an einen von ihnen ausgewählten und adoptierten Mann weitergaben. Und nicht einfach an ein Kind «von ihrem Blut» [103]. Ähnliche Adoptionsgesten finden sich in afrikanischen Gesellschaften. [104] In ländlichen Gebieten Frankreichs [105] wickelt der Vater das Kind in sein Hemd und vermittelt ihm dadurch seine Wärme, seinen Geruch. Der Volksglaube sieht diese Geste so: An die Stelle der Placenta tritt das Vater-Hemd. Das erste Kleidungsstück des Neugeborenen wird zudem zum Zeichen seiner sozialen Zugehörigkeit.

Schon so früh wird Ordnung geschaffen und Platz angewiesen.

Väter haben sich historisch geschützt, indem sie «unmögliche» Kinder gar nicht erst annahmen: Schwächlinge und Schwachsinnige konnten den Ruf des Erzeugers nur schädigen. Ich habe keinen Sohn (mehr).

Schwache Kinder auszusetzen wird von den einflußreichsten Philosophen des Altertums gebilligt. Von Plato und von Aristoteles.[106]

Der heute oft nur noch als Zynismus verständliche Satz, Mutterschaft sei Tatsache, Vaterschaft Ansichtssache, kommt aus tiefen Schichten. Die mannmenschliche Urangst, nicht der Erzeuger des vorgelegten Kindes zu sein, hat zu den Ausweichriten geführt, die sich inzwischen als normal etabliert haben: Vater wird ein Mann-Mensch mit dem Kopf[107], und Vaterschaft wird dementsprechend vor allem symbolisch und juristisch geregelt. Als patronomes Prinzip gilt der Spruch Montherlants:

«Die Stimme des Blutes ist nur bei der Mutter mächtig. Die einzig wahren Söhne des Vaters sind geistiger Art.»[108]

Angst des Vaters vor der Unfruchtbarkeit seiner Frau. Größere Angst vor ihrem Wissen um Verhütungs- und Abtreibungsmittel. Die größte Angst vor ihrer möglichen Untreue.[109]

Nur die Liebe der Mutter besitzt, was keine andere Liebe auf der Welt besitzen kann: Gewißheit. Selbst der perfekte Besitz birgt immer eine Dunkelzone der Ungewißheit, die der Gedanken. In dieser Zone ist Untreue möglich und praktikabel. Doch zwischen Mutter und Kind gibt es diese Zone nicht. Zwischen ihnen besteht ein unzerreißbar sicheres Band, das der Geburt. Was Liebespaare ebenso verzweiflungsvoll wie eitel sich wünschen, ein einziges Wesen zu werden und zu sein, hat sich auf natürliche Weise zwischen Mutter und Kind vollendet: Es hat eine Zeit gegeben, da das Leben der Mutter und das des Kindes ein einzigartig verbundenes gewesen ist.

Zwischen Vater und Kind gibt es das niemals. Die Liebe zwischen beiden ist kein absolut gewisser Besitz. Sie muß erobert und erneuert werden. Wie die Liebe der Liebespaare.

Der Vater rettet sich. Er nimmt ein Kind an – oder nicht. Unabhängig davon, ob er es gezeugt hat oder nicht.[110] Über-Zeugung und Be-Zeugung sind ihm mehr als Zeugung.

Diese Anerkennung einer Existenz neben sich, die aus der eigenen Existenz genommen sein kann (oder nicht) und die diese zu bedrohen scheint, verlangt vom betroffenen (Erstlings-)Vater viel. Zumal sie auf Dauer angelegt ist. Sind erst einmal die Verdeckungsrituale abgelaufen, haben die peer-groups erst einmal den jungen Vater gefeiert, ist der Kater ausgeschlafen, fordert die neue Wirklichkeit ihr Recht: Die Tatsache, ein Kind anerkannt zu haben, bewirkt in den meisten Fällen einen Einbruch in die Psyche des Vaters – und einen Aufbruch in verschiedene Richtungen.

Nicht immer kann der junge Vater diesem Realitätsdruck standhalten. Psychotische Dekompensationserscheinungen sind seit langem bekannt.[111] Das Erleben, Vater geworden zu sein, sich zu einem neuen Leben bekannt zu haben, äußert sich in körperlichen Störungen, aber auch in ziemlich absonderlichen Verhaltensweisen: Fight, flight, fear und sexuelle Aktivität. Was junge Mütter nicht recht nachvollziehen können: Junge Väter sind nach der Geburt eines Kindes sexuell besonders ansprechbar.[112]

Väter suchen Hilfe gegen Mutter und Kind. Ihr Suchverhalten kommt erst zu einem gewissen Ende, wenn Erziehung einsetzt. Der Anspruch an den Neuvater, sich selbst zu überwinden, erscheint gemäßigt durch das Ja zur Erziehung des neuen Lebens, das als das seine anerkannt ist. Erziehung ist eine weitere Phase der Adoption.

Sie ist dem Neuvater selbst andressiert. Sie ist lebendige Überlieferung in der Väterreihe. Sie hält die weit ursprünglichere Fluchtbewegung (weg vom Kind und seiner Mutter) auf und lenkt den Vater auf seine Familie hin.

Wenn das Kind nun schon einmal adoptiert ist, soll es möglichst so erzogen werden, daß es seinen Vater nicht stört. Ich will nur dein Bestes.

Hegel hat Erfahrungen mit einem (außerehelichen) Sohn gemacht. Er hat sich gegen die Anerkennung gewehrt. Und er sagt:

«Vater ist das Andere des Sohnes und Sohn das Andere des Vaters, und jedes ist nur als dies Andere des Anderen.»[113]

Erster Akt der patronomen Erziehung (Pädonomie) ist die Namensgebung. Sie erfolgt gegen das Kind. Folgerichtig ist sie patrilinear geregelt. Bekommt das Kind den Namen des Mannes, der es anerkannt hat, so ist es erstdefiniert und grundsätzlich der generativen Macht der Mutter entzogen. Namen nehmen in Besitz. Hexen «besprechen» einen Menschen oder ein Ding – und gewinnen Kraft, indem sie Namen nennen. Die Benennung ist Umbenennung. Ein Vorgang kreativer Macht.[114] Indem der Vatername (Familienname) auf das Kind übertragen wird, ist dieses als Genkopie[115] des Vaters fixiert. Namen setzen eine Tradition voraus, einen Weg, der von den Toten zu den Lebenden läuft. Die Vater-Autorität, die den Namen ihrer Familie hütet, bleibt am Leben.

Fixierung des Neuen durch den alten Namen. Besitzergreifung. Noch heute finden sich unter uns sprechende Reste: (Familien-)Namen wie Friedrich-sen, Jen-sen, Erich-sen. Immer definiert ein Vater (Jens usw.) seinen Sohn.

Das ist erst der Anfang. Die Anpassungen in der Vater-Sohn-Vaterreihe setzen sich systematisch fort. Der geringste Grad an Störung des Alten wird stets dadurch erzielt, daß die neue Existenz detailliert der des Vaters angeglichen wird. Das Kind wird objektiviert, was einer Zurichtung zum Opfer gleichkommt. Siegfried Bernfeld projiziert diese Vorgänge auf die Urgeschichte der Erziehung: Pädagogik kommt nicht zustande ohne die «männliche Urreaktion» [116] gegenüber dem Kind, die Tendenz zum Töten und Beseitigen.

Zwischen Tod und Leben. Alte Grabsteine berichten davon, daß Väter Frauen wie Kinder überlebt haben. Doch einmal starben auch sie. Daher hieß es, Vorsorge zu treffen. Erziehung von «Söhnen»: Väter sehen sich als Herren des Lebens. Sie wollen, daß ihre Opfer am Leben bleiben – und das beschädigte Leben weiterzeugen.

Die Weitergabe von Vaterleben durch neue Väter zeigt die Dauerherrschaft der Patronomie an. Die Väterreihe zeugt sich fort. Das Wissen, welches sich bei den Vorvätern bewährt hat, muß von allen Nachfahren mechanisch, ohne Abweichung und ohne Diskussion, befolgt sein. Wissen, das die Generation gefährdet, darf nicht gewußt sein: «Weise Frauen» gehören vernichtet.

Ob die Urangst des Vaters vor dem Sohn und dessen Patroktonie ganz beseitigt werden kann, bleibt zweifelhaft. Nicht umsonst halten sich ausdrückliche Verweigerungshaltungen und Nicht-Annahmen auch in unseren Gesellschaften. [117] Zwar wird die Existenz von «Nie-mehr-Vätern» gern ignoriert oder geleugnet, da Vaterschaftsphobien dem sozial wirksamen Bild der Vaterliebe nicht entsprechen. Doch lassen sie sich unschwer nachweisen. Nicht jeder Mann ist auch gern Vater, und mancher, der es einmal war, will es nie mehr sein.

Patronomen führen einen solchen Nachweis der Vater-Schwäche ungern. Sie müssen alle Energie darauf verwenden, Söhne zu haben – und diese so zu erziehen, daß sie wieder Väter wie sie werden.

Es ist vaterlogisch, daß unter diesen Voraussetzungen eine Erziehung an sich oder eine Erziehung nur durch die Mutter [118] nicht die wahren sein können. Mütter sind nur Gehilfinnen, die am Erziehungswerk der Väter Anteil bekommen haben. Sie haben eine abgeleitet-partizipative Kompetenz. Rousseau:

«Wie die Mutter die wahre Amme ist, so ist der Vater der wahre Lehrer.»[119]

Beiden, den Vätern wie den Lehrern, fällt gegen das Kind die Rolle eines Über-Ichs zu. Dieses ist «im Seelenhaushalt der vergesellschafteten Individuen der Sitz der Moral»[120]. Beide sind unersetzliche Organe einer gewaltigen moralischen Person, der Patronomie, die sich ihrer Liebe bedient, weil sie selbst liebesunfähig ist.

Bei dem Anspruch auf geliehene Liebe gibt sich die sozial vertretene Patronomie den Anschein einleuchtender Normalität. Doch Schein bleibt Schein, und die zeitgemäße Krankheit zeigt sich auch in der Erziehung:

«Die libidinösen Leistungen, die vom Individuum verlangt werden, das sich gesund an Leib und Seele benimmt, sind derart, daß sie nur vermöge der tiefsten Verstümmelung vollbracht werden können...»[121]

Väter brauchen Opfer.

Söhne sind Medien des Vaters, damit dieser die Regeln der Väterreihe befolgen kann. Im Körper der Söhne leben die Väter weiter. Söhne sind Sicherungen gegen den sozialen Tod.

Heute wird beklagt, daß die in den Arbeitsprozeß gespannten Väter gar nicht dazu kommen, ihre Kinder selbst zu erziehen. Mütter müßten daher alleinerziehende Personen werden. Die Klage beweist hier selbst den Anspruch.

Auch die professionelle Lehrerin von heute[122] gilt als ein durchweg ersetzlicher Teil einer Reservearmee und als ein Krisenpuffer. Sie ist als Lohndrückerin und Austauschobjekt geduldet. Ändern sich die Zeiten, wechseln die Objekte. Und nur der Vater wird für seine Familie sorgen. Was ihm neuen Einfluß bescheren wird.

Pädonomie muß, um die Urangst des Vaters vor dem Kind und seiner Mutter möglichst gering zu halten, über vaterspezifische Inhalte, Methoden und Ziele verfügen. Der vernunftbegabte Wertevater, ein Abbild des Schöpfers, ordnet seine Welt und richtet sie für seine Nachkommen verbindlich ein. Erziehung findet selbst in einer von Wertevätern geschaffenen, künstlichen Welt statt. Kinder werden in die Kleinfamilie, in den Kindergarten, in die Schule geschickt, um in diesen gesellschaftlichen Sondereinheiten die gesamte Wirklichkeit des Lebens zu erfahren.[123]

Die Institutionen bedingen sich in dieser Zurichtung: Die Familie ist der verlängerte Arm der Schule («Nachhilfe»), die Schule dient als Außenstelle der Familie. GarantInnen dieses Zusammenspiels sind Staat und Kirche. Alle Institutionen verteidigen sich gegenseitig. Von ihren Benennungsregeln leben alle, die schon an den Definitionen von Vater, Mutter und Kind ablesen, wie sie sich gegen sich und gegen die anderen zu verhalten haben. Im Innern der Beherrschten selbst ist befestigt, was zur Herrschaft dient. Vater, Mutter und Kind sind gesetzlich dazu verpflichtet, die vorgegebenen Verhältnisse profitabel umzusetzen. Sie müssen ihr eigenes Ehe- und Familienleben (das sogenannte «Privatleben») weisungsgemäß interpretieren, entsprechend gestalten und aneinander durchsetzen.[124] Das Leben von Millionen wird zu dem von AgentInnen und VermittlerInnen.[125]

Nicht alles ist explizit geregelt. Die patronomen Regeln leben in den Körpern der von ihnen Befallenen (implizit). Sie sind dadurch ungefährdeter. Sie gelten als natürlich und gesund.

Die Pflicht freilich, ein beschädigtes Leben weiterzugeben, wird in vielen Diskursen eingeschärft. Sie erfordert, wie ihre Opfer inzwischen wissen, einen ständigen hohen Aufwand an Zeit, Geld, Mühe – und Liebe. Doch müssen die Opfer immer wieder Beweise für ihre Ehe- und Familienfähigkeit erbringen, wollen sie nicht ausgetauscht werden. Patronome Pflicht verlangt Haltung von «Männern». Entsprechend wacker strengen sich alle an. Denn das Opfer wird bevorzugt, das am besten angepaßt ist.[126]

Opfer sind zufrieden, als gute und als liebe, d. h. als nach ihrer Erfolgsleistung definierte Väter, Mütter und Kinder zu gelten. Die «Glorifizierung der prächtigen underdogs» läuft hinaus auf «die des prächtigen Systems, das sie dazu macht»[127].

Es gibt das Vergnügen, kein Selbst mehr zu sein.[128] Und Erziehung als geistige Zeugung ist schließlich ein prächtig stumpfsinniges Synonym für die bloße Reproduktion herkömmlicher Invaliditäten in «malignen Beziehungszirkeln»[129].

Agenturen der Patronomie sollen das invalide Erbe weitergeben. Sie sollen nicht die Entwicklung des Individuums fördern. Denn diese ist immer in Gefahr, Ererbtes aufzulösen und zu zerstören, um aus einem Sohn und Erben des Vaters das Selbst zu machen.

Erwachsenwerden: Liebe verlernen und Gewalt erlernen. Klagen der Väter, ihre Kinder wollten heute gar nicht erwachsen werden. Kinder ahnen warum.

Das Stichwort «Erbe». Dem vaterrechtlich besetzten Kunstgriff der Adoption, das Mannmenschen zu Vätern und Kinder zu Söhnen macht, entspricht der der Erbfolge. Diese wird von Erbfall zu Erbfall inszeniert, um die Vater-Sohn-Vater-Reihe regelgemäß in ihren Besitzständen zu bewahren.

Die Manie der Patronomen, unsterblich zu werden. Eine der Haupttriebfedern auch für Theologie und Philosophie. Frauen und Kinder denken und fühlen anders. Nur Besitzer, Eigentümer, Ruhmsüchtige wollen nicht sterben. Mannmenschen haben das Postulat der Unsterblichkeit erfunden – und Frauen, die keine Seele haben sollten.

Daß das Erbrecht patronom ist, wird aus seinen Wesensmerkmalen einsichtig. Es setzt zunächst Privateigentum (Landnahme) voraus, das vererbt werden kann. Nicht-Besitzende haben im strikt vaterrechtlichen Sinn nichts zu vererben und scheiden aus.

Wichtiges Element der erbrechtlichen Vater-Sohn-Beziehung ist die Vaterliebe. Erbfälle setzen zwar den Tod des Erblassers voraus, ohne den es eine stete Akkumulation von Besitz in der Hand der Familie eines Urvaters gäbe. Doch verlangen sie auch jene dem Vater bewiesene Liebe, die eine Enterbung – und damit eine Rücknahme der Adoption – ausschließt.

Keine herrschende Klasse überläßt der beherrschten Klasse freiwillig die Macht. Sie fordert Beweise der Befähigung – Beweise der Liebe.

Nur das Herrschaftskorrelat Vater-Liebe ist fähig, die potentielle Schwachstelle der Patronomie, den Sohn, zu einem erneut stark Patronomen zu machen.

Mutterliebe schadet hier. Inzest des Sohnes mit der Mutter ist schlimmstes Verbrechen für beide (im Fall Vater – Tochter ist das anders). Söhne müssen sich von ihren natürlichen Verbündeten lösen, von den Müttern.[130] Was sollen sie höher ehren als ihren eigenen Penis, der zum Vater-Phallus werden wird? Der sie am deutlichsten von der Mutter abhebt?

Im Prozeß ihrer Paternisation (Ver-Väterlichung) müssen die Söhne die Väter imitieren lernen. Deren Deute- und Handlungsmuster übernehmen. Damit identifizieren sie sich mit dem Unterdrücker-Prinzip. Um ihren Sklaven-Status leichter ertragen zu können. Sie werden zunächst «systematisch Vater», bevor sie es auch personell werden. Sie belügen – aus Liebe zum Vater – ihr Selbst systematisch. Doch sie wissen, daß alles nur auf Zeit geschieht. Eines Tages sind sie selbst dran. Sie heißen dieses Wissen und Tun Vater-Liebe.

Vor allem die «erstgeborenen» Söhne.[131] Sie stehen am längsten unter der Kontrolle des Vaters. Sie sind am frühesten fortpflanzungsfähig. Besonders lang und kontrolliert vaterimitierend gelebt zu haben und besonders früh sich als neue potentielle Väter bezeugen zu können, macht sie zu Stammhaltern und Kronprinzen.

Das auf die Legitimität von Adoption wie von Liebe zugerichtete Erbrecht ist sehr sorgfältig: Nur der anerkannt geliebte Sohn wird als nicht schutzlos verwaistes Kind hinterlassen, sondern durch Erbbesitz geschützt. Nur ihm, dem legitimen Erben, fällt jenes Erbteil zu, das ihn vor der Armut der Arbeit schützt. Nicht umsonst stammen Erbe, Armut und Arbeit sprachlich aus derselben Wurzel.[132]

Ursprünglich sind sie alle drei auf das verlassene (beraubte) Kind bezogen. Diesem – und nicht der Ehefrau und Witwe – steht das Besitzerbe zur Verfügung. Falls es sich zu Lebzeiten des Vaters dieses Erbes würdig erwiesen hat. Ist es nach Meinung des Vaters unwürdig, so bleibt ihm, dem lieblosen Sohn, nur Arbeit statt Erbteil. Arbeit ist freilich nicht jedem Sohn lieb, und so hat sich die Patronomie auch durch ihr Erbrecht die Kontinuität ihrer Vaterliebe gesichert.

Ich will dein Bestes. Wenn du mir deine Liebe beweist, wirst du nicht enterbt. Wenn nicht, bleibst du verlorener Sohn.

Vererbt sich Eigentum direkt, so werden Leistung und Bildung über Erziehung weitergegeben.[133] Aber nur die vermeintliche Lückenlosigkeit kann die Angst vor dem Verlust des Erbes definitiv besiegen. Pädonomie schließt den unstillbar erscheinenden Drang nach inhaltlicher (definitorischer) und methodischer Vollkommenheit ein.

Perfektion: Nachweis eigener asozialer Charakterstrukturen wie Härte, Rücksichtslosigkeit, Unempfindlichkeit, Leistungsfähigkeit. Auch in sogenannt demokratischen Gesellschaften, die angeben, keine Klassen mehr zu kennen. Auch hier finden sich – gleitende – Mannbarkeitsriten, die in den Stand des Quasi-Erwachsenen erheben und vom Kindsein abheben sollen. Noch immer sind die Nachwachsenden abhängig von den privaten Entschlüssen ihrer Väter. Und noch immer wollen sie abhängig sein. Innerhalb der Familie erziehen sich die Kinder wechselseitig (von oben nach unten), versorgen sich mit Ratschlägen und Informationen über Väter – und von Vätern. Das stolze «Wir» der peergroups bildet genau das nach, was abgelegt zu sein vorgibt: Klassenabschottung. Die patronomen Verhaltensregeln wiederholen sich stets.

Viel hat sich nicht geändert seit Sparta, wo die Gruppen sangen: Heldentaten vollbrachten wir einst (Väter), heute tun wir sie (Jünglinge), morgen werden wir noch größere tun (Knaben).[134]

Die Asozialität dieser Erziehung muß gesellschaftlich als Akt der Vaterliebe gelten. Doch diese erweist sich hier in ihrer Togafunktion als eine

(Über-)Reaktion auf die Bedrohung des Vaters durch das Kind. Dieses wird nicht um seiner selbst willen geliebt, sondern nur in seiner Funktion als bloße Fortsetzung (oder als Teil) der Vater-Existenz. Unter der Devise, nur sein Bestes zu wollen, wird das Kind in Abhängigkeit gehalten. Seine Ablösung, durch das es selbständig werden könnte, wird mit allen Mitteln verhindert.[135] Emanzipation des Kindes findet erst nach schweren Kämpfen mit dem Vater statt, wenn überhaupt. Und erst zu einer Zeit, da es schon tief geprägt ist von den patterns des Vaters.

«Weisheit» aber und «Erfahrung», hinter deren Begriffen sich die patterns verbergen, bleiben die Laster der Vätergeneration. Es gehört zu ihrer Ausübung und zu ihrem Genuß, die Erkenntnis des Leidens zu verbieten, das sie bei denen da unten produzieren.

Erziehung ist geistige Zeugung. Sie lebt von der Vorstellung, der Ursprung sei immer dem Nachgeborenen, Abgeleiteten überlegen. Jede Herrenschicht hat sich darauf berufen, ursprünglicher, älter, eingesessener zu sein, die älteren Rechte zu be-sitzen – und daraus Vor-Rechte herleiten zu dürfen.[136] Es ist barbarisch und damit normal: Wer zuerst da war, hat das bessere Recht.

Der Vater hat sich in seiner Gesellschaft bereits den entscheidenden Vorsprung gesichert. Das Kind ist unter diesen Voraussetzungen immer in der schlechteren Lage. Es ist stets das nachgeborene – und nachgeordnete – Leben. Der Vater dagegen ist der Alte, der Herr. Ein Herr, der dem Eintritt ins soziale Leben vorsteht. Ein Herr, der seine Oberklasse nach unten hin zu definieren verstanden hat. Ein Herr, der den einen Pol einer wesenhaft ungleichen Beziehung darstellt: Er ist stark, das Kind ist schwach. Er muß beschützen. Und befehlen. Er schafft Schutz – und Zwang. Er erzeugt das undifferenzierte Gefühl von Liebe und Haß, das jede bejahte Abhängigkeit charakterisiert.

«Vater» ist ein Herrenwort. Durch Definition ist es gegenüber «Mutter» und «Kind» zum stärkeren geworden. Zum Medium, Recht zu fordern und zu behalten. Solche Worte üben als Machtmittel weitab von jedem Dialog unter Gleichen eine quasireligiöse Gewalt über die aus, die auf sie hören. Horchen heißt Gehorchen.

Da Vatermannmenschen schlagen, müssen andere Menschen schützen. Grund genug für familiale Klassenbildung. Für die Entwicklung zugerichteter Mutterliebe.

Gleichheit – etwa in der Familie – ist Gabe von oben, das jedes Unten beschenkt. Auch wenn heute die Gesten der Herablassung mehr und mehr entfallen mögen, setzt «gerade in solcher vollkommenen Abblendung der Macht das verleugnete Klassenverhältnis um so unversöhnlicher sich durch»[137]. Je mehr der eine darauf sieht, sich den anderen anzugleichen, desto sicherer ist sein Anspruch, an der alten Gewalt teilzuhaben und Gleichheit zu hintertreiben.[138] Claude Lagadec:

«Wir wissen nun, warum der moderne Vater so kahl, so räudig ist: er ist ein zum Unterwerfenden gewordener Unterworfener, der in der normalen Ausübung dessen, was die Juristen ‹die väterliche Gewalt› nennen, die Unterwerfung lehrt, die das Kind darauf vorbereitet, die soziale Herrschaft zu akzeptieren, und es befähigt, seinerseits Vater zu werden.»[139]

Das eigene Denken, Handeln und Leben der Unterworfenen ist zum bloßen Material für die Ordnung weniger Werteväter geworden. Deren Definitionsmacht entscheidet, was Sinn hat und was nicht, was lebenswert ist und was nicht, was anerkannt bleibt und was nicht, was erzogen werden kann und was nicht, was liebenswürdig ist und was nicht.

Die «wütende Harmonie aller vernünftigen Leute»[140] tarnt sich als Wissen um das Beste ihrer Kinder. Eine Pädagogik, die sich auf solche Wertdefinitionen stützt, ist darauf ausgerichtet, daß ihre eigenen Opfer Herrschaftsworte und -sinndeutungen akzeptieren und weitergeben. Erziehung übt unbefragt in die Patronomie ein, läßt deren jeweils gültige (Tausch-)Werte erlernen – und stabilisiert durch ihre geschlechtsspezifische Sozialisation die patronomen Klassen Oben und Unten. Väter und Nicht-Väter.

Pädonomen haben den einen Wunsch: Die Kastration, die einmal real war, soll ewig werden, indem das Subjekt sie auf sich nimmt:

«Nur so kann es geschehen, daß die Freiheit für verschollen erklärt und das Subjekt für schuldig befunden wird.»[141]

Der einzelne Vater besitzt in einem zunehmend komplex gewordenen Umfeld keine gesellschaftliche Definitionsmacht mehr. Auch er übernimmt nur noch vorgegebene Definitionen. Doch tritt er eben dadurch, ohne Eigenleistung, in den Status-Profit der Tradition ein. Als einziges unter den Opfern der Patronomie wahrt er den Vorsprung, den er als Angehöriger seiner Klasse hat. Noch in seiner persönlichen Schwäche, die ihn hin und wieder seiner Familie sympathisch machen mag, bleibt er ein winziges Exemplar der Stärke – und allen Nicht-Vätern ein Stückchen an Klasse voraus.

Wissens- und Könnensenergien, die in einzelnen kumulieren, gehen durch den Tod verloren. Also müssen sie noch zu Lebzeiten des Könners gesichert werden. Wissen ist immer Weitergegebenes, und ohne Tradition (in der Väterreihe) gibt es kein Wissen.

Das Kind ist zu einer Art lebendiger Versicherung herabgedrückt, von der der Vater seine erzieherischen Mühen zurückerwartet. Mit Zinsen.[142] Solch einem Investitionsdenken entspricht der Grad an Zuwendung, die das Kind erfährt. Auch das ist eine Gleichung der Vaterliebe.

Nicht weniger vaterlogisch ist es, daß die Angstschwäche des erziehenden Vaters Gewalt provozieren muß. Die tausend trostlosen Tatsachen, die bereitliegen, schenke ich mir.

Jetzt, unter diesem Herrschaftssinn, gilt Liebe als besonders stark. Jetzt provoziert Schwäche ausschließlich Stärke. Jetzt verursacht Liebe in ihren Beziehungen nur noch Lustlosigkeit. Todtraurig ist sie gemacht in jedem Augenblick, in dem sie verordnet worden ist.[143]

2.2.3 Weshalb Gehorsam ein Gebot der Selbsterhaltung ist

Trotz und wegen der Verkrüppelung aller Beteiligten hält sich der – von den Müttern vermittelte – Anspruch der Väter an die Kinder. Diese sollen alle Werte, die für sie und zu ihrem Besten definiert worden sind, gehorsam übernehmen. Damit erfüllen sie die Rollenerwartungen, die Väter den Söhnen entgegenbringen.

Die Rechnung geht seit langem auf. Die Forderung nach Gehorsam ist offenbar ein taugliches Instrument, um Überzeugungen reproduzieren zu lassen. Indem sie fordern, gewinnen auch Väter Potenz zur Reproduktion. Gehorsame Söhne sind lebende Beweise für eine gelungene Vaterschaft. Da die Postulate der Väter Tag für Tag erhoben und verstärkt werden, lassen sie sich psychisch verankern.

Auf diese Weise zwingen Gezwungene Generation um Generation zum Zwang. Wie schon die Urängste der Vater-Menschen soziogenetisch in der Väterreihe gespeichert sind, so auch die Erfolge der Erziehung zum Gehorsam.

Im Lauf seiner Zwangs-Konditionierung wiederholt jedes Kind einer neuen Generation die eine Grund- und Dauererfahrung aller bisherigen Kinder mit der Pädonomie: Nur Gehorsam stellt eine Leistung dar, die durch Nicht-Strafe belohnt wird.

Wer will schon immer wieder bestraft werden? Gehorsam wird schnell zu einem Gebot der Klugheit. Um der Gewalt auszuweichen. Um sich in einer Vaterwelt der Ungleichen behaupten zu können.

Kinder sagen sich: Ich bin ein «liebes» Kind, wenn mein Vater mich «liebt». Er liebt mich nur, wenn ich gehorche. Bin ich «böse», straft er mich. Dann setzt es Schläge oder Liebesentzug oder beides. Ich wäre doof, wenn ich nicht gehorchen würde. Liebe Kinder haben es immer besser.

Leiden ist Durchgangsstufe zur Gewalt. Geprügelte und Geknechtete werden selber knechten und schlagen. Auch eine Väterreihe. Die der Angstbeißer.

Strafen macht am schnellsten und am gründlichsten die einen Menschen zu SadistInnen, die anderen zu MasochistInnen. Schläge sind die pädonom wirksamsten Argumente. Ihre Anwendung, die «direkte» Erziehung, führt schneller und besser zum Ziel als jede andere Argumentation. Eine Pädagogik der unmittelbar angewandten Art.

Im Altertum spielen Prügel eine fast kultische Rolle. Sparta macht die Peitsche zu einem Instrument der öffentlichen Bewährung der Söhne.[144]

Erziehung: Modellieren von Angst, von Angstbereitschaft. Ihr Ziel: die relative Angstlosigkeit.

Was Kinder fühlen und denken, ist das Ergebnis patronomer Erziehungssituationen und -prozesse. Diese werden nicht dem Zufall überlassen. Sie sind eigens definiert, herbeigeführt und durchgeführt.[145] Zunächst erklärt sich der Vater – von oben her – zum Pädagogen («Kindes-Führer»). Besser, aber schamhaft versteckt, zum Pädonomen («Kindes-Zurichter»). Dann schafft und strukturiert er immer wieder Situationen, die es ihm erlauben, sich als Pädonom aufzuführen. Seine eigene Chance auf Einfluß ist in diesen Situationen immer größer als die seiner Kinder. Schließlich nimmt er für sich in Anspruch, daß diese Vorteils-Chancen institutionell gesichert werden. Damit können Situationen im voraus strukturiert werden – und nicht erst von Fall zu Fall.

Wer so vorgeht, nutzt das gesellschaftliche Herrschaftsgefälle auch pädagogisch. Seine destruktiven Impulse sind sozial anerkannt. Die Abhängigkeit der Kinder ist längst vorgegeben. Sie braucht nicht mehr im einzelnen begründet zu werden. Kinder, die zumindest anfangs noch nicht für sich selber sorgen können, sind auf Bezugspersonen angewiesen.[146] Dieses Gefälle, das in aller Regel mit der Toga der Liebe verhüllt wird, gilt in der Vater-Metaphysik als die sogenannte «Ur-Beziehung». Dieses Vater-Kind-Verhältnis wird über seine anfängliche Notwendigkeit hinaus als Beispiel für alle Beziehungen zwischen Oben und Unten definiert.

Gehorsam zeigt die Ungleichheit dieses Gewaltverhältnisses an. Der römische Charakter liebt «gravitas», das «Nicht-mehr-Abweichen von dem, was als gut und richtig im Sinn der Väter erkannt wurde»[147].

Der eine Mensch wird auf Gewalt festgeschrieben, der andere auf Gehorsam. Alles geschieht wegen der richtigen Erziehung, und dies besagt im normalen, d. h. im schlechten Fall: aus Liebe. Und für Liebe. Autorität nutzt stets die biologische und die psychisch-affektive Abhängigkeit anderer aus. Väter brauchen das Opfer der Nicht-Väter, um überleben zu können.

Liebe erweckt nach allem, was bisher bekannt ist, auch in der Erziehung wesentlich mehr Leistungs- und Dankbarkeitsschuld[148] als Gewalt. Dankbar sind diejenigen, die zum Gehorsam bereit gemacht worden sind. Zum Gehorsam gegen diejenigen, die Leistung erbracht und sich damit schuldig gemacht haben.

Das Kind bleibt im Netz des geschuldeten Gehorsams doppelt gefangen und durch Liebe gefesselt. Zum einen wird es grundsätzlich als das Wesen definiert, dem Leistungen erbracht worden sind («Was habe ich für dich getan»). Zum anderen empfängt es die Vorleistungen als Beweisstücke einer Liebe, die seine eigene provozieren soll («Was tust du mir an»).

Die Vorleistungen des Oben geben sich als Gratifikationen aus. Gratifikation bedeutet eine Leistung, die dankbar machen muß. Sie macht diejenigen dankbar, die Leistung empfangen haben. Herrschaft erbt sich durch die Beherrschten fort.

Vor allem die vorgeleistete Vaterliebe wird in diesem Zusammenhang als eine Art beständiger Folgeerscheinung jener ersten Anerkennung gedeutet, die das Kind mit seiner Geburt (Adoption) erfahren mußte. Nicht-Liebe bedeutet folgerichtig die beständig anwesende Drohung, diese Anerkennung wieder zurückzunehmen (Ent-Erbung).

Ich bringe ein paar Daten aus der Welt des geliebten Kindes.

Rousseau über die Lage der Kinder:

«Ihr erster Eindruck ist Schmerz und Leid: nichts als Widerstände bei allen notwendigen Bewegungen; unglücklicher als ein Verbrecher in Ketten, strengen sie sich vergebens an, werden zornig und schreien... Die ersten Geschenke, die ihr ihnen macht, sind Fesseln... Nur die Stimme können sie frei gebrauchen... Sie schreien über das Leid, das ihr ihnen antut. So gefesselt würdet ihr noch lauter schreien.»[149]

Hin und wieder eine Zeitungsmeldung: Ein junger Vater hat sein Baby an die Wand geworfen oder zusammengeschlagen oder totgetrampelt. Weil er sein Schreien nicht mehr hören konnte.

Der sogenannte «Laufstall» des Kindes kann nur bedingt mit Laufen zu tun haben, weil er Stall für (wie Tiere) Niedergeworfene bleibt. Er ist frühes Zeichen für menschliche Existenz: Zum Besten des Kindes ist schon hier jene Welt aus Stäben errichtet, die das Kind ein Leben lang nicht mehr frei laufen lassen wird.

Weitere Beispiele: Das Wohnelend der Kinder (die kinderfeindliche Siedlung, die kindfern gestaltete Familienwohnung[150]). Die Situation des spielenden Kindes, das auf den Ball und auf das vorbeirasende Auto zu schauen hat, ist geschichtlich einmalig.

Der Kindergarten[151]: Oft nur eine Einrichtung, in der Mütter ihre Kinder gegen eine Gebühr stundenweise parken können. Eine solche Behandlung haben nicht einmal die Spartaner ihren Kindern zugemutet. Gerade die nicht.

Die staatliche Gesetzgebung[152]: Alle Lebensalter des Kindes sind unerbittlich genormt, alle Phasen der Kindheit werden – um Verhaltenssicherheit zu gewinnen – sorgsam geregelt. Vorschriften über Kinobesuch, über Alkohol, über Nikotin, über Schulbesuch, über Geschäftsfähigkeit, über religiöse Selbstbestimmung, über Autofahren, über Wehrpflicht, über Ehefähigkeit, über Berufsausbildung (Testverfahren[153]) und so fort.

Und wenn es doch daneben geht? Und die Kriminalisierung, die Kriminalität? Während die Kinder- und die Jugendkriminalität eine starke öffentliche Beachtung finden, sind Kinder und Jugendliche als Opfer von (Erziehungs-)Verbrechen nicht halb so spannend.[154] Manche mißhandelten Kinder gleichen den Opfern von Autounfällen oder von Bombenangriffen.

Die sanfte Gewalt der Familie?

Drohgebärden, Ausdruck eines bevorstehenden Liebesentzuges und zugleich dessen Aktualisierung, machen dem unvorbereiteten Kind immer wieder neue Angst.[155] Will es dem endgültigen Liebesentzug entgehen, muß es gewisse Verhaltensregulative (patterns) erlernen und die Ambitionen des Vaters dadurch strebsam realisieren.[156] Es erlernt einen ganzen Kodex vatergenehmen Benehmens. Die Drohung mit Nicht-Liebe soll nicht zum letzten Fluch werden, der nur noch den Tod – oder das Leben des Anton Reiser-Moritz als Tier – wählen läßt.

Eine schlimme Wahl zwischen schlimmen Alternativen. Erziehung? Ich will nur dein Bestes.

Vaterliebe hat im voraus das Beste ausgewählt. Diese Wahl des Besten wird sich durchhalten. Sie geht später in Richtung Beruf und Partnerschaft. Mein Sohn, ich habe meinen Betrieb aufgebaut, meine Firma, mein Geschäft. Ich erwarte, daß du dich nicht beiseite stellst. Sondern deine Pflicht tust. Ich habe eine Frau für dich ausgeguckt. Du kannst vorher deine Erfahrungen machen; wenn es um eine endgültige Bindung geht, denke an meine Wahl. Die Frau deiner Kinder. Meiner Enkel.

Von Töchtern ist in diesem Zusammenhang wenig die Rede. Bei den meisten von ihnen handelt es sich noch heute um stumme Opfer. Söhne wie Reiser, Schreber und Vesper finden schneller wieder zu den Worten, um das ihnen Zugemutete zu bezeugen. Das ist auch ein Zeichen für die den Frauen angetane geschlechtsspezifische Schädigung.

Söhne fassen sich eher. Der Gehorsam des Kindes gegen die Liebe präsentiert sich dem Kind selbst als die profitabelste Bejahung der Vorauswahl. Das Ja zum Vater integriert den kleinen Aufsteiger in die Gruppe derjenigen, die bereits als Väter gelten.

Die Gehorsamsarbeit stellt eine unmittelbar produktive Leistung dar. Ihr Profit ist für den Aufsteiger unschwer zu erkennen. Sie schafft und stärkt das Gruppenbewußtsein der Guten, d. h. der früher oder später in ähnlichem Gehorsam Aufgestiegenen. Und sie vermittelt zugleich Teilhabe an deren Herrschaftsbedingungen.

Aufstiegswillen setzt Leistungsmotivation voraus. Die Erbfolgestrategien der Patronomie wollen dies so. Diese Motivation ist keine Erb-Masse, sondern Ergebnis von Erziehung – und damit von Gehorsamstraining.[157] Daß dieses Training schichtspezifisch ausfällt, bestätigt die sekundären Klassifikationen innerhalb der patronomen Gesellschaft.

Vater und Sohn: Bildungsentscheidungen gleichen der Anlage von Vermögen in zinsgünstigen Wertpapieren.[158] Eine langfristige Spekulation muß sich auszahlen. Die gesellschaftlichen Bedingungen sind danach. Für jeden Menschen, mit all seinen Funktionen, hält die Patronomie den wartenden Hintermann bereit. Der Vordermann hat diesem sowieso von Anfang an als störender Inhaber des Arbeitsplatzes gegolten. Als Anwärter auf den Tod.[159]

Gute Zensuren (Be-urteil-ungen) lassen überleben. Die besten Zensuren lassen leben.

Nicht alle Söhne erkennen die Grundwahrheiten einer patronomen Karriere von Anfang an. Manche brauchen Jahre und Jahrzehnte, bis sie sich in die Väterreihe eingliedern lassen. Die Väter stecken dann die Köpfe zusammen und sagen, eines Tages wird es hoffentlich soweit sein.

Alle sogenannten praktischen Menschen haben ein Geschick zum Gehorchen und zum Dienen. Das eben macht sie so praktisch.[160] In der auf Auswahl gegründeten Vater-Gesellschaft wird prinzipiell der bevorzugt, der am gelungensten angepaßt ist und am genauesten hineinpaßt. Den Beweis des Gehorsams zu erbringen ist auch für das berufliche Überleben notwendig.

Und die Aussteiger? Die Faulen? Als solche gibt es sie nicht. Immer sind «faule» Menschen von irgendwelchen Nicht-Faulen als faul definiert worden. Allerdings kann Faulheit als eine sozial wahrgenommene, ins sogenannte Arbeitsleben durchschlagende Fähigkeit nur den Charakter einer vorübergehenden Passion haben. Gegenwärtig verleiht sie keine bleibende Erfahrung von Freiheit. Faule existieren nur als Randfiguren. Ihre vermeintlich pittoreske Lebenswahl hält der – wirklich pittoresken – Leistungsnorm der Mehrheit heute noch nicht stand.

Die Mehrheit will, und dies ist ihre einleuchtendste Erklärung, gut sein, d. h. adoptiert und geliebt werden. Faulheit kann im beschädigten Leben gerade Liebe nicht garantieren. Liebe bleibt ein Synonym für Belohnung von geglücktem Gehorsam – und damit für Leistung. Die Herrschaftswerte einer Gesellschaft, die sich Liebe wie ein Schoßhündchen hält, sind siegreich. Sie schenken sich nur den Angepaßten.

Das liebe Kind hat gelernt, daß nicht nur seine biologischen Bedürfnisse wie Essen und Trinken von seinen Bezugspersonen mit Liebe verknüpft wurden, sondern zunehmend auch die sozialen Bedürfnisse.[161] Liebesreaktionen auszulösen wird zum Sport des lieben Kindes. Liebe folgt immer auf Leistung, Anerkennung auf Gehorsam.

Zwar wechseln die jeweils gültigen Standards: Was früher Liebe auslöste, das still sich verhaltende Kind, ist zur Zeit zugunsten des aufgeweckten Plappermauls aufgegeben, dessen Neugierverhalten gerade als noch profitabler gilt. Doch angepaßt wird das Kind noch immer.

Der beliebte Vergleich der Nachkommenschaft, ein früher Leistungstest, dokumentiert den stolzen Eltern immer wieder den erreichten Fortschritt in der Anpassungsleistung. Solche Relationen funktionieren – und lassen sich durch beiderseitige Einübung reproduzieren. Die Institution Familie ist intakt, solange die patterns stimmig sind.

Vaterliebe erreicht bei den Kindern die Bereitwilligkeit, sich immer aktiver an der eigenen Vaterwerdung (Paternisation) zu beteiligen und die Tradition nicht abreißen zu lassen.[162] Vaterliebe steht als Beweis für die Kollaboration mit den Institutionen des Systems.[163]

Da vom Kind dauernd Anpassung verlangt wird, da es sich zum vatergenehmen «lieben» Kind entwickeln soll, muß es auf sich selbst verzichten lernen. Ein solcher Verzicht auf das mögliche Mehr setzt Aggressionen frei. Auch das Kind kennt Gewalt.

Kindesgewalt kann allerdings niemals geduldet werden. Sie muß umgelenkt oder – häufiger, glatter, beliebter – gebrochen sein. Jetzt erst greift das Gehorsamspostulat richtig. Und die Forderung nach Liebe zum Vater nicht weniger. Gewalt und Liebe bleiben Korrelative, solange Väter herrschen. Ihre Verteidiger fallen immer auf die Füße.

Es ist so gut wie unmöglich, solche Herrschaftsverhältnisse von systemfremden Instanzen ernsthaft prüfen zu lassen. Einwände machen in diesem Milieu der Selbstbestätigung nur die Fragenden lächerlich. Gegen soviel Normalität haben sie keine Chance. Die Maßstäbe der Weltordnung bleiben unter der Kontrolle des Obervaters und seiner irdischen Väter.

Kontrolle? Kontrolliert werden können zwar auch die Äußerungen der Liebe. Ungleich präziser unterliegen jedoch jene des Gehorsams der Zensur. Selbst Dritte, also nicht in den Konflikt einbezogene BeobachterInnen, können mit Hilfe von Werte- und Forderungstafeln jederzeit überprüfen, ob ein Kind «lieb» ist oder nicht. Da bleibt kein Rest. Da wird erfüllt: total, teilweise, gar nicht.

Entsprechend fallen die Sanktionen des Kontrollpersonals gegen die Leistenden aus. Jeder Erfolg oder Nicht-Erfolg an Gehorsam kann präzise und abgestuft geahndet werden. Intimität braucht es dabei ebensowenig wie Kommunikation mit dem Kind. Verständnisinnigkeit ist Heuchelei, wo es um solche Maßstäbe geht.

«Mut zur Erziehung» ist in diesem Milieu die passendere Devise. Sie korrespondiert dem Ruf nach Autorität. Die Angst des Agenten vor der fremden Existenz des Kindes wird auf diese Weise am besten niedergehalten. Im Namen der Besserung handeln Väter (und hilfsweise die Mütter) an ihren Kindern wie Verbrecher: Einschüchterung, Terrorisierung, Gewalt. Sie alle wollen nur das Beste.

Recht simple Verfahren werden von Eltern genannt, um das jeweils Beste zu erreichen: Lügende oder stehlende Kinder werden an einem Ast oder Dachsparren aufgehängt, ins (eiskalte oder heiße) Wasser getaucht, in einen Sack geschnürt, in Keller oder Klos gesperrt, aus dem Haus gestoßen (mit einem Koffer in der Hand), aus dem Auto gesetzt, das dann weiterfährt. Drohungen sind an der Tages-Ordnung: Ihr werdet schwarz, Gott erschlägt euch, das Christkind bringt nichts, die Schutzengel verabschieden sich von euch, wir geben euch Gift oder Wasser und Brot, böse Tiere fressen euch auf.[164] Familienrituale.

Auf solchem Humus der Pädonomie bleibt die Patronomie ein siegreiches Denk- und Sozialsystem. Die in ihr zur Herrschaft gelangten Rollendefinitionen und -erwartungen haben nichts mit irgendwelcher Befriedigung individueller Bedürfnisse und gar nichts mit Freiheit zu tun. Freilich gibt es die Freiheit und das tiefe Glück von Millionen, nicht mehr tiefer fallen zu können.

2.3 Warum Vater arbeiten muß und Mutter nicht

Bisher habe ich fast nur vom Familienvater gesprochen. Leidet meine Paternologie an einem verkappten Familialismus? Betont sie die Stellung des Vaters als eines in Ehe und Familie gebundenen Mann-Menschen zu sehr? Ist Arbeit nur Anhängsel?

Vater-Forschung hat zwar, und das mag sie manchem verleiden, mit einem Vater zu tun, der sich primär von der Familie (vom Sohn) her definiert – und nicht von der Arbeit. Doch verstellt diese Erstdefinition nicht ihren Bezug auf Arbeit.

Schon die Erfahrung des Kindes mit seinem Vater weist in der Regel über die Familie hinaus. Zwar merken Kinder bald, daß auch die Erwachsenen in einer Welt leben, von der sie im Grund keine Ahnung mehr haben. Soll der Vater erklären, was er in seinem Beruf eigentlich tut, kommt er immer häufiger ins Stocken.[165] Oft beschließt er seine

Erklärung mit dem Satz: Das ist eben so. Aber diesen Satz kennt das Kind auch sonst aus seiner Erziehung. Was bleibt ihm? In einer Welt, da Millionen nur noch Hebel betätigen, Knöpfe drücken, Schalter knipsen?

Die Frustration weicht einer relativen Sicherheit, die vom Vater vermittelt ist – und von dessen Angst. Immerhin begegnet der Vater seinem Kind als derjenige Mensch aus seiner nächsten Bezugswelt, der werktags von draußen in die gemeinsame Wohnung zurückkommt, um diese regelmäßig wieder nach draußen zu verlassen. Selbst das moderne außengeleitete Kind, dem mehr und mehr außerfamiliäre Informationsquellen offenstehen, vollzieht nach, daß wenigstens der Vater das Draußen nach drinnen bringt. Das Draußen ist für manche Vater-Metaphysiker denn auch wichtiges Bestimmungsmerkmal für den Vater.[166] Draußen sein heißt für sie draußen arbeiten, bestimmen, kämpfen. Den Müttern weisen sie das – vergleichsweise wenig attraktive – Drinnen zu.

Draußen, wo der Vater seinen Tag verbringt, ist vor allem das Geld. In den weitaus meisten Familien gilt noch immer der Vater als der Hauptverdiener. Selbst wenn auch die Mutter erwerbstätig sein sollte, bringt er – auf Grund der patronomen Zurichtung von Arbeitsklassen in Väter und Nicht-Väter – noch immer mehr Geld als seine Frau nach Hause.[167]

Geld haben, das lernen die Kinder schnell, bedeutet bestimmen, anschaffen können, Möglichkeiten haben, denen daheim Geschenke zu machen. Geld heißt nicht nur Entlohnung. Auch Belohnung.

Zwar ist der Vater nur noch in etwa einem Drittel der Familien der Alleinverdiener. Doch das herkömmliche Rollenbild des Vaters, wie es in der Ratgeberliteratur für junge Paare und in Schulbüchern bestätigt wird, ist noch intakt. Der Vater ernährt durch den Verkauf seiner Arbeitskraft und seines Arbeitswillens seine Familie.

Diese Rolle sichert zum einen traditionell seinen Status. Sich seinen Wünschen anzupassen, weil er das Geld hat, ist das einzig Vernünftige und Normale.[168] Angepaßt sein heißt: unabhängig gemacht sein von allen Gedanken über Vaters sonstige Eigenschaften.

Andererseits sichert die Rolle des Vaters Leben und Überleben der Familie. Die Patronomie ist sich einig: Die Gründung einer Familie setzt die Prozesse von Patrialisation und Paternisation voraus. Hier hat der künftige Vater den Nachweis zu erbringen, daß er – mit Hilfe eines Erbvermögens oder durch Arbeit – die ihm anvertrauten Nicht-Väter ernähren kann. Nicht nur aus dem ihm zufließenden Erbe, sondern ungleich häufiger aus der familienbezogenen Arbeit schöpft ein Vater seinen Status mit – gegen Frau und Kinder. Deren Arbeit ist nach der Vater-Logik als andersartig, d. h. als geringerwertig definiert und dementsprechend gegen Null hin dotiert.

Doch auch wenn Arbeit ein wichtiges Statussymbol des Vaters ist (und Arbeitslosigkeit auch), kann Vatersein nicht als primär von Arbeitsleistung bestimmt gelten. Die gesellschaftliche Regelung von Arbeit ist im Verhältnis zur Vater-Mutter-Kind-Relation der Familie sekundär.

Daß sekundär nicht gleich unwichtig ist, brauche ich nicht zu sagen.

Für die Paternologie sekundär sind übrigens auch die Gesellschaftssysteme, die die Arbeits- und Produktionsverhältnisse kapitalistisch oder sozialistisch definieren. Sie lenken nur die Prozesse der Vater-Arbeit und bestimmen damit auch das Vatersein mit. Doch machen sie als solche keinen Mann zum Vater. Die Patronomie als soziale Form geht diesen Gesellschaftsordnungen immer voraus.

Die Frage, wer archaischer gewesen sei, wer den Ursprung beherrscht habe, stellt sich nicht. Während der Kapitalismus historisch gerne zu früh angesetzt wird [169], kann eine solche Verfrühung der Patronomie nicht angelastet werden. Als pattern mannmenschlicher Herrschaft über Nicht-Väter steht sie vor allen weiteren Differenzierungen. Dementsprechend prägt sie ihre Wirtschaftssysteme ebenso wie ihre Religionen grundlegender als diese sie. Der Kapitalismus etwa hat sich in und aus traditionellen Strukturen entwickelt, in denen er – teils mit sehr alter Überlieferung – angelegt war. [170] Grundzüge seiner bürgerlichen Ideologie wie die (phallische) Konkurrenz, die Landnahme und die Selektion brauchte er nur zu beerben. Und da er über ein Organisationsdefizit verfügte und – wegen seiner Sparsamkeit – keine neuen Institutionen schaffen wollte [171], übernahm der Kapitalismus die erprobt profitablen Defensivorganisationen der Patronomie.

Die bürgerliche Gesellschaft, in der Geschichte eine relativ späte Erscheinung, ist – von patronomem Denken und Handeln her gesehen – nur Erbin. Sie hat wesentliche patterns nicht geschaffen, sondern – wie alle Gesellschaftsformen vor ihr – übernommen und schließlich als Stufen zu ihr selbst angesehen. [172] Nicht umsonst sprechen die Vatermetaphysiker dezidiert von «Schöpfern des Hochkapitalismus», von «mächtigen Gestalten, die eine Weltwirtschaft und eine Welttechnik schufen», von dem Versuch, «eine Spätform des Vatertums durchzusetzen», vom «letzten späten Glanz des Vatertums... in jenen Gestalten des Großbürgertums»[173].

Väter als Schöpfer, Kapitalismus als Glanzform. Wer eine Firma schafft und ein Imperium, ist Gründervater.

Ich halte an meiner These vom Erbgut Patronomie fest. Zum einen nehme ich an, daß Patronomie sich die wechselnden sekundären Gesellschaftsformen immer wieder nur dienstbar macht und aus ihnen den für sie je maximalen Profit schlägt. Zum anderen vermute ich, daß sich gerade das kapitalistische System der Patronomie so angepaßt hat, daß es leicht zu Verwechslungen kommen kann. Dennoch sind die bekannten Grundstrukturen des Kapitalismus nur Verstärkungen einer ursprünglicheren patronomen Ideologie und Handlungsanweisung. Landnahme, Selektionsprinzip, Konkurrenzverhalten, Leistungserfolg haben sich, wenn auch verdeckt, immer schon in patronomen Gesellschaften gefunden. Im Herrschaftsbereich des Kapitalismus haben sie freilich ihre bislang schärfste Ausprägung und Verstärkung erfahren. Gegenwärtig hat jede Patronomie ihre effektivsten Lebens- und Überlebenschancen – gerade durch ihre Nutzkrisen hindurch – im kapitalistischen Gesellschaftssystem. Daß Kapitalismus keine Lösung gegen Patronomie ist, brauche ich nicht zu belegen.

Sozialismus kann eine Lösung sein. Muß es aber nicht. Eine nicht-kapitalistische Gesellschaftsform erlaubt der Patronomie wenigstens in einigen ihrer Theorieansätze kein ähnlich sorgenfreies Leben wie der Kapitalismus. Die Ablehnung des Privateigentums an Produktionsmitteln oder die Praxis erwerbstätiger Frauen kommen patronomem Denken nicht gerade entgegen. Nicht umsonst haben alle Sozialismen sofort die Vater-Metaphysik auf dem Hals. Ein Beispiel:

«Das kommunistische Manifest, der dunkelsten, erdgebundensten Schicht des Aufstands der Söhne entstammend, das Manifest der Thronerhebung der großen Mutter...»[174]

Ob und inwieweit das Gegensystem sozialistischer Theorie und Praxis sich gegen die patronomen Erbstücke behaupten wird, von deren historischer Dimension es nur träumen kann, kann ich nicht sagen. Die Fragestellung selbst erscheint noch zu ungewohnt. Sie ist von der Patronomie aus guten Gründen abgeschirmt worden.

Feministische wie infantistische Bewegungen machen auch gegen die sozialistische Gesellschaftsform heute erst ihre Proben aufs Exempel. Bisher spricht beispielsweise auch die geschlossene Phalanx der Mann-

Menschen des Zentralkomitees auf dem Roten Platz, die da ihre Paraden abnimmt, nicht gegen das Überleben patronomer Gewalt-Phänomene. Ein Bild von einem Altherren-Patriarchat.

Von den 842 Angehörigen des ZK seit der Parteigründung 1898 waren drei Prozent Frauen. Unter den 321 ZK-Genossen von heute verlieren sich 9 Genossinnen.[175]

Frauen unter Gorbatschow? Auf dem Programm der Perestroika steht die Emanzipation der Nicht-Väter von den Vätern nicht. Sie ist eine nachrangige Variable des Reformansatzes.[176] Die sowjetische Frau soll vielmehr noch stärker als bisher auf ihre Rolle als Hüterin des heimischen Herdes fixiert werden.

Beteiligung an der Produktionsarbeit ist nur der eine Teil des Segens für Nicht-Väter. Die Befreiung von der Haus- und Familienarbeit wäre der andere. Die Stellung der Nicht-Väter gibt, frei nach Marx, Aufschluß über den Grad der Emanzipation einer Gesellschaft.

Was ich gegenwärtig auf der Welt sehe, spricht nur für das eine: Die Patronomie ist siegreich geblieben. All ihre Krisen haben ihr nicht geschadet.

Also bleibt die Mutter nach wie vor bei den Kindern zu Hause, wo sie hingehört. Und der Vater werkt draußen. Verlassen, Heimkommen und wieder Verlassen erscheinen dem fragenden Kind als Geschehnisse, die den Vater so stark von der Mutter abheben, daß sie früher oder später erklärt werden müssen. Doch gerade die Erklärung ist bereits so patronom zugerichtet, daß Arbeit dem Kind als ein nur den Vater betreffender und diesen damit schon wieder abhebender Begriff erscheinen muß. Der Mechanismus der Definition ist perfekt installiert: Die Kinder, die unerfahren und durch den vom Vater-Geld ermöglichten Lebensstandard bestochen sind, erkennen im Vater nur zu gern die Gewalt des Draußen. In dieser Haltung werden sie fixiert, wenn ihnen unerbittliche Härte («Lebensernst») und zärtliche Zuwendung (Lebensliebe) als gelungene Mischung im Vatersein begegnen.[177]

In der normalen Familie hat der Vater das Geld. Die Macht in substantieller Form. Greifbar. Sichtbar. Er bestimmt über die Verwendung. Er legt die notwendigen Ausgaben fest, und er macht seine Geschenke – oder läßt sie von der teilhabenden Mutter machen. Die geistige Welt, in die das Kind unter diesen Umständen hineinwächst, wie auch die Phantasie, durch die es die Wirklichkeit beseelt[178], sind von dem einen Gedanken vergiftet: Es gibt Menschen, die Geld haben und Gewalt.

Diese Menschen heißen Väter. Ich muß ihnen gehorchen. Dann bin ich lieb. Dann schenken sie mir was. Sie wissen, was das Beste für mich ist. Sie wollen es auch.

Andere Erfahrungen mit der Arbeit des Vaters werden ursprünglich nicht eingeführt. Arbeit bleibt auf familiale Bedingungen bezogen. Daß die im Draußen aktive Bezugsperson zudem den wichtigsten Inhalt kindlichen Erlebens, das Spiel, nur von Fall zu Fall miterleben kann («Freizeit»), vermittelt die Patronomie dem Kind, indem sie die Bedeutung der Vaterarbeit und -zeit für die Lebensinteressen des Familienganzen einsichtig macht. Vater opfert sich für euch. Er will euer Bestes. Er liebt euch.

Einsichtig? Kinder verstehen es nicht immer. Sie spielen lieber. Und sie hätten auch gern ihren Vater dabei. Aber weil der nun einmal arbeiten geht und daher an unnatürliche Arbeitszeiten gewöhnt worden ist[179], kann Befriedigung erreicht werden, indem gerade Spielen als kindspezifisches Arbeiten definiert wird. Nach der Vaterlogik muß Spiel daher auch kalkuliert und geordnet sein.[180] Viele Kinder, Jungen zumal, liebe Söhne ganz bestimmt, haben dies gelernt.

Das geordnete Spiel setzt seinen Lebensernst im obrigkeitlich überwachten Fest der sogenannten Erwachsenen fort.

Wer erwachsen sein will, hat seine Zurichtungen verinnerlicht. Erwerb von Geld und Geldbesitz sind keine natürlichen Kinderwünsche.[181] Sie sind Bedürfnisse, die dem Überleben anerzogen worden sind. Arbeit auch.

Ich nehme an, daß der Verkauf von Arbeitskraft und von Arbeitswillen nur ein Ergebnis ist. Ein Ergebnis systemgelenkter Erziehung gegen alle, die im Verlauf von Paternisationsprozessen ihr Kindsein haben aufgeben müssen, um den Status von Vätern zu erreichen und Arbeitsleid als Arbeitsfreude auszugeben.[182]

Was haben sie gelernt? Daß der Satz gilt, patronom erzogene Väter müßten lohnarbeiten und sich gegen produziertes Geld eintauschen.[183] Daß der Satz gilt, Nicht-Väter hätten im selben System kaum (Hausfrauen, Leichtlohngruppen) oder gar nicht (Taschengeld als Gratifikation gegen Kinder) zu arbeiten. Daß der Satz gilt, jeder gesellschaftliche Ansatz, ein Leben zu gestalten durch nicht-ausbeuterische Arbeit, sei Unsinn und Unmöglichkeit.

Diese Ergebnisse patronomer Pädagogik dürfen nicht wieder verlorengehen. Dieselbe Pädagogik vermittelt daher dem bereits zum Vater gewordenen Arbeitenden die eigene Arbeit als lebensbegleitende Erziehung. Patronomie zielt auf Totalität und Perfektion (Urangst!). Arbeit muß zum alltäglich wirksamen Erziehungsfaktor werden.

Der Waschmittelvertreter spricht auch im Privatleben über das von ihm vertretene Produkt so gut, wie es seine Firma werktags von ihm erwartet. Erwerbsarbeit ist so verinnerlicht, daß sonntags so geredet wird, wie es montags der Chef lobt.

Die Erziehung zielt bewußt auf die lebenslange Mühe, die Ausgebeuteten in ihrer Arbeit nicht nach dem Wie und Warum ihrer Ausbeutung fragen zu lassen. Vielmehr muß ihnen jede Möglichkeit als Chance verkauft werden, in ihrer Arbeit Vaterliebe gegen sich und die familiär von ihnen Abhängigen zu bezeugen.

Bewußtlosigkeit triumphiert: Die Liebe zur Arbeit ist als Vater-Liebe vermittelt. Liebe ist Zwang zur Arbeit. Das Gefühl, für Frau und Kind verantwortlich zu sein, wird notwendig zu einem Wesenszug des Vaters – und hält Familie zusammen. Vater liebt die Seinen, indem er arbeitet, und die Seinen lieben ihn, weil er für sie arbeitet.[184]

Die Taten der Väter sind es, die die Söhne zuerst auf den Gedanken bringen, etwas in der Welt zu leisten, sagt die Antike.[185]

Nicht nur die Familie ist Agentur der Pädonomie. Auch die Arbeitsstelle.[186] Erziehungs-«Heim» und «Arbeits»-Lager sollen frei machen.

Arbeit und Familie bedingen sich gegenseitig, um die erwünschten Charaktertypen zu erzeugen und zu befestigen. Beide treffen in der Person des einzelnen Vaters aufeinander. Dieser muß gelernt haben, sein Draußen nach drinnen zu vermitteln, um Liebe zu beweisen.

Eine «freie Liebe» wäre demgegenüber auch in diesem Fall ein Störfaktor. Der Arbeitsprozeß läßt sie nicht zu. Freie Liebe, etwa unter einem ihrer Synonyme als «Faulheit» verstanden oder auch nur als «Freizeit», stünde zwar in einem besonderen Verhältnis zu den Bedürfnissen des Individuums. Doch nicht zum Geld.[187] Daher muß sie ausgetrieben, abgetrieben, wegerzogen werden.

Individuelle Bedürfnisse werden möglichst störungsfrei zugerichtet. Die Verwertungsmaschinerie muß weiterlaufen. Ihr Lauf benötigt lebendige Opfer. Die Produktion produziert nicht nur einen Gegenstand für das Subjekt, sagt Marx, sondern auch ein Subjekt für den Gegenstand.[188]

Wer nicht erkennen kann, daß und wie die übliche Organisation der Arbeit selbst ein patronomes Prinzip wie die Auswahl (Selektion) verwirklicht, verkennt die Vatergesellschaft in einem ihrer wesentlichen Bezüge und wird, rentabel gegen andere, zum Agenten.

Patronome Arbeitstheorie geht davon aus, daß größere Mengen anfallender Arbeit organisiert werden müssen und größere Mengen der dafür benötigten Menschen der entsprechenden Anleitung (Erziehung) bedürfen. Damit setzen die charakteristischen Selektions- und Distanzierungsvorgänge der Patronomie wieder ein: Wer sich Anleitung reservieren kann, erfährt Über-Sicht und wird durch Auf-Sicht zum Vertreter des Oben.

Die bloß ausführende Arbeit verlangt dagegen Unterwerfung unter den weiteren Blick derer da oben. Das Pendant zur Über-Sicht mit dem möglichen Namen Unter-Sicht hat sich in der Hochsprache der Väter nicht gebildet. Die da unten sehen nicht. Sie haben keinen Blick für das Wesentliche. Sie schauen aus der Perspektive des Hundes nach oben, und die Begeisterung für das sogenannte (Führungs-)Genie ist Kennzeichen eines normalen, eines durchschnittlichen Bewußtseins.[189]

Die da unten beweisen sich in ihrer Drecksarbeit (wo liegt Dreck, wenn nicht unten?) als Ausführende, denen Führende sagen, was und wie sie zu arbeiten haben – und was sie wann dafür zu bekommen haben. Daß sie sich hin und wieder über ihre eigene niedrige Qualifikation schämen[190] oder erregen, zählt nichts auf dem Markt.

Die Führenden dürfen sich entlastet fühlen. Niedrige Arbeiten kommen nicht für sie in Frage. Das Bücken, Symbol und Denkmal des Unten, ist ihnen bleibend abgenommen. Ihnen bleibt jene Kopf-Arbeit, die sie nicht nur als unternehmerisches Privileg ausgeben, sondern auch als eigentliche Arbeit.

Ist jedoch Kopfarbeit (oben) gegen Handarbeit (Mitte) ebenso rentabel abgesichert wie die Produktion durch Kopf- und Handarbeit gegen die Reproduktion durch den Schoß (unten), hat sich das – notwendig Klassen und Elite schaffende – Arbeitsmodell der Patronomie stabilisiert. Und auch den nur nach oben profitablen Werten (Marktchancen) geht es dann gut.

Arbeit, die sich prinzipiell auf Lohn bezieht, überträgt die ihr zugeschriebenen Definitionen auf den Lohn. Ausschlaggebend ist in dieser Gesellschaft nicht, welche Arbeit welches Individuum wie gut leistet, sondern wie die geleistete Arbeit sozial definiert – und damit bezahlt – ist.

Die Höhe des Arbeitslohns entspricht genau der Höhe der Arbeitsdefinition. Jede Arbeit bleibt gegenwärtig auf Geld bezogen. Doch nicht auf das gleiche Geld, sondern auf dessen Unterschiede. Darin konkretisiert sich die Abhebung des Oben vom Unten.

Nicht-Väter erbringen ihre Opfer als Abhängige in einem von Vätern dominierten Arbeitsprozeß, zu dem sie fallweise als Instrumente und Handelsartikel zugelassen sind. Sie werden regressiv auf bestimmte Arbeiten hinerzogen, die den Mann-Menschen zu niedrig und zu geisttötend erscheinen. Automatisierte Bewegungsabläufe, die von der Aufmerksamkeit und den Denkvorgängen abstrahieren lassen: Das ist Frauenglück. Da können Frauen sich vom «Arbeitsvorgang lösen und dessen Monotonie durch ein Ausspinnen von Wunschträumen und anderen Gedanken kompensieren.»[191]

Frauen und Kinder, als letzte eingestellt, als erste entlassen, können selbst bei gleicher Leistung nicht wie Angehörige der Oberklasse bezahlt werden. Die Patronomie hat schon im voraus die Plätze angewiesen, nach denen bewertet – und bezahlt wird. Daher erhalten, weltweit gesehen, die Frauen, die zwei Drittel der anfallenden Arbeit tun, insgesamt nur ein Zehntel des Geldes, das die Mann-Menschen bekommmen.

Vater-Logik findet dieses Mißverhältnis konsequent. Es entspricht detailliert der patronomen Vorausdefinition von Arbeit und Arbeitenden.

Wer etwas ändern will, sollte die klassenschaffende Definitionsmacht angreifen, nicht nur deren soziale Symbole.

Ändern? Gegenleben? Wir sind froh, wenn wir überhaupt arbeiten dürfen. Wer ein schlechtes Gewissen hat, wenn er nichts tut, ist perfekt. Erzogen.

Solche Erziehung entwickelt unter uns mehr und mehr Formen der Beseitigung. Wer nicht unter einem schlechten Gewissen leidet, wenn er nicht arbeitet, ist schnell als «leidend» definiert. PatientInnen gibt es zuhauf. Indem die einzelnen Menschen, hier Väter und Nicht-Väter in einem, zu Kranken erklärt werden, verhüllt das patronome System seine eigenen Arbeitsverhältnisse und deren Status als Krankheitsherd. Wer einzelne zu kurieren sucht, heilt ein ganzes System.[192]

Wenn in diesem Zusammenhang von Gesundheit gesprochen wird, steht der ungestört produktionsfähige und profitsteigernde Betrieb im Zentrum der Perspektive. Nicht der diesem seine Arbeitskraft und seinen Arbeitswillen verkaufende Einzelmensch.

Gründerväter haben immer «gesunde» Firmen gewollt.

Bei den Römern[193] kommt «industria» (Fleiß?) der patronomen Entschlossenheit gleich, die Materie der Natur dienstbar zu machen. Unterwerfung macht gesund. «Labor» (Arbeit?) heißt, sich selbst den

Herrschaftswillen einzubläuen, der die Natur (und die Nicht-Väter) unterwerfen wird.

Sofern auf einzelne Menschen nicht schon ganz zugunsten von Maschinen verzichtet werden kann, müssen freilich auch einzelne PatientInnen gesund gemacht werden, um die betriebliche Gesundheit gewährleisten zu können. Arbeitsbezogene individuelle Krankheit löst daher die ihrerseits zugerichteten Reflexe der Gesundheitsexperten aus. Und die der Gesundheitsindustrie.

Die Frage, wann und wie lange ein Mensch krank oder wahnsinnig sei, erwartet eine ausschließlich ökonomische Antwort. Wer krank ist, ist unfähig, die Reproduktion seiner Arbeitskraft und seines Arbeitswillens zu garantieren. Solch ein Zustand muß geändert werden. Paßt der / die Unfähige wieder ins System, ist er / sie geheilt. Rehabilitation heißt: Menschen werden wieder in die früher erprobte Fähigkeit eingesetzt, als Arbeitende ihre Kraft und ihren Willen zu verkaufen.

Ist Krankheit selbst gar nichts wert? In der patronomen Logik gewiß nicht über die Möglichkeit ihrer Verwertung hinaus. Doch ich gehe darüber hinweg: Krankheiten können gesellschaftlich effiziente Werte sein. Sie verweisen auf das Humanum, dem nur der über die Zurichtungen des Systems hinausweisende Opfer-Status geblieben ist. Indem einzelne überhaupt noch fähig sind, sich in soziogene Krankheiten auszubilden, erfüllen sie eine Zeichenfunktion.

Ich hoffe, daß diese Annahme nicht zynisch ist: Wenn die Tätigkeit des Lohnabhängigen als Leiden, die Zeugung als Entmannung, das Leben des Arbeitenden als eine gegen ihn selbst gewendete, ihm nicht selbst gehörende Tätigkeit [194] derart öffentlich werden, daß sie ihn mitten in einem Heer Gesund-Normaler krank werden lassen, dann wird eine solche Erkrankung zum Zeichen. Zum Appell an das Humanum. Gegen ein ganzes System.

Es ist Gericht gegen die sich als gesund feiernde Patronomie, wenn Vaterliebe störungsfrei nur noch derart verkrüppelt leben darf, daß sie ihren Protest in die Krankheit legen muß. Krankheit: keine verlorene, sondern die gegen die normale Mehrheit wiedergewonnene Gesundheit.

Wenn diejenigen, die im Arbeitsprozeß sich nur als Fragment ihres Körpers [195] und Geistes verwirklichen dürfen, den ihnen aufgezwungenen Konflikt körperlich ausdrücken, ist dies Urteil über eine ganze Normalität. Die Kranken stören dann wirklich. Mit-ArbeiterInnen sind dagegen störunwillig gemacht.

Freilich ist auch ein aus dem Arbeitsprozeß gezogenes Leiden weder das einzige noch das in meinem Sinn primäre. Der ökonomischen Klasseneinteilung geht diejenige der Väter gegen die Nicht-Väter voraus, und dem «Arbeits-Leiden» das «Klassen-Leiden» der von vornherein als Unterklasse Definierten.

Selbst ein lohnabhängiger Vater ist noch immer Angehöriger der Oberklasse, die sich nach unten gegen Frauen und Kinder definiert. Wenn schon von klassenspezifischem Leiden gesprochen wird, so im eigentlichen Sinn von dem der Nicht-Väter. Sie haben nicht nur das auf Arbeit bezogene Opferleben des Lohnabhängigen zu tragen. Sie tragen – jenes noch verstärkend – das der Unterklasse.

Wer sich nur gegen die Arbeitsleiden der lohnabhängigen Väter wendet, und dies zu Recht, bleibt in seiner Rolle als Mann-Mensch. Er sagt dann nur den kleineren Teil des von ihm als Menschen zu Erwartenden. Den grundlegend klassenspezifischen Opfer- und Leidensstatus aller Nicht-Väter übersieht oder unterschlägt er.

Frauen und Kinder stehen stets unter den Vätern. Über ihnen kommt immer irgendein Vater zu stehen. Den hat die patronome Ideologie gelehrt, Mann-Mensch-Sein mit Mensch-Sein zu verwechseln, wo immer es Profit verspricht. Solche Verwechslungen sind in der Patronomie meist kein Ausfluß individueller Unmoral. Sie sind gesellschaftlich anerkannte Verlegenheit. Ihnen in eine Liebe hinein zu entkommen, die nicht zugerichtet ist, bringt für den einzelnen Vater ein zu großes Rollenrisiko. Daher verliert sich schon die Phantasie, sich solcher Vaterliebe zu überlassen, schwerelos in der Verdinglichung, die Vergessen ist.[196]

3. Liebesleistungen

Ich habe den Sinn für Werte, Erbteil vom
Vater her. Aber ich habe auch Empfindung
dafür, daß man vom Begriff Wert ganz
absehen kann.

Bertolt Brecht

Jetzt, nachdem wir eingelesen sind, kann über einige Details einer mörderischen Theorie gesprochen werden. Allerdings verstehe ich mich nicht als Beschaffer von Belegen. Ich rege zum Suchen an. Ich biete eine neue Brille an. Ent-decken und sehen müssen alle.

Alle sollten ihre Gefühle wahrzunehmen suchen. In sich hineinschauen. In ihre Vergangenheit. Ich nenne das introspektives und retrospektives Lesen.[1]

Und dabei auch Reaktionen einkalkulieren. Nicht überrascht sein, wenn Angst vermieden werden soll.

Eine Theorie beweisen? Wissenschaftler bedienen sich nicht selten einer prostitutiven Argumentation: Was zu dem paßt, das gerade bewiesen werden soll, wird ausgebreitet. Anderes wird bis in die Fußnoten und Anmerkungen hinein unterschlagen. Das ist angelernt und eingeübt. Das gehört zum Handwerk. Eine Arbeitshypothese «verifizieren» oder «falsifizieren»? Nachweise für eine durch und durch patronome Struktur unserer Welt liegen bei den Lesenden so gut wie bei mir. Sie können überall aufgefunden und aufgelesen werden.

Wissenschaft? Kein Brotberuf und keine Literaturmaschinerie. Ich wünsche mir, daß Wissenschaft von denen betrieben und mitverantwortet wird, die mein Buch lesen – und mit Beweisen aus ihrem eigenen Leben belegen. Lesende sind Beweisende.

RezensentInnen, KollegInnen sind nicht die besseren Lesenden. Hin und wieder die früheren.

Ich versuche, eine Anleitung zu geben. Ich möchte Oberflächenphänomene auf die bewegenden Potenzen hin auflösen. Ich mag die folgende Annahme: Patronomie ist aus der Angst geboren. Aus der Angst vor allem Nicht-Väterlichen. Sie ist von dem Willen besetzt, die Gefahren zu bändigen, die von allem bereits als Nicht-Vatermann-Sein Erfahrenen oder als solches noch zu Erfahrenden ausgehen. Patronome Herrschaft ist zweckgeleitet. Sie hat sich zunächst in einer Selbstdefinition und -interpretation bezeugt. Diese ist untrennbar verbunden mit der Ausscheidung alles Nicht-Vatermann-Menschlichen.

Kaltblütige Besonnenheit hat auf Prämierung spekuliert. Ein Auserwählten-Instinkt ist am Werk gewesen. Die Werteväter haben versucht zu imponieren. Sie sind Mehr-Besitzer aus eigener Definition. Nicht von Natur aus.

Dieser Instinkt einer sogenannten Elite gibt sich als Ratio aus. Er kalkuliert die Welt als seinen Gegensatz. Er legitimiert seine Herrschaft über alles Nicht-Erwählte, Untere.

Angst sucht Sicherheit. Zeichen für Sicherheit ist Deutlichkeit. Diese wird gewonnen, indem die Erwählten aus einer Welt ausgegrenzt werden, die sich als bloßer Schein deuten lassen muß: Wenn die vorgefundene Welt Schein ist, muß auf die Existenz einer «wahren Welt» geschlossen werden. Wenn die natürliche Welt sich in Entwicklung befindet, muß es eine «Welt des Seins» geben. Wenn Natur für die von Natur aus Minder-Besitzenden (Väter: ohne Brust, ohne Schoß, ohne Potenz, Söhne zu gebären) Gefahr bedeutet, fordert der Gefährdete eine ideale Natur für sich. Auf diese (sie nennt sich Kultur) lohnt es sich, die vorgefundene Natur hinzubearbeiten.

Bearbeitung der Natur durch Angst. Ich will nur dein Bestes. Auch wenn du verreckst.

Inzwischen ist Patronomie so weit gediehen, daß sie nur noch Werte und Ziele des eigenen Überlebens definieren kann.[2] Nicht mehr des Lebens schlechthin. Will Patronomie überleben, braucht sie ein zentrales Konzept und eine einheitlich geordnete Strategie. Alle Lebewesen werden in diese Strategie eingeplant und als Material für das Überleben des Systems verplant.

In der religiösen Form der Patronomie hieß das: Macht euch die Erde untertan! Wie perfekt dieses Gebot beobachtet worden ist, erleben wir Tag um Tag. Und noch intensiver werden es unsere Enkel erleiden.

Natur ist mittlerweile zum Substrat für die als höher definierte Gewalt(-technologie) erklärt worden. Die Formen dieser Ober-Gewalt sind zu Formen des Überlebens schlechthin geworden. Daher muß Gewalt, auch und gerade in Form von Vaterliebe, akzeptiert werden. Widersetzen sich Natur und Menschen dieser Akzeptanz, so haben sie kein Recht mehr auf Überleben, geschweige denn auf Leben.

Die Definition dreht sich im Kreis. Überlebenschancen stehen zur Disposition der Gewalt. Wird sich die Natur aber nicht doch eines Tages gegen ihre Vergewaltiger durchsetzen?

Die Patronomie weiß es nicht. Sie ahnt nur diesen Sieg aller Siege. Sie fürchtet den Tag, da, vaterlogisch gesprochen, Kosmos zum Chaos wird und kein Sohn mehr Erbe sein will. Sie schiebt ihn vor sich her, indem sie Natur und Menschen immer intensiver bearbeitet. Um die gefährdende Zukunft ebenso verfügbar zu machen, wie es die patronome Vergangenheit gewesen ist.

Ich fasse die Werte und die Ziele dieser Bearbeitungen unter den Begriff «Kreativität der Angst». Angst schnürt nicht nur ein. Sie entgrenzt auch. Ihr Ressentiment gegen das Wirkliche wirkt schöpferisch. Indem sie dem aus Angst Gestalteten den Charakter des Seins aufdrückt, beweist sie höchsten Lebenswillen. Autorität, die sich aus der Angst vor Besitz-Verlust regeneriert, maskiert sich schließlich mit Leistung.[3]

Bodenproben erhärten diese Annahme. Der Humus, aus dem Patronomie wächst, ist gedüngt mit Leistung. Die patronomen Leistungen haben sich zu einem Erfolg entwickelt, dessen Gesamtkraft an Tugend (Tauglichkeit) kein anderes System unserer Kulturräume aufweist.

Der einsame Erfolg ist in diesem Denken konsequent. Wenn Wahrheit als Bedingung für Erfolg und als Prämie für Erfolg definiert wird, wenn Gesinnung fahrengelassen wird, sobald ihre Erfolgsaussichten geringer werden, kann keine andere Wahrheit der patronomen standhalten. Im direkten Vergleich mit der Patronomie ist alles andere stets Irrtum. Und der muß unterliegen. So haben wir es gelernt.

Noch viel mehr steckt in unserer Psyche: Gut-Sein ist Gut-Haben. Glück ist Erfolg des Gutseins, schlimmer Erfolg ist Mangel an Gutsein, und schon das Wahrhaben gleicht dem Wahrsein.

Eine Sieger-Ideologie. Wertbegriffe zu übertragen, Begriffe auf Fälle angeblich gleicher Art auszudehnen, Natur in Begriffe umzuwandeln heißt hier Wahrheit suchen. Patronomie will das von ihr Begriffene so beherrschen, daß Wahrheit künftig als marktfähiger Besitz den Greifern gehört.

Weteväter bauen sich ihre Welt, indem sie Wahrheit besetzen. Eine neue schöne Welt voll von Begriffen, Wahrheiten, Grenzziehungen, Gesetzen, Moralen, Religionen. Ausgestopft mit Privilegien, Unter-, Mittel- und Überordnungen. Eine Welt, die der vorgefundenen mit deren Abgründen endlich entgegentritt als die überzeugendere, sicherere und humanere.[4]

Doch derart überzeugende Wahrheiten entkommen ihrer Herkunft nicht. Sie bleiben Kampfesworte der Abwertung (alles «anderen»). Standarten des Zwecks, die den Erfolgreichen und Sieggewohnten, den Vatermann-Menschen, vorangetragen werden. Durch Gründe lassen sie sich nicht beheben. Allenfalls durch Ent-deckung ihrer Togafunktion.

Ich will nur dein Bestes. Das schlimmste Wort einer Welt.

Denn daß die Begriffe vom Besten als moralische Werte zur Herrschaft gelangt sind, haben unmoralische Kräfte bewirkt. Deren Erfolge sind Erfolge, die Millionen Opfer gefordert haben. Der patronome Herrschaftswille hat sich nicht in einer opferlosen Geschichte behauptet.

Nochmals das Beispiel aller Beispiele: Daß Frauen und Kinder im System der Vatermannmenschen nur Ergriffene sein können, ist von den Greifern als Wahrheit definiert. Theorie und Praxis kommen hierin überein: Kinder erlangen ebenso wie Frauen nur als Objekte väterlichen Gestaltungswillens Gesicht. Nicht-Väter beherrschen die Natur nicht. Sie sind selbst erfolgreich zur beherrschten Natur niedergeworfen.

Wissen ist hier Tun. Nichts ist praktikabler als der große Gedanke. Werteväter tun, was sie wissen, und wissen, was sie tun. Also bleibt die Matrize von der Patrize geformt, und aus dem Mat(e)riarchat wird Patriarchat[5]. Eine bestimmte Herrschaft über das als Substrat Definierte, das unterworfen bleibt. Die Logik des Tötens. Die Logik des Toten.[6]

Der Kampf der Vatermannmenschen gegen die Natur – und gegen die dieser angeglichenen Nicht-Väter – ist der originärste Klassenkampf.

3.1 Weshalb Väter Opfer brauchen

Ich bin überzeugt, daß dieser ursprüngliche Kampf in seinem Mut zum Inhumanen primär seine klassenspezifische Definitionsmacht und erst sekundär ökonomische Kriegs-Verhältnisse und -mittel benutzt.

Eine biologische Zuordnung Mann – Krieg gibt es ebensowenig wie eine naturhafte genetische Vorinformation (männliche Aggressionsanlagen).[7] Die Werteväter haben sich selbst zu Kriegern definiert. Ebenso wie sie sich ihre Ratio angedient haben.

Daß sich freilich nach so vielen Jahrtausenden der Selbstdefinition ein «soziales Gen» Ratio oder Krieg in der Erbmasse der Vatermenschen findet, ist eine andere Sache. Daher ist die Formel «Mann-Mensch gegen Nicht-Mannmensch» heute ebenso siegreich verinnerlicht wie die Formel «Vater über Nichtvater».

Mögen Patronomen diese Ergebnisse auch Metaphysik nennen, sie bleiben historische Fakten – und als solche der Paternologie zugänglich. Es sind Resultate des geschichtlich wirksamen Kampfes zwischen dem Oben und dem Unten, zwischen der bestimmenden Form und der als verfügbar erachteten Materie.

Trägt der patronome Boden solche Früchte, ist er unfruchtbar. Jedes Opfer eines solchen Bodens ist eines zuviel.

Scham gegen die patronomen Erfolgsbilanzen ist nicht angelernte Höflichkeit, nicht profitabler Ausdruck von Mitleid. Sie folgt aus der tiefen Skepsis gegen jede Über-Zeugung, die es ihren Trägern erlaubt, sogenannte unveränderliche Einheiten bei allen Menschen einzuschleppen, um Individuen als statistische Größen berechenbar zu machen. Und auf diese Weise als Schöpferväter an anderen zu agieren.

Skepsis? Sie hat in der Welt der an patterns Gewöhnten keinen Stand. Wo Rache gegen Problem-Personen die Lösung der Probleme ersetzt, wo noch immer Dankbarkeitsschuld gegen die aufkommt, die ihr Anordnen als Heilen deuten, leistet Skepsis nichts Vergleichbares. Niemand erträgt es, Widerspruch in Dingen zu hören, die er nicht verstehen kann.

Wer in patronomer Ordnung zu sehen gelernt hat, sieht seine Welt überzeugter und erfolgreicher. Klar geordnet und seicht ist für ihn / sie keine Gleichung.[8] Skepsis hat kein Gewicht, wo nur Sicherheitsleistungen gesellschaftlich gewichtet sind.

Meine Annahmen gegen die Patronomie werden daher viele Köpfe schütteln machen. Ich leugne nicht, daß ein bereits definiertes Leben als das wirkliche anzunehmen beruhigend wirkt. Doch frage ich mich durch alle Details dieses Buches hindurch, wer denn hier für wen und wer für welche Zwecke definiere – und wer wessen Definition aus welchem Grund sich zu eigen mache.

Noch kenne ich keine andere Antwort als die, welche das traditionelle Verhältnis von Vater und Sohn umschreibt. Das kennen wir alle aus Übung: Ein Vater nach dem anderen definiert (adoptiert, überzeugt) als Glied einer vieltausendjährigen Väterreihe seinen Sohn, weil er dessen Bestes will, das im Grund sein eigenes ist. Und der Sohn erweist sich von Generation zu Generation gehorsam genug, diese Definitionskette nicht zu durchbrechen, um auch sein Bestes gegen sich zu tun.

Das Beste? Eine Vätermoral, die sich Opfer um Opfer schafft, ist nicht einmal gut. Weder ihre Mittel noch ihre Zwecke haben das Humanum für sich. Patronomie gründet auf schäbigen Voraussetzungen, lebt von unerfreulichen Bedingungen und zielt auf die Fortsetzung all ihrer Unmenschlichkeiten.

Das ist stinknormal. Ich wundere mich nicht, daß der Prozeß patronomer Sozialisation nur die systematisch betriebene Nutzung von fremder Schwäche für die eigene Stärkung darstellt. Nutzung? Die Definition von anderen zu kalkulierbaren Einheiten. Die Austreibung des menschlichen Lebens aus sich selber. Die marktorientierte Fixierung der Überzeugung in den Benutzten, alle Ausbeutung geschehe in deren nacktem Interesse, zum Besten, aus Vater-Liebe.

Die menschenverachtende Nutzung hat sich inzwischen verselbständigt. Wille und Begriff der Herrschaft haben sich von den einzelnen Vätern abgelöst. Jetzt sind sie institutionalisiert und maschinisiert. Ihre liebste (Defensiv-)Institution nennt sich Krieg.

Der patronome Kriegsmythos ist mittlerweile untrennbar mit der ihn begleitenden und stützenden Entwicklung einer Kriegstechnik verbunden. Diese «produziert soziale Realität, indem theoretische Forschung, Projekt-Forschung, Großforschung zu einer gesellschaftlichen Strategie gebündelt werden»[9]. In diese soziale Realität sind Arbeit und Kapital, Militär und Wissenschaft, Technik, Recht und Politik strukturell integriert. Wissen ist hier Tun. Wenn Werteväter den Code der Natur lesen können, sind sie zugleich in der Lage, ihn (kriegs-)technisch zu nutzen.[10]

Krieg ist der äußerste Versuch der Werteväter, Natur (und Nicht-Väter) bleibend zu beherrschen. Daß dieser Versuch mehr Grauen zum Resultat hat, als Menschen je von der Natur zu befürchten hatten[11], ist konsequent vaterlogisch.

Krieg, der sich als Extrem des Unsinns bezeugt, ist – in seiner kalten wie in seiner heißen Erscheinungsform – immer Kampf um den Sieg eines definierten Sinns. Sinn wiederum wird einer vorgefundenen Wirklichkeit beigelegt. Sinn ist Zutat zur Realität. Zutat von seiten wechselnder Interessen, wechselnder Macht.

In dem Gewaltsystem, das ich hier nachzeichne, liegt Sinn in vatermannmenschlichem Besitz. Dieser umschließt nicht nur ökonomische Werte wie Land und Produktionsmittel. Er hält sich auch ideale Werte wie Freiheit und Wahrheit. Diese stehen freilich nirgendwo erkennbar in sich selbst. Sie müssen immer einer Wirklichkeit hinzugefügt werden. Damit sind sie prinzipiell der gegen sie mächtigen Definitionsgewalt unterworfen.

Wem gehören die Ideale der vielen? Vom Wie dieser Frage und vom Ja oder Nein gegen sie machen sich Moral, Gesetz, Glaube und Wissenschaft abhängig. Und Krieg.

Krieg ist Kampf um die jeweils sinnstiftende und -erhaltende Herrschaft. Daher ist die noch immer übliche Rede vom Kriegs-Recht, von der Kampf-Moral und von den soldatischen Tugenden recht und billig, d. h. dem patronomen Denken adäquat.

Armeen, die in sich vom Oben und Unten leben, festigen patronome Strukturen. Das militärische Männerbündnis schützt die Krieger vor intimeren Beziehungen zu Kindern und zu Frauen.[12] Die gemeinsamen Beutezüge (Land- und Frauennahmen) stärken einen solchen Bund. Der Ausgang eines Krieges schließt notwendig die Unterwerfung der einen Sinnansprüche unter den Sieg der anderen ein.

Da ein solcher Sieg stets die Wahrheit der stärkeren Seite nochmals stärkt, erscheint er dieser immer auch profitabel. Wahr-Sein hat viel mit dem Im Besitz der stärkeren Bataillone-Sein zu tun. Sittliche Überlegenheit wird auf allen Erdteilen durch freigebiges Austeilen von Explosivstoffen behauptet.

Über Wahrheit selbst ist damit kein Urteil gefällt. Allein möglich bleibt das Urteil über die wahre Stärke der siegreichen Seite. Von den Opfern zeugen die Denkmäler. Nicht selten sehen sie ziemlich phallisch aus.

Ist Definitionsmacht ein Ausdruck patripetaler Sinnstiftung, von der alle Nichtväter ausgeschlossen sind, bleiben Sinn-Kriege Angelegenheiten der Vatermannmenschen. Das ist Kultur, wie Väter sie lieben: Wettstreit und Kampf. Frauen und Kinder haben wenig bis gar nichts damit zu tun.

Freilich wendet schon der Junge seine stärksten Kräfte nicht an das Spiel, sondern an das Zerstören des Spielzeugs.

Während Mann-Menschen überzeugt sind, Kriegstechnik gehöre bereits zu den Definitionsmerkmalen «des Menschen»[13], bleiben Frauen und Kinder, von handlangerischen Tätigkeiten abgesehen, auch hiervon ausgeschlossen. Diese Auswahl bedeutet in der Patronomie kein Privileg, sondern Ausdruck von Mißachtung. Im Kriegsfall fallen den Frauen und Kindern untergeordnete Tätigkeiten wie «Wunden-Tragen und -Verbinden» zu. Und die Totenklage um verlorene Väter.

Im sogenannten Frieden bleiben ihnen die Wegwerfprodukte der Kriegstechnik überlassen, damit ihre niedlichen Haus-, Spiel- und Schmuckkulturen entsprechend ausgestattet werden können. Die Teflonpfanne zum Beispiel.

Ganz anders die Söhne. Sie müssen zwar erst mannbar sein und in Initiationsriten den Kampf von ihren Vätern erlernt haben, bevor sie als legitime Erben anerkannt werden. Aber sie sind eben so gerne «anerkannt». In einem System, das nur Gewalt akzeptiert, versuchen alle, sich ein Zipfelchen Lob zu erobern.

Auch die eigenen Opfer. Zu dem materiellen Profit weniger im militärisch-industriellen Komplex kommt die Dankbarkeit der vielen, die sich an Gewalt gewöhnt haben und sie akzeptieren. Dankbarkeit gegen den erreichten und garantierten Sozialkomfort.[14] Gegen das Beste.

Technischer Fortschritt, ein angelerntes Vaterzauberwort. Fortschritt bleibt prinzipiell Entwicklung mannmenschlichen Profits. Techniken, die sich nicht hierfür eignen, werden fallengelassen. Und wenn die patronome Technik in ihrer Expansionswut, Verschwendungssucht und Gewalttätigkeit sich heute ihrer eigenen Konsequenz gegenübersieht, der Energie- und Rohstoffkrise, greift wieder einmal das Nutzkrisen-Modell: Neue Gewalt, neue Kriege, neue Territorien, neue Techniken, alternative Zugriffe und so fort werden die Ergebnisse sein.

Wir vielen verteidigen, was uns (wenigen) gehört. Wir verteidigen mit Gewalt, was uns fasziniert: die Gewalt, den Sieg. Alle Faszinierten sind entschlossen, nicht zu wissen, was sie wissen, und zu wissen, was sie nicht wissen (dürfen).[15]

Auch hierin sind alle zugerichtet, die Täter und die Opfer. Definitionsmacht drängt zur Expansion der Grenzen, zur Landnahme. Falls ihr Menschen zu begrenzt erscheinen, müssen diese der Gewalt angepaßt werden. Alle Institutionen der Patronomie erfüllen ihre Pflicht. Alle wissen, was das Beste ist. Im Szenario nuklearer Planung wird der Mensch schließlich zu einem Promille-Wert.[16]

Das patronome Siegesbewußtsein bleibt über seine Toten hinweg grenzenlos expansiv. Es strukturiert sich gegenwärtig eine globale Bühne. Es beginnt das Universum anzugehen. Der Krieg der Sterne ist nichts als eine weitere Konsequenz des bisherigen Denkens.

Schwierigkeiten macht dabei nicht die Technologie. Wesentlicher wird es sein, das Bewußtsein aller noch immer nicht grenzenlos denkenden und fühlenden Menschen auszuweiten, d. h. bewußtlos zu machen. Die Angst vieler vor jenem neuen Leben wird daher kreativ mit dem Zwang zum Überleben beantwortet werden. Gelingt diese patronome Rüstungspädagogik, wird es wohl bald neue «Väter des Vaterlandes» geben.

Krieg ist das wichtigste Ereignis unter Wertevätern. Doch er ist nicht alles. So unmenschlich sich das anhört, so nahe kommt es der patronomen Wirklichkeit: Opfer finden sich nicht nur im Krieg. Auch der normale, d. h. der beschädigte Friede, kann offenbar nicht auf Opfer verzichten. Gewalt ist unter dem Schein der Friedfertigkeit millionenfach gegen Menschen tätig.

Ich zähle nicht die Verschmutzungen und Zerstörungen auf, die Rüstung und Militär bereits in den sogenannten Friedenszeiten verursachen.[17] Ich meine hier auch nicht die ökologische und die soziale Verelendung weitester Landstriche. Nicht die weltweite Verstärkung staatlicher Zwangsapparate. Nicht einmal den Dritten Weltkrieg, der längst schon als Krieg gegen die Dritte Welt geführt wird.[18] Ich schaue tiefer hinein in die ganz alltägliche Patronomie. Ihre auf Profit gerichtete Expansion lebt davon, alle als nachrangig Definierten auszubeuten.

In dieser Sinn-Stiftung führt sie ihre Friedens-Kriege, um Macht und Ohnmacht neu zu definieren und Mächtige wie Ohnmächtige erneut als solche zu klassifizieren. Unterklassen-Angehörige gibt es überall. Mitten unter uns findet der ganz normale Krieg statt, an den alle sich gewöhnt zu haben scheinen.

Dieser Alltagskrieg, der in keinem Lexikon und in keinem Geschichtsbuch Platz hat, weil er viel zu normal ist, hinterläßt Millionen Opfer an Frauen und an Kindern. Demütigungen, Schläge, psychische Verbiegungen, Vergewaltigungen sind seine normale Ausbeute.[19]

Der minderwertige Hausfrauenbereich, das untergeordnete Spielkind, die Ideologie vom schöneren und dümmeren Geschlecht, die Mär vom unschuldigen Kind, die Doktrin von der sexuellen Verfügbarkeit der Frauen und der Töchter. So etwas stützt die Vater-Meinung vom «Besten» ungemein.

Hierher passen auch die Beweise gesellschaftlich anerkannter Liebe: Das feine Geflecht an partnerschaftlichen und familialen Zärtlichkeiten, die nach gegenwärtiger Definition die Beziehungen zwischen Vätern und Nicht-Vätern zu prägen haben. Die Einübung, Bewahrung und Zurschaustellung jener dienenden Tugenden (praktischen Tauglichkeiten) des Bitte und Danke, des «Nein, nach dir» und so weiter, die allein noch die Gewalt ehelicher und familiärer Verhältnisse decken können. Die muffige Interessengemeinschaft der Leute, die längst schon nichts mehr miteinander zu tun haben wollen. Der Kreis der Liebenden. Die Togafunktion.

3.1.1 Weshalb eine Kultur lebendige Tote schafft

Und nochmals die «Liebe». Ist sie keine Tugend? Die Tugend schlechthin? Ja, sie ist eine. Eine abgeleitete, eine sekundäre, an deren Wohlergehen Patronomie ihr Herrschaftsinteresse zeigt.

Wegen dieses Verrats steht Liebe so hoch im Kurs. Nach dem Scheitern der sogenannten bolschewistischen Liebesreform[20], die gegen die zu große Bedeutung des Liebesverhältnisses im bürgerlichen Leben angegangen war und die Liebesinstinkte in soziale Energien hatte umwandeln wollen, auch in sozialistischen Gesellschaften. Die Zweckdienlichkeiten der Liebe, ihre Beschädigungen, ihre Auslieferung an die Tüchtigkeit und die Leistung, ihre Einbindung in ein System von Strafe und Lohn lassen ihren Kurs an der Börse der Patronomie noch immer steigen. Wer aber weiß, wie solche Werte ausgemacht und gehandelt werden, neigt zum Verdacht gegen den grob nützlichen Ruhm, den Liebe heute genießt.

Liebe, Brot der Armen, gilt den Maskierten als Himmelsmacht, die den Liebenden das Gefühl grenzüberschreitender Gewalt verleiht. Gerade dieser Genuß surrogiert Macht. Er überschreitet keine einzige Grenze. Er bleibt eingebunden in die Zwänge, die wirkliche Gewalt ihm antut.

Daß der christliche Vatergott ein patronomes Postulat sein mußte, habe ich gesagt. Daß er seine Vaterliebe nur denen schenken darf, die sich früher oder später dem Strafsystem seiner Väter angepaßt haben, ist nicht zu widerlegen. Daß die tüchtigsten Christenväter immer danach gesucht haben, ihre Angst an Opfern auszulassen, läßt sich historisch belegen: Die Identität ihrer Opfer mag zwischen Welt, Frau, Kind, Hexe und Ketzer hin und her gewandert sein. Ihr eigener Verrat setzte früher und tiefer an. Nämlich bei ihrer Gottes-Schöpfung, bei einem Gott, den sie aus Lückenangst Vater und Liebe in einem genannt haben. Um ihn als Vater wie als Liebe dienstbar zu machen.

Ich wundere mich nicht, daß die von den Patronomen funktionalisierte Vaterliebe Gottes alle Merkmale der Patronomen selbst aufweist. Auch wer sich einen Gott schafft, bleibt auf die Grenzen der eigenen Schöpfungskraft zurückgeworfen. Gottes Liebe, die sich tauschwertgerecht von Gehorsam auslösen und gegen Verweigerungen versagen läßt, basiert auf dem allgemein vatermenschlichen Leistungsprinzip.

Auch die Liebe, die sich auf einen solchen Vatergott richten sollte, war seit jeher tückisch. Wie konnte ein Mensch je seinen eigenen Richter lieben, selbst wenn der mit seiner Gnade winkte? Konnte er ihn nicht nur fürchten und «ehren»?[21] Nur Ehrfurcht kann die Grenze zwischen unten und oben, zwischen Schuld und Vergebung passieren, indem sie das Oben vorbehaltlos anerkennt. Was nicht heißt: liebt.

Findet sich Liebe gegen einen Richter und Herrn, so ist sie Ergebnis von Über-Zeugung. In einem solchen Fall hat das Opfer Mensch nur die patronome Definition verinnerlicht, welche die Begriffe Glaube, Hoffnung, Liebe profitabel jongliert. Das Opfer glaubt, seine sogenannte Schuld, über die ein Richtergott zu urteilen habe, sei aus Liebe vergeben – und schon meint er, in seinem Verurteiler auch seinen Retter zu lieben.

Das ist Wahn. Und Verhüllung. Der Ent-Schuldete liebt nicht seinen Befreier, sondern die eigene Befreiung, den Zustand der vermeintlich erreichten Freiheit von Sünde und Tod – und die erreichte Nähe zur Gewalt des Vaters, ja die Gewalt selbst.

Die Phasen dieses Prozesses lassen sich drehen und wenden, sie entgehen ihrer Wirklichkeit nicht: Die Liebe zum Vater, dem Gott, realisiert sich als Intimität mit jener Gewalt, die das Lieben schuldfrei erst ermöglichen kann.

Für mich spricht nichts dagegen, daß diese Gewalt von Weteätern für Werteväter errichtet worden ist. Sie kommt dem Bedürfnis patronom zurechtgestutzter Charaktere entgegen. Hat man keinen guten Vater, muß man sich einen anschaffen.[22] Wer auf Gewalt angewiesen ist, muß sich diese beschaffen. Und wer sich um den Bestand von Gewalt sorgt, wird ihr die Toga der Liebe umlegen.

Leute gibt es, denen die Religion wie ein Anzug oder Kostüm paßt. Sie tun gut daran, religiös zu bleiben. Es läßt sie noch besser aussehen.[23]

Aber ihre Kinder? Unter der kinderschweren Frage, «wer den lieben Gott auf die Welt gebracht» habe, hat Robert Weil Texte sammeln und nachschreiben lassen. Was der Herausgeber als reizvolle Details kleiner und großer Erschütterungen des kindlichen Herzens ausgibt[24], erweist sich als Abrechnung mit jenen Werteätern, die Gott auf die Welt gebracht haben und ihn stets als den «lieben Gott» bezeichnen ließen.

Der Gott dieser Kinder ist folgerichtig der überzeugendste Mann-Mensch:

«Ein Mann im grauen Anzug, der einen viel zu großen Kopf hat.»

Dieser Großkopf betätigt sich als ein perfekter Kontrolleur von Überzeugungen:

«Er paßt immer auf, ob böse Leute etwas Böses tun... Wenn man ein ganzes Jahr öfters unartig als artig war, dann kommt man in die Hölle.»

Er ist ein furchteinflößendes Etwas:

«Gott ist alt, groß und fürchterlich. Er sieht fast aus wie ein Steinzeitmensch.»

Und ist er Träger herrschaftlicher Großgewalt:

«Er kann nicht einmal von einem vergifteten Pfeil totgeschossen werden. Wenn er will, kann er Tote wieder lebendig machen.»

Offenbar will er nicht. Die Kultur seiner Werteväter, an langweilig tödlichen Tugenden außerordentlich reich, darf nach wie vor lebendige Tote als Opfer produzieren.

Die Liebe Gottes, dieses «Hauptkönigs mit drei Köpfen, eben für alle Rassen einen», kommt nur am Rande der Kindererzählungen vor – und auch dann nur in bezug auf die ihr verordneten Kontrollfunktionen:

«Er sorgt dafür, daß die Menschen an ihn glauben und so.»

Und:

«Wenn ich krank bin und Schmerzen habe, bitte ich ihn, daß er meine Krankheit und mein Fieber von mir nimmt. Meine Mutter sagt, wenn Gott uns nicht von unseren Schmerzen befreit, hilft er uns auf andere Weise.»

So artikuliert sich patronome Sozialisation, die sich ihrer Religion bedient, und nicht irgendein Kindermund. Das alles ergibt eine so triste Summe, daß sich ein Kind fragt,

«warum die Leute so traurig sind, wenn ihre Freunde sterben, wo doch alle sagen, daß es im Himmel so schön ist».

Fromme glauben an Gottes Allwissenheit und Allmacht, doch wissen sie nicht genau, worum es sich dabei handelt. Deshalb wollen sie ihrem Gott bei ihrem Tod eine sichere Adresse für den Fall der Auferstehung hinterlassen: Basis für Friedhofsordnungen, Grabsteine, Grabinschriften. Eine weitere Rückversicherung für Unsterblichkeit. Und für Väterreihen.

Patronomie kommt an ihrer Vaterreligion und an deren domestizierten Hoffnungen am wenigsten zu Fall. Vaterreligion ist immer das gehorsamste Kind der Patronomie gewesen. Gottvater selbst war immer weit weg, vor allem wenn es politisch wurde. Seine Erdenväter waren um so präsenter. Wo diese es geschafft haben, eigene Gewalt hinter göttlicher Legitimation zu verstecken, haben sie ihre Macht besonders unverhüllt ausüben können.

Das Gottesreich enthüllt sich als ein zu jenseitiger und endzeitlicher (eschatologischer) Größe aufplusterndes Reich eines Vaters, der wie der reduzierteste Mannmensch keine Unversöhnten an seinen Tisch bittet. Hoffnungsseligkeit ersetzt keine Wahrheit, sondern suggeriert sie nur.

Viele Opfer haben mittlerweile ihre eigenen Erfahrungen mit der Vaterliebe des patronomen Gottes gemacht. Ihr Leid, ihre Verwundungen, ihre Abrechnungen mit den Verletzer-Vätern kommen mehr und mehr ans Licht. Niemand von den sogenannten Gläubigen hat das Recht, solche Erfahrungen als Verirrungen abzutun. Sie haben ihr eigenes Recht. Opfer zu sein bezeugt mehr, als Sieger bleiben zu wollen.

Die «Abgefallenen» (schon das Wort deutet nach unten, in die Tiefe des Falles, und riecht nach religiöser Verfolgung) beweisen, daß der kirchliche Friede so friedlich nicht ist, sondern auf patronomer Friedhofskultur beruht. Es wird schon seine Gründe haben, warum Tilmann Mosers «Gottesvergiftung» eine so große Resonanz gefunden hat.

Vorsicht, wenn sich die Kirchen gegenwärtig als Synonyme der Caritas verstehen, als Resterscheinungen der Vaterliebe in einer lieblos gewordenen Umwelt. Daß hinter den Kulissen der friedfertigen Charity (die Schuldgefühle in Form von Spenden und Kirchensteuern übernimmt) noch immer die alten Aggressionen lauern, bezeugen die vielen Berichte von psychisch gefolterten und vergewaltigten Menschen von heute. Anklagen der von der Mutter Kirche und ihrer Vaterliebe verkrüppelten Kinder.

Lebendige Tote einer religiösen Kultur: Ihre Menschwerdung hat sich oft um Jahrzehnte verzögert, und noch häufiger haben sie es gar nicht geschafft, aufrecht zu gehen und ihre fromme Jugend als Verirrung hinter sich zu lassen. Nicht in jedem Fall glückt der Prozeß der Depaternisation, dieser Selbstbefreiung aus unverschuldetem Unglück. Nicht jeder ist schon heute frei genug, mit Böll zu sagen:

«Die Kirchen haben noch nicht begriffen, was Liebe ist...»[25]

Wer die Menschen, die ihm anvertraut waren, nicht so liebt, wie sie nun einmal sind oder sein wollen, kann sich nicht auf irgendeine Vaterliebe Gottes und der Menschen berufen. Wer Kinder auf sein eigenes System hin verkrüppelt, bleibt ein fortwirkender Skandal.

Alltägliche millionenfache Fälle von Kindesmißhandlung. Ganz normale Tötungen.

«Der Schrei nach Ruhe und Ordnung ist ein Schrei nach dem Tod»,

nochmals Böll,

«und es ist auch der Schrei nach der Tötung Gottes.»[26]

Die Kirchen, große Friedhöfe der Vaterliebe. Demut vor dem Höchsten, Anpassung, Ordnung und Ruhe, Knechtschaft vor den Stellvertretern auf Erden. Jeden Morgen strammstehen: «Das walte Gott, der helfen kann. Mit Gott fang ich die Arbeit an!»

So läuft's in der Schule. So hat es der Staat angeordnet. Nicht nur in den Schulen hängen Kruxifixe, Bildzeichen einer Sohnesliebe zu einem schrecklich lieben Vater, auch in Krankenhäusern und Gerichten, in der Zeitung, im Fernsehen, in Gold an schönen Mädchenhälsen. Und in Stein marschieren sie über Friedhöfe wie im Kreuzzug.[27]
Die Meta-Physik, die angibt, das Wahrnehmbare übersteigen zu wollen, d. h. einmal mehr mit allen Vater-Menschen die gefährliche Natur überwinden zu können, geht ähnliche Kreuzwege. Auch ihr ist aus dem befriedeten Besitz der Patronomie nur ein Territorium zugeteilt, das ihr Spiele mit den gewohnten patterns ermöglicht. Solange dies der Vatergewalt profitabel erscheint.
Da Metaphysik Krisenwissenschaft zu sein hat, spielt sie nur die ohnehin gebräuchlichen Muster einer durch und durch patronomen Gesellschaft nach. Alle Philosophen dieser Zurichtung haben den gemeinsamen Fehler an sich, vom normalen Menschen auszugehen und aus seiner Analyse «den Menschen» zu entwickeln. Mangel an historischem Sinn ist ihr Erbe.[28] Ein besonders qualifizierter Verrat an der Wirklichkeit.
Keine Berufung auf das «Sein», kein noch so angestrengter Mystizismus helfen da heraus. Wer tief denkt, bemüht sich um Klarheit. Wer den vielen Opfern tief scheinen möchte, fängt mit Verdunklungen an. Denn die vielen halten gern für tief, wessen Grund sie nicht sehen können.[29] Sie brauchen immer wieder Halt, Stütze, Vaterliebe.[30]
Wer sich dagegen um den Menschen im geschichtlichen Sinn bemüht, wird wissen, daß er es mit dem «Vater-Mann-Menschen» zu tun bekommt. Menschheitsgeschichte ist Mannheitsgeschichte. Mit verschiedenen frau- und kindmenschlichen Einsprengseln.

Ich rate, alle Aussagen der Philosophie und der Geschichtswissenschaften über das Mensch-Sein auf diese geschlechtsspezifische Zurichtung hin zu untersuchen. Wo «Mensch» zu lesen steht, sollten um Wahrheit bemühte LeserInnen prüfen, ob nicht «Vater-Mann-Mensch» gemeint ist. Sie werden fündig werden. Texte enthüllen sich bald als Texte von Patronomen für Patronomen, die Themen von Patronomen über Patronomen behandeln.

Solch eine Kultur(-wissenschaft) schafft lebendige Tote. Ich nenne drei beispielhafte Verhängnisse der patronomen Friedhofskultur: das Gewalt-Wort, die Klassen-Leistung und die Liebes-Lüge.

Gewalt ist archaisches Erbteil. Gewalt-Menschen sind zurückgebliebene Menschen. Sie zeigen uns, was alle waren, und machen uns erschrecken.[31] In uns steckt das tausendjährige Erbe.

Das ist nicht nur individualistisch gesehen: Die Gewalt der Horde wird nämlich bewußt und bleibend, nicht zufällig, in patronomen Verhältnissen legitimiert. Hier haben die rüden Männchen ihre Vater-Logik gegen Frauen und Kinder durchgesetzt. Hier behaupten sie sich.

Gut und Böse wird von hierher definiert:

«Wer die Macht zu vergelten hat, Gutes mit Gutem, Böses mit Bösem, und auch wirklich Vergeltung übt, also dankbar und rachsüchtig ist, der wird gut genannt; wer unmächtig ist und nicht vergelten kann, gilt als schlecht.»[32]

Die Gesamtkonzeption dieser Kultur ist tief verstrickt in die Übung, bestehenden Gewalt(-privilegien) den Anschein von Rechtmäßigkeit zu verleihen.[33] Gegen diese Übung, ein Erbteil der Väterreihe, ist keine Berufung an die Moral möglich. Moral selbst ist systemimmanente Lösung. An ihr Forum zu appellieren ist Unsinn, weil sie ihre eigene Existenz von dem her gewinnt, gegen das appelliert werden soll. Sich auf sie zu berufen macht keine neue Dimension frei, aus der es gelingen könnte, Vatergewalt neu zu orientieren. Schon die Frage nach der «Verantwortung der Autorität» ermöglicht nur ein neues gesellschaftliches Alibispiel.[34] Der Frage, warum es dem patronomen Wissen immer glücken müsse, das jeweils «Beste» zu kennen, geht es ebenso.

Moralische Appelle sind keine systemöffnenden Fragen. Innerhalb des einen Systems gibt es keine wesentliche Differenz zwischen Moral und Theorie. Nichts innerhalb eines bestimmten Rahmens hat die Kraft, den Rahmen selbst zu leugnen.[35] Ein und dieselbe Ratio hat in Moral und Theorie ihren Erfolgswillen durchgesetzt. Wenn Patronomie von Moral spricht, kehrt sie – wie im Fall Religion – höchst gefahrlos auf ihr eigenes Territorium zurück. Alle Vorgänge, sich zu legitimieren oder sich zu entschulden, durchbrechen den heimatlichen Regelkreis nicht, sondern verwerten in ihm all ihre Nutzkrisen.

Der Regelkreis: Die Herrschaft des «hehren»[36] Vaters über Blut, Boden und Besitz schafft diesem notwendig Vater-Tugend. Wer das Bodenmonopol hat, besitzt Moral.[37]

Gut-Sein und Gut-Haben fallen in die eine Kreditwürdigkeit vor Gott und den Menschen zusammen. Zu den größten geschichtlichen Erfolgen der Besitzenden gehört es, daß sie sich Interpreten erzwingen konnten, welche sie zum Besten der Menschen(-Opfer) mißverstehen mußten.[38] Moral und Unmoral können sich ungestraft nur die Gewaltträger leisten.

Das Verhängnis des Gewalt-Wortes. Die vielen Opfer.

Der «Klassen-Leistung» verdanken sich ebenso viele lebendige Tote. Tüchtigkeit als profitable Leistung des Oben gegen das Unten ist ein Prinzip der Platzanweisung. Sie legitimiert die gesellschaftlichen Unterschiede als Wesens-Differenzen. Auch die Vater-Menschen unterliegen ihr. Doch sie wenden ihre ererbte Gewalt nicht gegen das Oben, das sie – im Arbeitsprozeß, im Umgang mit Institutionen – profitabel nutzt. Väter wenden ihre Gewalt im Privaten gegen die ihnen noch weiter als unten stehend definierten Opfer. Gegen Frauen und Kinder. Der Vater

«hat die Neigung, wo immer er der Aufsicht durch die Außenwelt entzogen ist, wo immer er im erweiterten Umkreis des eigenen Ichs zu Hause sich fühlt, rücksichtslos und brutal aufzutreten. An denen, die ihm nahe sind, rächt er sich für alle Disziplin und allen Verzicht auf die unmittelbare Äußerung der Aggression, den die Fernen ihm auferlegen. Er verhält sich nach außen, gegen die objektiven Feinde höflich und freundlich, in Freundesland aber kalt und feindselig».[39]

Die Ideologie der Väter von Heim, Familie und Privatheit ist durch die Väter gründlich widerlegt. Über einer derart auschwitzoiden Situation, wo tödliche Klassifikationen herrschen und Vatermenschen Nicht-Vater-Menschen verfolgen, steht die Liebes-Lüge als Zeichen. Liebe läßt sich zum einen als Toga nutzen, und als Toga dient zum anderen auch der bloße Schein von Liebe. Wo das Surrogat die gleichen Dienste leistet[40], genügt dieses, um menschliches Dasein vorzutäuschen.

Das System, das selbst nicht lieben kann, begnügt sich mit Masken.

Mehr und mehr verzichtet es auf Personen. Sein Verrat an den Menschen wird perfekt, wenn alle lügen, indem sie lieben, und lieben, indem sie lügen.

Was ist Liebe mehr als ihre Lüge? Rousseau:

«Man liebt viel mehr das Bild, das man sich macht, als den Gegenstand, auf den man es bezieht. Wenn man das, was man liebt, genau so sähe, wie es ist, so gäbe es keine Liebe mehr auf Erden.»[41]

Liebeslügen sind gesellschaftsfähig. Noch mehr: Sie stabilisieren die Gesellschaft, der sie sich verdanken. Die Gutmütigen zum Beispiel, die ihre Güte genießen, sind schnell in eine neue Person verliebt. Bei ihnen folgt aufeinander:

«Wunsch der Aneignung (sie machen sich wenig Skrupel über den Wert des anderen), rasche Aneignung, Freude am Besitz und Handeln zugunsten des Besessenen»[42].

Selbst Selbstlosigkeit kann bei Liebenden beobachtet werden. Selbstlosigkeit als Spekulation. Da verführen die, die niemals sich selbst zu lieben gelernt haben und die es bei sich selbst nicht aushalten, den «Nächsten» zur Liebe.[43] Jetzt heißen viele kurze Dummheiten und Gefühlchen einfach Liebe, und das Ende dieser Dummheiten, ein langer Irrtum[44], nennt sich Ehe. Nun verstehen und verzeihen sie alle.

Liebeslügen sind zu überlebensnotwendigen Medien der Patronomie geworden. Mit ihrer Hilfe verbreiten die von ihnen Befallenen die Kälte, in deren Schutz sie gedeihen können.[44] Lebendige Tote.

Ich nehme unter diesen Lebensbedingungen und für sie folgendes an: Opfer aus Liebe zeugen Opfer durch Liebe. Wer sich aus Liebe opfert, schafft durch Liebe neue Opfer: sich selbst und seine Objekte. Damit geschieht äußerste Perversion. Doch ist nicht genug Liebe in der Welt, um solche Liebe auch nur zu vernichten.

3.1.2   Wie eine Gesellschaft befriedet wird

Viele fragen, wo um alles in der Welt Liebe denn nun zu Hause sei und wo genau sie sich, wenn überhaupt, in den Menschen selbst lokalisieren lasse. Diese Fragen verraten patronom zugerichtetes Denken. Sie wollen Plätze anweisen – und ordnen, anordnen, einordnen, über- und unterordnen.

Daher sind sie normal.

Die eingeübte Antwort auf sie ist ebenso normal. Aber sie führt nicht weiter. Die genitale Sexualität, und mag sie noch so dringlich mit Liebe gleichgesetzt werden, hat nicht viel mit einer Ortsbestimmung der Liebe zu tun. Sie ist selbst nicht nur anatomisch bestimmt (Liebe: ein hormoneller Prozeß). Ihre Natur ist kulturell gebändigt.

Diese Fesselung bezieht nicht nur die «Geschlechtsorgane» ein, sondern den Menschen selbst. Liebe steckt daher, wenn überhaupt, im Kopf. Von hierher ordnet sie den Menschen im Sinne der Werteväter. Als geschlechtliche Liebe unterliegt sie deren Sexualpädagogik. Doch sie reicht weit über derlei hinaus. Sie ist mitbeschlossen in den grundlegenden Mythen der patronomen Kultur.

Nach dem Bild von Sam Keen[46] gleicht der Mythos einer Stechform, die auf den Teig der erfahrenen Wirklichkeit gedrückt wird und in allen Erfahrungen ihren Eindruck hinterläßt. Kultur ist zum Lebensinstrumentarium geworden, und alle Verhaltensweisen reproduzieren Kultur.[47] Ihr Mythos stellt die Formen bereit, die unsere Wahrnehmungen, Erinnerungen, Träume, Fühlbegriffe, Lebensphasen und -ziele regeln. Er ist dabei immer in seinen eigenen Ritualen, Machtstrukturen und Institutionen präsent.

Die Erkenntnis von der revolutionären Kraft des Mythos ist von großer politischer Effizienz. Sie läßt nicht nur den Schluß zu, daß jeder Mächtige davon profitiert, wenn er den ihm rentabelsten Mythos in den Köpfen der Beherrschten einrichtet, ausgestaltet und bewahrt. Sie weiß auch, auf der Gegenseite, von dem folgenschweren Versuch, eben diesen Mythos im Bewußtsein der bewußtlos Beherrschten zu entmythologisieren.

Ich will die Beherrschten von einer fremden Gewalt in ihren Köpfen befreien helfen, die ihnen gar nicht fremd erscheint.

Fremd kann im beschädigten Denken und Fühlen nicht sein, was seit langem am handlichsten zu instrumentalisieren war. Und so sind unter uns die Köpfe voll von jener Logik patronomer Gewalt, deren Auslegungen und Sequenzen ich hier skizziere:

1. Die Machtlogik, wie wir sie als bisher unbestrittene Grundform von Theorie und Praxis kennen, lebt davon, daß sie eine ganze Welt zergliedert und dann rekonstruiert hat. Von ihrer Definitionsmacht über die Natur.

2. Diese Definition aller Wirklichkeit zum eigenen Profit ist nicht nur Sache einer mannmenschlichen Logik. Sie ist spezifisch patronom. Nicht in erster Linie der Mannmensch braucht die auf seine Interessen hin zugeschnittene, berechenbare und berechnete Ordnung, sondern der Mann, der Vater sein und als Vater arbeiten will. Diesem liegt neben der Beherrschung der Frau auch an der Legitimität der Nachkommen: Da die Söhne legitime Erben sein sollen, um den Besitz an Land und an Frauen nicht in fremde Hände geraten zu lassen, benötigt der Vatermann seine auswählend wertende Bestimmtheit. Sie ist Mittelpunkt seiner angstbesetzten Defensivstrategien.

3. Haben sich die Väter die Definitionsmacht reserviert und die Privilegien ihres Mythos gegen alle Nichtväter durchgesetzt, sind alle Wirklichkeiten der Welt definitiv zu messen, zu ordnen und zu kontrollieren. Beispiele sind: Zeit (wie lange dauert eine legale Schwangerschaft?), Geld, Wissen, Glaube, Arbeit, Phantasie, Angst, Liebe. Diesem Zugriff entzieht sich auf Dauer keine Realität mehr. Wissenschaft, Technik, Religion, Philosophie und so fort werden zu Instrumenten. Sie bearbeiten die Natur für jede Art von Ausbeutung («Landnahme»-Prinzip). Wissenschaft zum Beispiel ermöglicht die gegenwärtig wirksamste Handhabung der Weltwirklichkeiten. Religion und Philosophie haben heute etwas abgewirtschaftet.

4. Einer solchen Leistung entspricht der Erfolg: Die Wirklichkeit gehorcht zunehmend den Gesetzen, die die patronome Machtlogik ausgeheckt und verwertet hat. Natur ist Rohmaterial, Welt ist Stoff totaler Verwaltung. Alles erscheint linear: Die Ursachen liegen in der Vergangenheit, die Gegenwart ist die Wirkung aller vergangenen Ursachen, und die Zukunft wird die Wirkung aller gegenwärtigen Ursachen sein. Auch eine Väterreihe.

5. Die Natur als riesige Mutterbrust, an der Vatermenschen ihren Durst auf wertende Ordnung seit jeher stillen. Solch ein Gehorsam der Welt gegen die berechnete Definition ist mittlerweile Basis für jedes Marktkalkül. Damit kann das sogenannte (Liebes-)Leben um die ökonomischen Gesetze herum organisiert werden. Die menschlichen Bedürfnisse, eine auf Warenform reduzierte Liebe nicht ausgenommen, lassen sich marktgerecht produzieren, propagieren und manipulieren.

6. Berechenbarkeit führt sich auf patronome Ratio zurück. Menschliches Verhalten wird schon längst definiert als von der Ratio beherrscht – und damit dem vatermann-menschlichen Verhalten gleichgesetzt. Was noch als Gefühl (Intuition, Empfinden, Phantasie) erscheint, muß als nachrangige, unreife (frauliche, kindliche, mütterliche, schwachväterliche) Form gedeutet werden. Als luxurierende Geistesvergnügung, die es zu überwinden gilt: Mann-Menschen-Mathematik meistert Magie. Jede Maschine hat ihre Väter, nicht ihre Mütter, und jeder Markt hat die seinen. Eine «Kritik der mannmenschlichen Vernunft» ist wohlweislich noch nicht geschrieben.

7. Wer den Vater-Mythos jeweils am kontrolliertesten handhabt, ist der vernünftigste und wertvollste «Mensch». Er ist der zu Macht und Wissen berufene Wertevater. Dagegen bleiben Nicht-Väter für die Patronomie weniger wertvolle Menschen. Ihre Arbeit ist vergleichsweise unproduktiv. Sie bleibt – beispielsweise in der Familie – bloße Zuträgerarbeit des Mutterhilfspersonals – oder Gehorsamsarbeit des Kindes. Frauen küssen als Musen die Vaterschöpfer wach – und werden im Erfolgsfall dafür geküßt.

8. Bleiben Probleme, so werden sie früher oder später von den dann Mächtigen, den legitimen Söhnen der heutigen Werteväter, zu messen, zu ordnen und zu kontrollieren sein. Denn alles, was Patronomie wollen kann, wird sie erreichen. Ihre Expansion ist prinzipiell ruhelos. Ihr Erfolgsspiel ebenso.

9. Probleme in ihrer Verschleierung schon jetzt zu entdecken würde mitten in einer auf Harmonie und Befriedung angelegten Gesellschaft einem schlimmen Eingeständnis gleichkommen: Die gegenwärtigen Werteväter sind impotent. Das kann nicht sein. Daher müssen die Söhne eine eventuelle Kritik als inopportun unterlassen. Oder die Väter müssen die Kritik mit allen Mitteln verfolgen.

10. Paternologie ist eine patroktone Wissenschaft. Die gesunde Welt der Patronomie ist nur noch einer Pathologie zugänglich. Paternologische Forschung muß an ihre Fälle herangehen wie die Psychiatrie an die ihren.

Ich schließe solche Fälle gleich an:

Das lange geübte Vorrecht der Väter, ihre Kinder nicht aufzunehmen und verhungern zu lassen, mag der Gegenwart als barbarisches Relikt erscheinen. Inkonsequent ist es innerhalb des patronomen Systems niemals gewesen. Ad-Option bedeutet eben: Der Vater, nicht die Mutter, schafft sich seine Wunschkinder.

Ganz überholt ist diese Übung nicht. Die konsequente Negativ-Auslese, wie sie Väter gegen Kinder üben, entspricht noch heute dem Mythos. Die Aus-Setzung bedeutet die definitive Platzanweisung einer als illegitim definierten neuen Existenz im Draußen, in der Heimat- und Vaterlosigkeit. In einem solchen Fall wird Definitionsmacht des einen über den anderen Menschen am ursprünglichsten und am folgenreichsten ausgeübt.

Nicht anerkannte, illegitime Kinder gehören raus. Erben sollen andere. Die Väter mußten sich, als das Privateigentum aufkam, nach dem Sohn umsehen, der ihnen am geeignetsten vorkam. Ihre Wahl fiel auf den, der ihnen am ähnlichsten gelungen schien. Den sie am meisten liebten.

Erich Fromm in seiner «Kunst des Liebens»:

> «Die väterliche Liebe ist an Bedingungen geknüpft. Ihr Grundsatz lautet: Ich liebe dich, weil du meinen Erwartungen entsprichst, weil du deine Pflicht erfüllst, weil du mir ähnlich bist.»[48]

Und weil das so ist mit der spezifischen Vater-Liebe, die nicht fühlt, sondern kalkuliert, können auch die Söhne etwas dazu tun: Rechnen. Vater-Liebe steht nicht außerhalb ihrer Macht. Sie können sie erwerben. Etwas tun. Kopfarbeit ist gefragt.

Wenn ich hier nochmals frage, wo denn nun die Liebe ihren Platz im System angewiesen bekommen habe, antworte ich mir selbst mit der Kopfarbeit patronomer Jahrtausende:

1. Vater-Gesellschaften gründen auf ihrem archaisierenden Anspruch, dem – am Ursprung der sich institutionalisierenden Familien stehenden – Vater (paterfamilias) komme ein definiertes, d. h. abgegrenztes und umgrenztes Eigentum an Boden (Heimat, Vater-Land) zu. Privateigentum hat nicht nur Besitzstreben zur Basis, sondern dessen soziale Legitimation. Privateigentum ist das sozial von Schwächeren legitimierte Eigentum der Stärkeren. Dieses ist anderen abgestritten (ent-

grenzt). Es wird an die als eigene hinzugewünschten (ad-optierten) Söhne vererbt werden.

2. Vater-Land besetzen heißt auswahl-gesteuert vorgehen: Vater-Liebe ist im Spiel. Was vorher als das Bessere (oder das Beste) definiert worden ist, muß meinen Söhnen gehören – und den deinen (anderen) genommen sein.

3. Patronomie normiert vaterrechtlich den Erwerb und den Besitz von Eigentum sowie das auf Eigentum bezogene Erbverhalten. Ihre Legitimation zieht sie aus Gewalt. Aus einem gegen andere gerichteten Gewalt-Verhältnis. Haupttypus solcher Rechtfertigung ist die – vater-religiös und vaterrechtlich begründete (und akzeptierte) – «Erwählung» der einen Potenz vor der anderen. Das gelobte Land, das auserwählte Volk.

4. Die Leistung nackter Landnahme (Land- und Frauenraub ins «Private» hinein) wird im Lauf geschichtlicher Prozesse auf eigens geschaffene Adoptionsinstanzen (Vatergottheit, Ratio) zurückgeführt. Defensiv-Institutionen wie die patripetale Familie und der (Vater) Staat helfen mit, die jeweilige Landnahme individuell und national zu rechtfertigen. Im antiken Rom übernehmen die Träger des Zensoren-Amtes die Kontrolle auch der einzelnen Hausväter und ihrer Leistung für den Privatbesitz. Jeder Vater hat so zu handeln, daß sein gegenwärtiges Tun Basis und Bild für das seiner Söhne abgeben kann.[49]

5. Der in Großreichen konkretisierte politische Vaterwille benötigt einen ebenso patronom (d. h. nach Art von «Reichen») strukturierten geistigen Imperialismus. Groß- oder «Hoch»-Religionen und Großrechte müssen geschaffen werden. Ihre Verheißung (promissio) ermöglicht umgekehrt die Vergrößerung des Bestehenden nach außen (missio). Diese promissio-missio-Struktur, die Nachahmungsmodelle aus sich entläßt, ist typisch patronom. Vater, dein Reich komme.

6. Schön wär's, wenn das endgültige Reich des Vaters endlich käme. Solange es aber nur von der eigenen Verheißung lebt, ist die fallweise geschehende Wegnahme von gemeinsamem Besitz zugunsten des jetzt als privat definierten nach wie vor verteidigungsbedürftig. Dieses Nachwievor begründet ständig neue Gewalt. Immer ent-grenzt die

Macht zur passenden Definition anderes Land und be-grenzt es neu zum eigenen.

7. Die sogenannte Land-Nahme bedeutet einen kulturierenden Eingriff der Vatergewalt in natürliche Verhältnisse. Sie löst Natur in Patronomie, Erde in «Grund-Stücke» auf und macht die Umwelt aller zur Eigenwelt einiger. Wo Geschwister teilen könnten, müssen Väter aneignen.

8. Landnahme kann immer nur Land-weg-nahme gegen Natur und Mensch sein: Die jeweils höhere Potenz eignet sich mit Gewalt (Definition, Krieg) Land von der unterlegenen an und bezeugt sich durch diese Enteignung selbst als die mächtigere gegen andere. Das Raubtier hat sich durchgesetzt. Es ist deswegen nicht beschämt, sondern trotzig stolz.

9. Nach ihrer eigenen (Rüden-)Logik müssen patronome Gesellschaften kriegerisch sein. Ihre asymmetrischen Relationen verhalten sich aggressiv gegen alles Nicht-Väterliche. Weil dieses Grenzen verwischt und potentiell patrokton ist. Der Patronomie ist nicht das Leben Mutter, sondern der Krieg Vater aller Dinge. Krieg zur Landnahme, aber auch Krieg gegen alle als Nichtväter geltenden Unterklassen-Angehörigen. Das (phallische) Schwert hat seinen jahrhundertealten Mythos. Auch die Scheide. Schwerter sind in Metall gegossene Dauer-Erektionen. Zweifel an der Potenz des Trägers sind endlich überholt. Angst löst sich in Androhung und Ausübung von Gewalt.

10. Die Prinzipien der Landnahme sind ursprünglich und dauerhaft gegen den Fundus der Nicht-Väter gerichtet. Sie lassen sich aber definitorisch auf prinzipiell alle privaten und gesellschaftlichen (Besitz-)Werte übertragen. Diese Übertragung braucht eine potente Werte-Väterschaft und deren funktionierende Transportmaschinerie.

11. Findet die stets auf Besitz gerichtete Definitionsmacht einer Potenz keine hinreichende Akzeptanz bei einer anderen mehr, so drängt das (selbstgeschaffene) Legitimationsproblem nach neuer Landnahme. Dieser Zwang ist vatertypisch. Nichtväter kennen kein entsprechendes Bedürfnis. Frauen und Kinder müssen daher immer wieder dem kriegerischen Interesse der Väter angepaßt werden.

12. Diese Anpassung ist in sich typisch für die Vatergewalt: Frauen und Kinder werden erneut auf ihre soziale Opferrolle zugerichtet, die sie gerade im Kriegsfall anzunehmen haben (Erklärung zur «Beute»). Daß die Zurichtung siegreich gewesen ist, beweist die Erfahrung: Das Landnahme-Interesse der Väter hat sich bisher stets gegen die Lebens-Bedürfnisse der Nicht-Väter behaupten können. Vatermenschen haben sich selbst maschinisiert in Kriegs- und in Arbeitswerkzeuge. Populus (Volk?) ist verwandt mit populari, verheeren.[50] Wer zum Volk gehören will, muß verwüsten können: als Täter. Oder sie / es muß sich verwüsten lassen können: als Beute.

13. Der Landnahmezwang führt, gleich ob mit Waffengewalt durchgeführt oder nicht, zur Umverteilung von Grund und Boden und / oder zur Umwertung (Neudefinition) bisher anerkannter Werte. Damit sind neue Wertevaterschaften in anders definierten Vaterländern entstanden. Auf sie hat sich die neue Liebe aller Opfer zu richten, bis es zu erneuten Umwälzungen kommen wird, die eine weitere Zurichtung der Liebe erfordern werden.

14. Liebe ist nützlich und Angst schöpferisch: Die in patronomen Gesellschaften immer präsente strukturelle (strukturierende und strukturierte) Angst, die Besitzmacht bestritten oder abgenommen zu bekommen, bildet psychische und soziale Strukturen der patronomen Machterhaltung und des anhaltenden Machtgewinns aus. Anspruch auf Autarkie, Kastengefühl der Erwählten, Bunkermentalität, Selbstbestätigung der Vatergewalt durch Leistungserfolge, Ausschluß aller Nichtväter von den sogenannten Vaterprivilegien. Um die unterwerferische Anpassung den Opfern nicht bewußt werden zu lassen, bedient sich das Klasseninteresse der Werteväter der Liebe. Die erlaubt es, Gewaltausübung als Sorge um das «Beste» auszugeben. Regieren bedeutet die Leute vor sich selber schützen.[51]

15. Alle sekundären Gesellschaftssysteme stehen dieser Vorgabe der Patronomie als Erben gegenüber – und bestätigen darin ihre Funktion, bloße Nachfolger zu sein. Daß Ausbeutung nicht nur ökonomisch geschieht, sondern psychisch-affektiv, mußten manche erst lernen. So geblendet waren sie selbst von den Strahlen der Liebe.

Liebe glänzt über dem Vaterland, dem teuren. Liebe stellt die Heimat ruhig, und die Familien in ihren Vaterhäusern auch. Wer zur wahren Liebe erzogen ist, begehrt gegen eben die nicht mehr auf.

3.1.3   Wie sich eine Welt zurichten läßt

Ich will dein Bestes, sagt auch das erzogene Kind zum Vater. Ich will deine Liebe. Gib sie mir Tag für Tag. Ich tue alles, um sie zu erwerben. Ich gehorche, damit du mich endlich liebst.

In den USA sollen Väter durchschnittlich dreißig Sekunden pro Tag für ihre Kinder aufbringen. Ein Jahr ihres Lebens verbringen sie durchschnittlich, indem sie Dinge suchen, die sie verlegt haben. Zwei Jahre mit Anrufen an Leute, die nicht zu Hause sind. Normalerweise führen sie pro Tag vier Minuten lang ein ernsthaftes Gespräch mit ihrer Frau. Das «Liebe machen» inbegriffen.

Ich will dein Bestes, deine Liebe, sagt das Kind. Statt sich im affektiven Bereich zu entwickeln und Liebe zu erlernen, wird das Kind daran gewöhnt, sich ständig einem Vaterwillen unterzuordnen, der seine Fremdgewalt als Wissen um das jeweils Beste (Liebe) tarnt. Patronomie herrscht unter diesen Umständen im Milieu ihrer Normalität, und die Unterwerfung unter die väterliche Zurichtung ist kein künstlich erzeugtes und erhaltenes Phänomen mehr[52], sondern zweite Natur.

In dieser grundsätzlichen Konditionierung (Paternisation) ist der lebenslange psychische Infantilismus der Unterworfenen begründet, den jede Vatergewalt zum Überleben braucht.

Ich nenne eine Gesellschaft, die von solchen Liebesklammern zusammengehalten wird, oknophil (sich an Liebe klammernd und mit Liebe erdrückend). In ihr herrschen strengste Bräuche: Liebe ist Objektbesetzung. Das Individuum liebt, indem es sich an den jeweiligen Strohhalm seines Liebesbesitzes klammert. An Partner, Kinder, Besitz (-symbole). Es liebt nicht, wenn es sich dem Klammereffekt versagt. Dann ist es liebes-gestört und jeder Behandlung wert. Der Rhythmus der Gesellschaftsmaschinerie läßt für das Befremdliche keinen Ort mehr.

Über allen Opfern glänzt Liebe. Alle Opfer verklärt sie. An der sie tragenden Gewalt ändert sie nichts.

Das gesellschaftliche Bedürfnis, dem sie ihren Bestand mitverdankt, heiße ich «Harmonie». Daß sich alle Menschen mittlerweile danach sehnen, ihre sozialen und individuellen Beziehungen nach dem Harmonie-Modell auszurichten, gilt als natürlich. Das ist Glück.

Wo es in einer Partnerschaft nicht klappt, sprechen die Betroffenen von Konflikt und denken an Trennung. Erst wenn sie sich wieder ausbalanciert haben (was ohne sogenannte «Kompromisse» nicht geht), nehmen sie wieder an, daß sie sich lieben.

Daß Konflikte gegenüber den Kompromissen stets die schlechteren Karten haben, ist anerzogen. Wir haben gelernt, was Liebesglück ist: Störungsfreiheit.

Störungen werden nur beseitigt, wenn Ordnung geschaffen wird. Patronomie lebt von Ordnung – und ist auch von daher gesehen immer an Liebe interessiert.

Ordnung der Väter: Unser Ordnen als Ein-Ordnen, Ab-Ordnen, Über- und Unter-Ordnen, Ver-Ordnen bleibt immer An-Ordnen. Befehlen, das auf Gehorsam zielt.

Ich sage in Klammern, daß nach diesem Modell (wie es sich von Fall zu Fall belegen läßt) auch die gewöhnlichen Partnerschaften geregelt werden, von deren Balance-Akten ich sprach. Wo die soziale Liebe verdorben ist, kann die individuelle nicht leben.

Friede braucht nach einer berühmten Definition[53] geordnete Ruhe, Ruhe in der Ordnung und Ruhe durch die Ordnung, Ordnung durch Ruhestellung und so fort. Friedlich nenne ich dich, wenn du meine Kriege lobst.[54]

Ordnung setzt immer An-Ordnung (Wahl) voraus. Chaos ist einfach Leben. Da wächst alles durcheinander. Noch nicht einmal die normalen Partnerschaften können daher Chaos brauchen. Auch sie müssen geordnet sein. Von Ehe und Familie gar nicht zu reden. Wo kämen wir sonst hin? Wo sind wir schon hingekommen?

Noch immer gilt unter uns die als Denkleistung belohnte Meinung, patronome Auswahl (zum «Ordnung-Schaffen») stelle einen durch und durch rational begründeten Prozeß des Urteilens dar. Doch patronome Wahl (Selektion) schärft eben nicht das Sehen, sondern macht gegen die Gesamtwirklichkeit des Lebens blind. Selektion gibt sich als Ratio aus, auch als Liebeswahl zugunsten des Besseren oder des Besten. Doch gründet sie auf der Inhumanität eines irrationalen Machtwillens. Bereits die Grundwahl der Patronomie ist nur rational etikettiert: Wer ein erstklassiges Oben der Vater-Menschen und ein nachrangiges Unten der Nicht-Väter annimmt, drückt seinen Klassenstandpunkt aus.

Dagegen hilft keine Liebe. Wenn Liebe sich von oben nach unten «neigt», kann auf sie verzichtet werden. «Nächstenliebe» wäre zunächst Liebe zu den Dauer-Opfern einer Gesellschaft, zu Frauen und Kindern, die alle Klassengrenzen sprengte. Nicht Neigungsliebe zu irgendwelchen fallweise anfallenden Hilfsbedürftigen.

Genauso kann Patronomie nicht handeln. Ihre Gesellschaft muß anders geordnet sein: Sie kennt notwendig Ausgrenzungen (von erstklassigem Menschenmaterial gegen das zweitklassige der «Minderheit»). Sie lebt von zeitlichen, völkischen, räumlichen, nationalen, sozialen, bildungsmäßigen, kulturellen, ökonomischen Abgrenzungen gegen das jeweils als das «Andere» Empfundene und Definierte. Sie tendiert, da schon ihre Primärwahl angstbesetzt war, immer zu einseitiger Auswahl, Wertung, Toleranz und Kompensation.

Im Vater-Land, wie die Väterreihe dies definiert, muß geboren sein, wer zu ihr gehören will. Die anderen, die weder Geburt noch Adoption nachweisen können, sind immer die von draußen. Der Schreber-Garten kennt nur eigene Söhne. Das Wir-Gefühl hat eiserne Klammern.

Gib dir selbst die Befehle, reiße dich zusammen, kontrolliere dich bei Tag und Nacht, zeige männliche Haltung, plärre nicht, füge dich immer in die Gruppe der Deinen ein. Dann bist du ich-stabil, ein Mann, ein Sohn, ein Vater.

Kämpfen, Angsthaben, Kämpfen. Das Fremde, das andere darf nicht siegen. Andere sind Erb-Feinde. Sie sind dem eigenen Erbteil gefährlich. Sie scharen sich um andere Fahnen, weil sie andere Väter (Paten, Patrone) haben. Nieder mit ihnen, hoch wir selbst.

Das fremde Land: Betreten, niedertreten, besetzen, überwältigen. Dann ist die eigene Angst weg. Denn schon der kleinste Schritt jenseits der eigenen Grenze ist gefährlich. Er hat Übertretung, Verstoß gegen den fremden Vaterwillen in sich. Dieser andere Wille muß gebrochen werden. Weg damit. Hoch die eigene Fahne. Feuertaufen. Identitätsfindung durch Rache.

Die fremden Frauen nieder. Nach unten. Gewalt über sie. Vergewaltigung dessen, was einem anderen gehört. Höchster Mannesmut. Niedrigste Angst.

Frauen in Scham und Schande. Dahin gehören sie. «Genommene» Frauen sind – in patronomer Perspektive – doppelt verachtenswerte Opfer. Sie gehören zum Volk der Besiegten, und sie sind vergewaltigt als stellvertretende Objekte jener tiefen Verachtung, die die Siegerväter den niedergeworfenen Mannmenschen entgegenbringen. Das Bild der Sieger von der Frau ist geformt vom Blick auf vergewaltigte und versklavte Objekte.[55] Aggression schläft mit Lust, Lust mit Verachtung, Verachtung mit Scham, Scham mit schlechtem Gewissen – und dieses löst sich in neuer Aggression.

Der Kolonialherr fällt in das Land der Frauen ein. In einer Gesellschaft, die die sexuelle Liebe des Mannmenschen dem Pflügen und Ackern des weiblichen Bodens gleichsetzt, bedeutet Landnahme die Vermischung von Land- und Frauenraub. Frauen als Fundus zu erobern und kultivierend zu besitzen und diese Kultur noch zu feiern: patronome Logik.

Sich auf dem Körper austoben, Brust und Schoß endlich besitzen, sich in die Frau ergießen, sie «ganz» haben. Höchstes Gefühl der Liebe?

Die eigenen Frauen sind potentiell dieselben Opfer solcher Kolonialisierung. Wer – als Herr und Mann – auswärts (im Draußen) zu siegen und zu nehmen gewohnt ist, wird zu Hause nicht viel anders handeln. Ob mannmenschliche Orgasmen sexuell bestimmt sind? Oder ob sie sich aus dem Augenblick höchster (und sei es nur imaginierter) Gewalt über ein Frauenopfer lösen?

Sagt ein Mann gegen eine Frau: «Ich begehre dich», meint er: «Ich will dich haben.» Damit bestätigt er die ihm anerzogene Rolle. Unsinn, ihm Schamlosigkeit vorzuwerfen, wo er ehrlich ist. Freilich bezeugen nicht alle Gewaltakte dieselbe Ehrlichkeit. Sie nennen sich dann einfach Liebesakte.

Wieder ist ein bißchen Legitimation nötig. Die Urangst will es so. Vaterliebe verdeckt die Landnahme. Der Penis hatte zwar die Frauen gespalten. Sie waren zu bloßen Bodenfurchen geworden, die den Samen aufzunehmen hatten. Doch eben der Same ist vater-typisch. In ihm steckt Leben, sagen die Väter. In ihm warten die neuen Söhne, die potentiellen Opfer der Adoption. Sperma trägt Vaterliebe in die Frau. Der Penis wird zum Phallus überhöht.

Wieder glänzt das Land.

Vaterliebe, Vaterfriede? Toleranzgebote decken nur mühsam die latente Aggressionsbereitschaft. Erst feste Feindbilder machen die Patronomie relativ friedlich. Sie verblassen aber, wenn sie nicht aufrechterhalten werden. Sie müssen immer wieder ausgegraben und zu neuem Leben erweckt werden. Die Defensiv-Institutionen sehen darin ihre Aufgabe.

Werteväter unterliegen ihren eigenen Zwängen. Sie müssen stets wissen, was das jeweils Beste ist.

Fraumenschen sollen nichts von diesen Dingen verstehen. Die patronomen Strukturen sind von einem anderen Geistestyp als dem ihren eingerichtet. Wie Pissoirs für einen anderen Körpertyp.[56]

Doch auch einzelne Väter fühlen sich von dieser Zwangsarbeit mehr und mehr überfordert. Die Patronomie hält sich daher bestimmte Wertearbeiter, welche die Dauerarbeit an der Ordnung des Systems auf sich nehmen – und dafür nicht nur durch ihre Abhebung von den gewöhnlichen (Arbeits-)Vätern belohnt werden.

Für solche Wertearbeiter sind festumrissene, d. h. eigens definierte «Ämter» vorgesehen. Diese überleben ihre eigenen Verwalter. Sie sind mit der Produktion von Bedürfnissen befaßt. Sie kodifizieren das menschliche Verhalten und schleifen es heimlich zu. Sie sagen, wie das Leben auszusehen hat, welche Art von Beziehungen für die Menschen die besten sind und so fort.

Der Begriff des normalerweise Besten wechselt allerdings so schnell zu den Interessen der jeweils Definierenden über, daß der heute noch Normale morgen schon von gestern sein kann. Vaterliebe ist flexibel.

Ämter müssen sich anpassen. Sie haben immer das jeweils – gesundheitlich, geistig, ethisch – Beste zu bearbeiten und auszubessern. Man könnte sie deswegen geradezu «liebhaben».

Sie werden freilich nur an eigens geschulte Personen abgegeben. Wieder eine patronome Klassen-Einteilung: Wer einen Platz unter denen ergattert hat, die das Beste definieren dürfen, gehört auf die Sonnenseite des Vater-Lebens. Das stille Glück der Pastoren, der Ärzte, der Forscher, der Lehrer. Sie sind berufen zum Beruf.

Die übrigen haben eine nachrangige Arbeitsstellung. Einen Job.

Experte müßte man sein, die Gesellschaft mit befrieden helfen dürfen, die Wirklichkeit mit zurichten, Konflikten vorbeugen, Unruhe abwenden, Dissens entschärfen, die Normalisierung der Verhältnisse vorantreiben. Planen, den Konsens aller vorbereiten und einschärfen, ordnen, anordnen, befehlen.[57]

Wissen hat niemals einen so harmlosen Charakter gehabt, wie es die Wissenschaftler nahegelegt haben.[58] Glauben war niemals so unverdächtig, wie die Pfarrer gepredigt haben. Religion und Wissenschaft mußten immer brauchbar, verwertbar sein. Brotberufe für geliebte Denker.

Daß Überzeugungen zugefügt sind wie Wunden, fällt nicht mehr auf.

Nicht die erfolgloseste Selektion, die intellektuelle Dienstbarkeiten gewerblich nutzt. Die Benutzten sagen zu ihren Opfern: Über dich wissen wir genug. Wir können amtlich sagen, daß du krank (doof, sündig, verbrecherisch) bist. Über Doofheit, Sünde, Krankheit, Verbrechen wissen wir erst recht genug. Du bist nur ein Fall unseres Wissens und Tuns.[59]

Entmündigungs-Institutionen wirken wie Repellentien: Sie tragen den Repellent-Effekt (Abwehr von Lästigem wie Schmeißfliegen) einer Kultur in sich und verstärken ihn. Keine päpstliche Enzyklika, keine politische Programmrede, kein pädagogischer Beitrag kommt ohne Abhebung von jenem anderen aus, das als das jeweils Nicht-Gute, d. h. Nicht-Meine, definiert ist.

Wenn aber ein Mensch als «andersartig» gewertet wird, ist er potentiell schon tot.

Will er sterben? Um überhaupt überleben zu dürfen, wird er sich in aller Regel bemühen, das rettende Schiff der Normalität eben noch zu erreichen. Wo Abnormität geringere Lebenschancen – d. h. höhere Todesraten – verheißt, ist er dumm bis lebensunwert, wenn er sich nicht anzupassen sucht.[60] Wenn Patronomie zur Selektion treibt, wollen alle Erben ihren Erblassern möglichst gleich sein. Um geliebt zu werden.

Da eine angepaßte Liebe sich immer anklammern muß, da sie nicht ins Leere, Zwecklose gehen darf, haben Institutionen und ihre Verwalter ihre Daseinsberechtigung. Ein Führungs-Kreis muß sich stets zur Verfügung halten. Gehorsame Liebe braucht ihr Gegenüber. «Jugend verlangt nach Autorität», Söhne wollen Väter.

Ein Bild der Harmonie, wo sich auf dem Friedhof des Lebens nur noch Normale finden.

Patronomie ist voll von Befriedungs-Verbrechen[61] und deren Opfern. Friede kehrt in einer solchen Gesellschaft nur zeitweilig ein. Nur im Zustand vorübergehender Sättigung. Eine Riesenschlange, die ein Kalb verschlungen hat, braucht Ruhe. Dieses Bedürfnis kann Entspannung oder Friedenspolitik genannt werden.[62] Das ist eine Frage der Definition.

Der patronome Friede lebt von jenen Kleinkriegen, die den Alltag der lebendig Toten verwüsten und keinen Waffenstillstand kennen. Solche Kriege werden in Fabriken, Krankenhäusern, Kasernen, Schulen, Kirchen, Gefängnissen täglich geführt.⁶³ Überall wird unterschieden, selektiert, angeordnet, gewaltverordnet. Jeder Mensch aber, der sich normal zu sein bemüht, nimmt diese Gewalt als Normalzustand hin. Die Akzeptanz frißt sich in die Köpfe hinein, und dieser Fraß gilt mittlerweile als ganz normale Sättigung.

Alles noch Unverdauliche wird neutralisiert, isoliert und selektiert: aus dem Wissen um das Beste. Aus Vaterliebe.

Derjenige, der sich als nicht-wahnsinnig definiert und damit eine bestimmte Mehrheit gesichert hat, erhebt den Anspruch, mit dem als wahnsinnig definierten Nächsten aufzuräumen. Der nicht-verbrecherische Mensch mit dem verbrecherischen. Immer will ich dein Bestes. Denn ich liebe dich, obwohl du mir stinkst.

Die Römer: «Divide et impera», teile und herrsche! Den Profit dieser Devise haben die Patronomen niemals aufgegeben. Immer teilen sie die Wirklichkeit in oben und unten, in links und rechts. Dabei ist das «impera» stets den Vätern, die Verniedlichung bis Verwerfung dem nichtväterlichen Unten zugeordnet.

Wo Abgrenzungen eine Welt einengen, hat Angst ihre Heimat.

Doch ist jeder Blick auf das Grauen verstellt. «Gibt es etwas Schrecklicheres auf Erden», fragt der besorgte Mann Rousseau,

«als einen unglücklichen Vater, der, weil er kein Vertrauen mehr in seine Frau hat, es nicht mehr wagt, sich seinen Gefühlen hinzugeben; der, wenn er seine Kinder küßt, daran zweifelt, ob er nicht das Kind eines anderen küßt, das Unterpfand seiner Entehrung, den Dieb des Gutes seiner eigenen Kinder?»⁶⁴

Gibt es etwas Schrecklicheres auf Erden? Die Frage selbst ist der Skandal. Aber nicht im patronomen Milieu.

Landnahme, Beutenahme, Frauenraub und Frauenkauf, Besitz von anderen Menschen, Gewalt über sie, all dies ist historisches Erbe und aktuelle Gegenwart in der Vätergesellschaft der ganzen Welt. Ich nehme an, daß sich die historische Basis dieser Gesellschaft nachweisen lassen wird. Geschichte könnte dann gedeutet werden als eine ununterbrochene Abfolge von Landnahmen, und Geistesgeschichte als ein diese Landnahmen begleitender und stützender Prozeß von Definitionsversuchen, die in sogenannten Siegen, Niederlagen und neuen Siegen ihre jeweilige Macht und Ohnmacht beweisen.

Ein Ende dieser Abfolgen, deren Kreisbewegungen die sogenannte Vater(lands)liebe treu zu folgen hat, ist nicht abzusehen. Familie bleibt Familie, Vaterland Vaterland und Heimat Heimat.

Wer jedoch Heimat begründet hat, wer diese wieder wem weggenommen und damit neue Heimat fundiert hat, wer schließlich die jeweilige Legitimationsarbeit für all diese aufeinandergelegten Schichten von Heimat geleistet haben mag?

Eine ganze Welt ist zergliedert, selektiert und neu konstruiert. Immer wieder. Das ist Patronomie.

Selektion meint patrozentrische Auswahl desjenigen Territoriums, das sich als auszubeutende Kolonie eignet. Landnahme bedeutet die totale Wegnahme der im voraus definierten Kolonie durch die Vatergewalt. Beides geschieht zum Besten der Betroffenen.

Die Suche nach dem geeigneten Territorium hält sich nicht lange bei Nebensächlichkeiten auf. Die Antwort auf die Frage aller Fragen, wie das Beste zu wählen sei, richtet sich an einer außerordentlich einfachen Meßlatte aus. Sie kennt nur ein Oben und ein Unten. Nur Größen-, Niveau- und Klassenunterschiede.

Dieses Maß ist an der Größenrelation Vater–Kind abgelesen und damit «natürlich». Die Ausbeutung des Menschen durch den Menschen läßt sich seither an der Relation Vater–Kind ausmachen. Indem Patronomie weiß, was sie wissen muß, hat sie ihr Normativ erzeugt. Von nun an ist klar, was normal ist. Ich nenne Beispiele zum Nach-Messen.

1. Dem Oben sind bleibend gegen das Unten zugeteilt:
Kopf («Ober-Haupt»)
geordnete Rationalität, Kopfarbeit
Recht
Helle und Licht
Standfestigkeit («Fels»)
Selbstbeherrschung
Disziplin
Führungskraft und -wille
Sieg
Erwählung
Ego des Vatermannmenschen
(Werte-)Vater
(Hoch-)Gott

2. Dem Unten verbleiben die – inzwischen längst gefühlig verankerten – Nachrangigkeiten. Sie lassen sich nur definieren, indem sie vom Oben abgehoben werden:

Nicht-Ego-Sein
Fremdbestimmtsein
Nicht-Vater-Sein
Frauen
Kinder
Unterleib (Reproduktion)
Irrationalität
Passivität
Dunkelheit (Bedrohung)
Chaos (Masse)
Fügsamkeit (Führungsbedürfnis)
Materie
Gehorsam
Niederlage
Unterwelt

3. Und die Liebe, ein Herrschaftskorrelat, verhüllt notwendig diese Anordnung der Gewalt. Sie verwischt alle Unterschiede. Bei ihr soll es weder ein Oben noch ein Unten geben. Genau dies ist der schwächste Punkt der gesamten Konstruktion. Indem Liebe zu verdecken meint, enthüllt sie.

Ich halte es für verkürzend, diese Maßnahmen als Ausgeburten der Mannmenschen-Phantasie zu deuten. Sie gründen auf dem sich selbst und seine sozialen Strukturen legitimierenden Sicherheitswissen der Patronomie: Väter brauchen sich ihre Welt nicht zu erträumen. Phantasie haben sie nicht nötig. Sie leben in der Wirklichkeit. In ihrer.

Keine Patronomie hat je ein Land Utopia weggenommen und besetzt. Ihre Landnahmen sind unter uns nachprüfbare Realität. Ihre Kultivationen auch.

Patronome Kultur bietet Verschönerung des Bestehenden. Indem sie diese leistet, betreibt sie Versicherung. Hinter der kulturellen Schönheit (dem «Fortschritt») hält sich nackte Abwehr versteckt. Nur die an schöne Kultur Gewöhnten fühlen sich geborgen.

Bei uns zu Hause ist es schön. Wir fühlen uns zu Hause. Wir lieben den Vater, der uns dies ermöglicht hat. Und der fühlt sich sicher.

Alles Gute kommt von oben. Denken findet oben statt, im Kopf. Niemand denkt an unten, wenn er denken meint. Unten ist der Trieb, und den fühlt man. Das Ego ist gefühlsmäßig oben angesiedelt. Licht und Helle gehören zum Himmel. Der Vatergott erst recht.

Aus der dunklen Masse ragt immer der Fels empor. Zur Sonne, zur Freiheit. Herrschaft behilft sich nach oben. Sie braucht ihre Podeste (im Gericht), ihre Balkone (Papst), ihre Throne. Sie muß die Übersicht behalten. Sie macht sich größer, als sie ist (Zylinder, Doktorhüte, Bischofsmützen). Sie wohnt gerne oben (Chef-Etagen). Beförderung geht stets nach oben: Ober- und Hauptfeldwebel, -schaffner und -inspektoren.

Solche Anordnungen sind in einer uralten Mythenschöpfung verankert.[65] Bereits die antiken Muttergottheiten waren irdische «materielle» Wesen. Sie lebten in Höhlen, im Leib der Erde. Die sie (zwanghaft) ablösenden Vater-Gottheiten haben gleich den Himmel beschlagnahmt. Sie lebten auf den Gipfeln der Berge, die Köpfe in den Wolken, nur noch mythisch zugänglich.

Der mythische Hauptsatz gegen alle historisch unterlegenen Nicht-Väter heißt: Du bist weder ein Gott noch ein Großer. Vater ist einer. Der Vater besetzt das patronome Schlüsselwort vom «Ober-Haupt» der Familie (Kirche, Staat). Es ist gegen seine Angst gleich zweifach verstärkt (oben, Haupt). Es zeigt Größe an.

Was dem Vater an Bedeutung noch fehlte, mußte seine Liebe bringen.

Diese Liebe ist Lüge. Kein Vater weiß wirklich, was das Beste für einen anderen Menschen ist. Vielleicht weiß er hin und wieder, was für ihn selbst das Bessere sein könnte.

Patronomie lebt von der Täuschung und existiert in Angst. Weder ihre Vatergestalten (Denkmäler finden sich überall) noch ihre Kampfesgesten und -sprachen sind wirklich groß. Sie sind nur gewaltig. Und das ist ein großer Unterschied.

Wer ständig zu selektieren gezwungen ist, zeigt Schwäche. Wer Nicht-Männer, Nicht-Väter, Nicht-Ehefrauen, nicht-eheliche Kinder, Schwule, Huren, leichte Mädchen, starke Jungs und so fort benennen muß, um sich selbst zu garantieren, ist ein Wicht. Seine Besatzungssprache, die Menschen nach unten zieht, paßt zu ihm.

Eine Welt, die nur noch Definitions-Menschen (Definitionsfrauen, Definitionskinder[66]) kennt, ist keine menschenwürdige Heimat. Nur eine genommene und zugerichtete. Und genauso sind auch die Menschen: genommen und zugerichtet.

3.2   Warum Liebe nicht gelingen kann

Die Welt ist voll von Liebe. Jeder und jede haben auf Anfrage Beispiele und Beweise parat. Unangefochten ist keines. Oben und unten. Die einen lieben den Papst, die anderen haben Väterchen Stalin gemocht. Im privaten Raum dasselbe Bild. Väter, die Liebe beanspruchen und bekommen, gibt es in Hütten und in Palästen. Liebe zum Vater übergreift die sekundären Gesellschaftssysteme.

Daß sie so verbreitet ist, macht sie so verdächtig. Offensichtlich gehört sie «dazu».

Die Kunst des Liebens ist gründlich mißlungen.

Die völlig normale Zurichtung aller auf die Gewalt hatte ihre Nebenwirkungen. Sie hat es ermöglicht, die kindliche Selbstliebe von sich selbst zu trennen: Nachdem der Autoritätsreflex konditioniert worden ist, kann Selbstliebe nur noch auf Umwegen erlaubt sein. Über andere Personen, über Mutter und Vater.[67]

Zudem hat sie die faktische Isolation des unterworfenen Kindes von der Oben-Welt der Väter gefestigt. Das Kind – auch das Definitionskind wie etwa der Gastarbeiter, dem die Hochsprache in kindischen Wendungen zugemutet wird[68] – bleibt von diesem Oben ausgeschlossen und auf Bezüge festgelegt, die als infantil gelten.

Infantil: Das Spektrum des Begriffs reicht nicht weit. Es reicht von niedlich bis doof. Immer sind die Charakteristika der Kindheit als solche derart marginalisiert, daß sie bis heute nicht über einen embryonalen Status hinausgelangt sind.[69] Gib Küßchen, gib Schmüschen, sag bitte, sag gute Nacht zu Papa. Kille, kille.

Das ist Reifungshemmung. Eine Wesenslücke im Kindsein. Weil Patronomie diese Lücke nur zu gut kennt (sie hat sie definiert), füllt sie sie mit Surrogaten.[70] Und die kennen wir alle aus den einschlägigen Definitionen.

Kindheit ist Übergangsperiode zum richtigen Sein, zum Erwachsensein. Kindheit ist grundsätzlich Substrat für patronome Pädagogik. Kindheit ist ein Zustand des uneigentlichen und unernsten Lebens. Kindheit ist Status eines bloßen Traum-Seins. Kindheit ist Unreife zu sozial verantwortetem Handeln.

All diese Defintionen sind Abwehrreaktionen. Die Werteväter haben Angst, das einzelne Kind wie seine gesamte Klasse könnten den Spieß umdrehen. Daher müssen Kinder niedergehalten werden. Daher ist auch ihre Liebe nur niedlich.

Der Vater meldet – auch und gerade in seiner eigenen Liebe – den Anspruch an, das Kind auf bloßes Besitztum reduzieren zu dürfen und zu müssen. Das Kind «gehört» seinem Vater – oder den patronomen Institutionen wie Schule oder Staat.[71] Und da es Väter in Palästen wie in Hütten gibt, ist das Kind in kapitalistischen Ländern eine Art Sonderform des Privateigentums und in sozialistischen Kollektivbesitz.[72] Niemals gehört es sich selbst. Immer wissen andere, was das Beste für es ist. Es bleibt dem Tabu unterworfen, daß Väter andere zu Vätern erziehen und «hinauflieben» dürfen. Immer ist es normal, daß Kinder von Geburt an zur Kontinuität mit der Väterreihe erzogen werden. Damit sie in ihrem «Sein wie die Väter» die Ambitionen dieser Väter realisieren, die stets das Beste für sich wollen. Und ungefragt davon ausgehen, daß ihr Bestes auch das der Kinder ist. Deckungsgleichheit des Wollens auf beiden Seiten: geglückte Erziehung zur Liebe.

Worte aus der Liebes-Pädagogik, die alle kennen: Nimm dich zusammen, laß dich nicht gehen, beherrsche dich, fahre nicht aus der Haut, ringe um Haltung, verliere nicht den Kopf, finde zu dir selbst, verliere nicht die Kontrolle über dich.[73] Lauter einfache Befehle.

Und wenn es doch noch Reste von Aggressionen gibt? Neue Befehle: Geh in die Disco, trink was, such dir eine Freundin. Entspanne dich, geh mal aus dir heraus, reagiere dich ab. Brauchst du Geld?

Was heute um und für und gegen Kinder (Jugendliche) geschieht, ist nackteste und «natürlichste» Anarchie. In diesem Milieu soll Liebe wachsen?

Was auf diesem Boden Früchte trägt, ist die psychisch-affektive Zurichtung. Sie kann als «Liebe» definiert werden. Dann stützt sie das System derer, die sie so zugerichtet haben.

Väter haben Angst, selbst nicht die besten zu sein und/oder ihre Söhne nicht zu den besten erzogen zu haben. Angst vor dem sozialen Tod treibt Vaterliebe hervor.

Für ein Individuum, das dauernd einer zugerichteten Liebe ausgesetzt ist und immer ein ebenso intensives Schuldgefühl verspürt (das Objekt seiner Liebe zu verlieren), bedeutet Autorität den einzigen Schutz. Es empfindet «bei der Vorstellung, der Autorität nicht zu gehorchen, die ganze Verlassenheits-Angst eines Säuglings»[74]. Vaterliebe bedingt Vatergewalt.

Liebe und Gewalt sind Korrelate ein und derselben Herrschaft.

Daß diese Gleichung auch in bezug auf die anderen Angehörigen der Unterklasse, die Frauen, gilt, liegt auf der Hand. Frauen-Liebe? Liebe zu Frauen?

Zurichtungen. Die sogenannten Kosenamen benennen leere «Schatz»-Kisten, und immer sind Frauen Arabesken, austauschbare Waren, anfangs vielleicht noch verwahrte Schmuckstücke, in jedem Fall aber Repräsentantinnen fremder Gewalt, ins Private abgedrängte und zum öffentlichen Verstummen verschlossene Gehilfinnen der Gewalt und der Liebe.

Die Patronomie kennt diese Anordnung in ihren frühesten Dokumenten. Ich halte mich nochmals an das Alte Testament. Es entlarvt sich bereits auf seinen ersten Seiten. Die Frau, vom Mann genommen und zugeschnitten (1 Mose 2,23), ist hier bleibend als Gehilfin klassifiziert (1 Mose 2,18). Der Mann «erkennt» sie, d. h. er gibt ihr und ihrem Körper seine wertenden Namen. Und nachdem sie ihm zum Fall geworden ist, steht ihre Aufgabe erst recht unerschütterlich fest: In Schmerzen sollst du Kinder gebären, und doch geht dein Verlangen hin nach deinem Mann, obgleich der dich beherrscht (1 Mose 3,16).

Das brünstige Verlangen nach dem Herrn. Ein Schlüsselwort für Vater-Liebe.

Das ist kein zeitbedingter und heute inaktueller Firlefanz des Religiösen. Hinter der religiösen Verkleidung kommt die bloße Patronomie zum Vorschein: Frauen bleiben die vom Vatermann beherrschten Gehilfinnen. Sie lieben ihr Oben dennoch so begehrlich, daß sie ihm von ihrem Unten her helfen müssen. Indem sie dem Vater Kinder schenken, d. h. ihm das Mater-ial für seine Adoptionen bereitstellen. Sie werden zum Band zwischen dem Vater und den Kindern. Sind sie «treu», ist das Vertrauen des Vaters gestärkt, daß ihre Kinder auch die seinen sein können.[75]

Ich liebe euch. Ich will euer Bestes.

Da Frauen nur Gehilfinnen sein dürfen, sind ihre Tätigkeiten weder primär noch unersetzlich.

An diesem Prinzip der Patronomie richtet sich das ganz normale Leben aller aus. Frauen sind nachrangig: Ihre Arbeit, ihr Körper, ihr Geist nehmen stets die zweite Stelle ein. Frauenleiber sind derart verletzlich und stigmatisiert, daß Patronomen von einer «Krankheit Frau»[76] sprechen können.

Du frierst? Stell dich nicht so an!

In den Wandmalereien des Neolithikum treten die Zeichen für Frau und für Wunde miteinander auf.[77] Die «Kastration der Frau» ist die sozio-kulturelle Folge, wenn eine Patronomie entsteht.

Indem Vätermenschen die Frauen als Kranke definieren und zugleich für deren Medikalisierung[78] sorgen, gewinnen sie eigene Verhaltenssicherheit. Ihre Angst ist ein weiteresmal niedergehalten. Die potentielle weibliche Konkurrenz ist ausgeschaltet. Der Mehrbesitz ist in Minderbesitz umgedreht.

Wo lag dieses frühe Mehr der Frau? In Brust und Schoß. Nicht umsonst sind Menstruation, Schwangerschaft, Geburt und Klimakterium noch heute Störfälle der patronomen Ordnung. Zum einen funktionieren Frauen im normalen Arbeitsprozeß nicht wie Männer, weil sie ihre «Wehwehchen» haben und von Zeit zu Zeit auch körperlich nicht mehr mithalten können (geistig sollen sie es sowieso niemals).

Während die Gynäkologie als Fach der sogenannten Normalmedizin seit langem eine von Mannmenschen bestätigte Wissenschaft von der kranken Frau ist, lebt die ungleich jüngere Andrologie nur am Rand. Mannmenschen scheinen nur fallweise krank zu sein. Und wenn sie krank sind, dann nicht als Männer, sondern als Menschen. Frauen sind meist als Frauen krank.

Ihr Schmerz ist ein Zustand. Männer beißen die Zähne zusammen. Frauen haben das niemals gelernt. Was sie können, was ihnen beigebracht worden ist? Sie verhalten sich automatisch wie Untergebene, und dieses Verhalten heißt «feminin».

Patronomen haben ein scharfes Auge für einen solchen Status. Ihre Blicke können Frauen nur im Zustand irgendeiner Abhängigkeit wahrnehmen. Die Römer kennen den Blick auf nackte Frauen, auf Sklavinnen, auf Huren.[79] Ehefrauen sind bedeckt – und gefährlich. Die Basis der Pornographie ist der kalt-abschätzige Blick des (Fotografen-) Herrn[80], der für andere Herren voraussieht.

Immer herrscht das Oben über das Unten: die Gebärpflichtige unterliegt dem, dessen Arbeitskraft durch keine Pflicht beeinträchtigt ist. Die Mutterschaftspflichtige demjenigen, dessen Vaterpflichten sich auf Sekunden reduzieren lassen, die zur Hausarbeit Verpflichtete dem Nicht-Verpflichteten, die ökonomisch Abhängige dem von ihr Unabhängigen, die Vergewaltigte dem Vergewaltiger, die Geschlagene ihrem Schläger, die Ausgehaltene ihrem Zuhälter, die um Bildung und Ausbildung Geprellte dem privilegiert Kultivierten, die Doppelarbeiterin dem Herrn mit dem Acht-Stunden-Tag.[81]

Die Frau, der von oben herab Liebe zu ihrem Besten angetan wird, demjenigen, der ihr diese gnädig zuteilt.

Frauen sind in der patronomen Gesellschaft niemals primäre Wesen. Und unersetzlich sind sie auch nicht. In jedem der weiblichen Lebensbezüge kann ein Mannmensch die Frau ersetzen – und als der bessere ersetzen. Ich will nur dein Bestes.

Selbst jenes Reservat, das noch häufig als genuin weiblich gilt, die Gebärfähigkeit, erweist sich als besetzbar. Die vatermenschliche Landnahme wird eines nicht mehr fernen Tages auch hier zuschlagen. Läßt frau den Mannmenschen genügend Zeit, so werden diese mit solchen Reservaten aufräumen. Dem patronomen Erfinder-Geist und dessen Maschinerien ist keine Grenze gesetzt. Sie basteln schon.

Der Widerstand der Frauen ist nicht schlecht beraten, bereits im heutigen Zustand der Patronomie ein solches Grunddatum der Vatergesellschaft mitzubedenken. Gäbe es schon die technische Möglichkeit, die Reproduktion neuer Söhne und Väter anders als auf dem hilflos veralteten Weg der Geburt durch eine Frau zu etablieren, hätten die Frauen sofort diese Funktion eingebüßt. Und noch ein Stückchen Angst vor dem Mehrbesitz der Nicht-Väter wäre dahin.

Klonen ist ein extremer Punkt dieser Entwicklung.[82] Es ermöglicht die deckungsgleiche Einheit von Vater und Sohn, von Vorbild und Abbild. Der Versuch, Mannmenschen unsterblich zu machen. Die endlose Väterreihe.

Ein Exkurs: Ich sage nicht, daß es so sein muß. Ich sage nicht, daß es so sein wird. Ich halte es aber für denkbar: wenn das phallische Protzen eines jüngsten Tages abgelegt sein wird, kann auch auf den Phallus selbst verzichtet werden – und auf den Penis. Der anatomische Unterschied ist meiner Ansicht nach dem definitorischen nachgeformt worden. Ist Definitionsmacht am Ende, wird sich auch der Penis zurückbilden; Mannmenschen brauchen ihn in späteren Jahrtausenden nicht mehr. Ohne Funktion kein Organ.

Doch das ist Zukunftsmusik. Es reicht beinahe auch schon so. Vater-Liebe hat sich ihre Fraumenschen so zugerichtet, daß nicht mehr viel bleibt. Foto-Werbung mit Frauen? Frauen ohne Köpfe, ohne Gesichter, ohne Augen. Was Väter interessiert, liegt bei Frauen nicht oben. Frauen sind nach unten definiert.

Frau, du fragst, warum ich dich nicht heiraten will? Der römische Dichter Martial († 103) antwortet sich selbst: Weil du gelehrt bist.[83] Nichts Neues seither. Die Gelehrsamkeit selbst, deren Strukturen und

Methoden von parteilichen Mannmenschen ausgefeilt worden sind, ist zuinnerst patronom. Alle Buchreligionen haben die Frauen ausgeschlossen. In Wissenschaft und Religion[84] bleiben die Väterreihen unter sich. Doktorväter, Kirchenväter.

Schlafzimmergespräche, Küchengezänk? Ab nach Hause zu den Frauen. Weg aus den Tempeln und den elfenbeinernen Türmen.

Die Frau im Schlafzimmer, im Bett? Habe ich endlich den Ort der Vaterliebe gefunden? Ich zweifle. Die gewöhnliche Funktion des Frauenkörpers, der mannmenschlichen Triebabfuhr als befriedetes Territorium zu dienen[85] – und dafür den Namen Liebe zu erhalten –, wird gegenwärtig instabil. Einerseits übernehmen Maschinen und Synthetics diesen Markt, andererseits reduzieren Mannmenschen mehr und mehr ihre Befriedigung auf sich selbst und auf ihre peer-groups.

Das ist vaterlogisch. Patronomie will prinzipiell autark sein. Die Vision vom Patriarchat als einem umfassend befriedigenden Mannmenschen-Bund steht seit langem bereit. Richtige Männer reden sich ein, richtigen Männern fehle nichts, wenn ihnen Frauen fehlen.[86]

Der Zölibatswunsch erscheint heiter. Die Wirklichkeit ist mehr: Indem Gewalt gegen Frauen (Vergewaltigung) und Kinder (Inzest) geübt wird, kompensieren Väter eine fundamentale Kränkung ihres Selbstwertgefühls. Finden sie nicht die Liebe, die ihnen zustehen soll, müssen sie diese mit Gewalt nehmen. Diese Gewalt nennen sie wieder Liebe.

Ich nenne drei Beispiele. Prostitution, Vergewaltigung, sexueller Mißbrauch von Töchtern sind Akte der Landnahme (Kolonialisierung) und der Vatergewalt, die sich mit der täppischsten Toga tarnen. Mit Liebe.

Diese verhüllt das System. Männer, die Vergewaltigung als Vergewohltätigung feiern, geben der öffentlichen Emotion gegen solche Gewaltakte die Funktion der Toga. Unter dem Deckmantel lebt die strukturelle Gewalt weiter. Wo in der Klassengesellschaft selbst der mickrigste Mannmensch vorgeführt bekommt, daß Frauen noch weit unter ihm liegen, wird er kaum gehemmt sein, dieses Prinzip auch tätig zu erproben.

Das Kavaliersdelikt. Die Ordnungswidrigkeit. Begangen durch den, der Kavalier sein will, Reiter, höflicher Reiter. Auf einem Pferdchen, das einem anderen gehört.

Ein solcher Mann macht aus dem kalten Alltagskrieg gegen das Konsumprodukt Frau für wenige Augenblicke seinen heißen Krieg. Um genitale Sexualität (falls diese je gewaltfrei ist) geht es nicht. Es geht um Unterwerfung. Orgasmus ist Erlebnis höchster Gewalt.

Prostitution lebt aus demselben Fundus. Die «Ventilsitte» hat wenig mit biogenen Bedürfnissen zu tun. Als müßten Mannmenschen in regelmäßigen Abständen Geschlechtsakte «haben»[87], und Fraumenschen nicht. Solche Bedürfnisse resultieren aus der Definitionsmacht von Angehörigen der Ober-Klasse. Diese haben gelernt, Frauen durchweg als nur mit Brust und Schoß Diensttuende zu sehen und damit in die unterste Kategorie einzustufen. Sich solcher Unterklassen-Menschen zu bedienen ist dann mannmenschlich angelerntes, soziogenes Bedürfnis.

Vaterlogisch ist es freilich, diese Nutzung stets zu verschleiern. Gewalt kann und will sich nicht zur eigenen Schwäche bekennen. Also versucht sie es mit Liebe.

Was soll ich denn machen? Ich brauche doch auch ein bißchen Liebe. Und die Frau auch.

In aller Öffentlichkeit zur Triebbefriedigung anzutreten gehört sich offenbar nicht.[88] Also muß es versteckte Liebe sein. Der Rückgriff auf Liebe macht es auch möglich, Geld ins Spiel zu bringen. Prostituierte nehmen Geld für Tätigkeiten, die Frauen normalerweise unentgeltlich verrichten.

Meine Frau liebt mich nicht mehr. Sie läßt mich nicht mehr ran. Also hole ich mir Liebe bei dir. Mein Bestes. Ich strenge mich an. Ich gebe mein Bestes. Du sollst auch was davon haben. War ich gut? War ich besser als andere? War ich der Beste?

Geschlechtsverkehr, der sich als Liebe umschreibt, ist Leistungsspiel, Mutprobe, Potenzgehabe, konkurrenzbetonter Wettbewerb, gegen den die benutzte Frau sich als Requisit der Liebe zu verhalten hat.

In der Männersprache Deutsch sind Verben des Liebens (Tätigkeitswörter) meist mit dem Akkusativ verbunden. Dieser Fall zeigt an, was mannmenschliche Subjekte mit fraumenschlichen Objekten tun: bumsen, vögeln, ficken und so fort. Das neuere «miteinander schlafen» wirkt zunächst abweichend, verhüllend, liebend.

Von der Prostituierten wird auch so etwas wie Liebe erwartet. Wie immer sie sich aber als Medium der eigenen Ausbeutung verhält, bestätigt sie sich als Unterklassen-Angehörige: Akzeptiert sie ihren Wert in dem Warentauschverkehr der Prostitution und läßt sie deswegen berufliche Gefühllosigkeit erkennen, gilt sie nicht als mehr denn als benutzenswert. Spielt sie dagegen die Rolle, die der liebende Freier sich wünscht, rühmt sich der Nutzer nicht ihrer Fähigkeit, sondern seiner eigenen Potenz.

Selbst in einer Nutte habe ich Liebe erweckt – und das gegen Geld. Ich bin der Beste. Meine Liebe ist die beste.

Die Besatzungssprache der Patronomie stellt auch den Inzest in einen ähnlichen Zusammenhang. Ein Mann, der sich einer Frau nach Entrichtung ihres Tauschwerts bedient, nimmt Rechte wahr wie ein Vater, dessen Besitzansprüche gegen die eigene Tochter nicht vor deren Körper haltmachen.

Warum denn auch Halt, wird mancher Ertappte fragen. Die Nichtertappten, die sich in der hohen Dunkelziffer des Inzests verstecken, fragen sich das sowieso. Wo Vaterliebe in ein Kind investiert worden ist, kann als Tauschwert Liebe zum Vater erwartet werden. Wo einem Menschen grundsätzlich das Tabu Totalerziehung zugesagt worden ist, braucht das Kind der Verfügungsgewalt seines Vaters nicht nur geistig zu unterliegen. Im übrigen setzt Mißbrauch vaterlogisch den ganz normalen Gebrauch voraus.

Die Tochter wird nicht nur als Besitz gedeutet.[89] Sie kommt als einziges Familienmitglied zwei Erwartungen der Oberklasse zugleich entgegen: Sie ist Kind und Frau in einem. Damit ist sie ein zweifach der unteren Klasse zugerechnetes Wesen. Und ein potenziertes Opfer der Vatergewalt und Vaterliebe.

Wenn Sexualität durchgängig mit Gewaltvorstellungen und -praxen gekoppelt ist, kann es keine Ausnahmen geben. Inzest ist der Anwendungsfall jener Regel, die Sexualität gleichsetzt mit der aggressiv «harten» Inbesitznahme des Unten. Mancher Vater ist überzeugt, Impotenzen der sprachlichen Kommunikation ließen sich am eindrücklichsten durch den Potenzbeweis im Bett verdecken: Wo ein Vater nicht mehr mit seiner Tochter sprechen kann, kann er immer noch mit ihr schlafen.

Liebe braucht keine Worte mehr. Im Bett versteht sie sich von selbst. Physische Beziehungen haben die verbalen abgelöst.

Im sogenannten Liebesakt als der geringsten aller mannmenschlichen Anstrengungen, die dennoch als die gewaltigste ausgegeben wird, gibt sich die Befriedigung des Vaters als die der Tochter aus. Sie tut es unter dem nackten Namen Vater-Liebe. Da finden sich kaum Spuren von Anwendung körperlicher Gewalt. Im Inzest geht es um jenen Liebesbeweis, der Überzeugung und psychische Zurichtung an die Stelle roher Kraft zu setzen gewohnt ist. Ich will dein Bestes, liebe Tochter.

Solche Vaterliebe muß sich zusätzlich decken, weil sie besondere Ohnmacht zu verhüllen hat. Ihre Philosophie von den better lovers lebt auf dem Substrat der väterlichen Schwäche. Nur der schwache Vater muß sich und seine sexuelle Potenz ständig neu beweisen und in eben diesem Beweis sein familiäres Territorium gegen potentielle Konkurrenten erneut aufrichten. Vaterliebe fürchtet um die Tochter. Vaterliebe hat Angst vor einem einzigen Augenblick: wenn ein fremder Mann kommt und das Territorium der Tochter besetzt.

Was andre können, kann ich schon lange. So sagen inzestuöse Väter, die sich daranmachen, ihre Töchter «einzulernen». Ich will nur dein Bestes. Ich liebe dich wie kein anderer. Ich gebe dich nicht ab. Ich mache es selbst.

Daß Ehefrauen ebenso wie Töchter gegen diese Vaterliebe verstummen[90], ist konsequent. Die Patronomie läßt nichts anderes zu. Verstummen, Verbergen und Erleiden stärken die gewohnt weiblichen Verneigungen vor der Vatergewalt. Nicht selten tut die Klassenjustiz der Väter – von oben herab – gegen die Opfer nicht viel anderes.

Alles ist extrem logisch und folgerichtig. Wer die Patronomie zu Ende denkt, wird sich diesem Urteil nicht verschließen können. Daß die extreme Konsequenz nicht massenhaft befolgt wird und daß nicht alle Töchter in diesem Sinn gebraucht werden, hängt mit den Überlegungen zu Profit oder Nicht-Profit des Inzestes zusammen.

Die Territorialansprüche eines Vaters auf die Tochter stoppen nicht die – selbst patronom zugerichtete – Moral. Einhalt gebietet die Regelung der eigenen Erbfolge: Inzest ist nicht sanktioniert durch eine Verbotsethik, die selbst der Vatergewalt entstammt, sondern in der im Inzest beschlossenen Möglichkeit, Privateigentum illegitim zu vererben und damit die Kreise der Väterordnung dauerhaft zu verwirren. Wenn ein Vater als Folge einer inzestuösen Verbindung gleichzeitig Vater und Großvater ein und desselben Kindes geworden ist, kann von geregelter Erbfolge keine Rede mehr sein.

Ob diese Bremswirkung noch lange anhalten wird? In einer Zeit, die die Empfängnis völlig kontrollieren kann, wird bald nicht mehr mit dem erblichen Privateigentum kalkuliert werden müssen. Auch hier können bald schon Grenzen aufgehoben werden. Zugunsten einer Neudefinition von «Vaterliebe»?

Wo ständig mit Gewalt hantiert wird, erscheinen bald soziogene Bedürfnisse nach Liebe. Wenn Vatermannmenschen immer Autorität beanspruchen und ausüben müssen, brauchen sie stets auch ihr bißchen

Liebe. Die funktionalisierte Vaterliebe füllt das gesellschaftliche und das individuelle Vakuum. Sie weist den Frauen und den Kindern ihren Platz zu. Frauen und Kinder, die da unten, haben grundsätzlich der Liebessehnsucht der Väter zu entsprechen. Sie müssen Liebe zum Vater beweisen.

Solange dieses Tauschverhältnis der Liebe funktioniert, gelten Liebesbeziehungen als geglückt. Die patronome Kultur fühlt sich ein weiteresmal als Friedensstifterin: Ein glücklicher Vater mehr in einer glücklichen Familie stabilisiert den ganzen Mythos.

Klappt es jedoch nicht, reagiert der Vatermann, jetzt ganz unglückliches, weil ungeliebtes Wesen, unterschiedlich, doch immer auf die angelernte, systemimmanente Weise: Entweder er ist traurig und/oder er intensiviert seine Liebeswerbung. Oder er wendet sich von den früheren Liebesobjekten ab und sucht sich geneigtere «Geliebte». Oder er antwortet mit Haß auf die ursprünglich geliebten Personen. Oder mit dem Wunsch, jedes Liebesbedürfnis in sich abzutöten und autark zu werden. Oder mit dem Bedürfnis, die ihm angetane Kränkung durch eine anderweitige Stärkung des Selbstwertgefühls auszugleichen und in Gewalt auszubrechen. Mit dem Bestreben, sich die freiwillig in der Familie nicht gewährte Liebe auswärts und durch Zwang zu verschaffen.[91]

Ich gehe davon aus, daß solche Reaktionen keinem einzigen Mann im Vatersystem fremd sind. Die üblichen Differenzierungen in «rechts» und «links», in «konservativ» und «progressiv», in «kapitalistisch» und «sozialistisch» versagen ihren Dienst. Hier sind Primärerfahrungen am Werk. Auch beim «links» sich einordnenden Patriarchen ist in Sachen Liebe der Nerv getroffen. Gerade wenn er gegen seine Liebesnot dekretiert, im Klassenkampf gebe es zwar Männer und Frauen, doch nur ein Geschlecht, nämlich gar keins, das des Lohnabhängigen.[92]

Ob Patroktonie von dieser Seite kommen kann? Mendel meint:

> «Mir scheint, viele ‹Revolutionäre› sehen die Gegenwart als ein bloßes Vorspiel zu einem bevorstehenden Fest an... Zutiefst in ihrem Innern lebt die Vorstellung, daß nach dem Vorspiel ein starkes faschistisches Herrschaftssystem auftreten wird, zu dem sie sich entweder bekennen werden oder das sie unter sich begraben wird.»[93]

Die starke Wende zur Patronomie.

Vatergewaltsysteme werden sich, wie ich vermute, gerade auf dem

Gebiet ihrer Liebe als stark erweisen. Die obengenannten Reaktionen auf Liebesunglück sind insgesamt dem Klassensystem integriert und können dieses niemals bedrohen. Die mannmenschliche Suche nach geneigteren Liebesobjekten stellt keine Patronomie in Frage. Die Pädagogik funktioniert, und gefügig gemachte Frauen werden sich immer wieder finden. Kinder können vernachlässigt oder enterbt werden, wenn sie sich der auf sie gerichteten Vaterliebe verweigern.

Keine Gefahr für Väter. Ihre Definition von Vaterliebe hat sich wie ein Krebsgeschwür mit tausend Metastasen in alle Beziehungen hineingefressen, die wir Liebe nennen.

Was bleibt? Wenn Vater-Liebe, glücklich oder unglücklich, immer wieder zur Stärkung des patronomen Systems ausschlägt? Nach so vielen Ansätzen, die Gewalt einer Oberklasse zu beschreiben, herrscht nur noch der Wunsch, endlich das Rezept gegen die Gewalt kennenzulernen und in die Hand zu bekommen.

Ich kenne diese Sehnsucht. Ich trage sie mit mir herum.

In ihr liegt die Tücke beschlossen, von möglichst schnellen und wirksamen Ver-Ordnungen die Heilung der historischen Gewalt-Krankheit zu erhoffen. Das Hoffen auf irgendeine Erlösung steckt in uns, weil wir auf den Mythos der Sünde hin erzogen worden sind.

Daß die Sünde und das Verbrechen nicht in den Individuen liegen, sondern daß jene Gewalt selbst die Erbsünde und das Urdelikt ist, die sich zugleich als Erlösung und Rechtsordnung anbietet, haben wir nicht lernen dürfen.

Der Mythos der Sünde und der der Erlösung stellen nur die sich bedingenden Symptome ein und derselben Krankheit dar. [94] Ähnliche Symptome sind Lohn und Strafe, Liebe und Gewalt.

Daß Gewalt kein Rezept gegen Gewalt ist, leuchtet vielleicht noch manchen ein. Daß auch Liebe keines ist, wird schwieriger einzusehen sein.

Liebe? Gegenwärtig wissen wir gar nicht, was sie ist. Selbst wenn wir versuchten, den alten Begriff mit neuen Ohren zu hören und die geschichtliche Reihe wenigstens anfanghaft zu durchbrechen, könnten wir den Bruch nur als Gebrochene vollziehen. [95] Unsere Liebe, die eine andere träumt, bleibt selbst gebrochen.

Liebeszustände als Folgen hormoneller Prozesse, Liebe als chemischen Prozeß zu deuten ist noch die wirklichste der Ideologien.

Wer von den heutigen Bestsellern zum Thema noch immer meint, Liebe sei möglich, müßte zunächst erklären, was genau er unter Liebe versteht – und inwieweit er sie von der für die Patronomie typischen abzuheben fähig und bereit ist.

Ich räume einem solchen Experiment mit dem Mythos keine Chance ein. Schon der Versuch, Liebe und Gewalt gegeneinander abzugrenzen, ist gegenwärtig unmöglich. Er muß sich direkt oder indirekt vor der Gewalt, wenn er diese überhaupt wahrnimmt, in die ätherischen Gefilde der reinen Liebe flüchten.

Die reine Liebe ist – verglichen mit der patronomen Realität – ein nacktes Konstrukt.

Wer beispielsweise von Barmherzigkeit, Demut, Dienen, Selbstverleugnung, Opfer als von Synonymen der Liebe spricht, ohne die geschlechtsspezifische Zurichtung gerade dieser Begriffe zu erwähnen, bleibt Agent des Oben gegen die Nicht-Väter da unten, denen solche Liebes-Haltungen auf den Leib geschneidert worden sind.

Wer Liebe an den Wirklichkeiten der Welt vorbeidefiniert, führt bewußt in die Irre. Wo Liebe ins Private, Zwischenmenschliche abgedrängt wird, bestätigt sie aufs neue die zum Widerstand unfähige Bewußtseinslosigkeit ihrer Togafunktion.

Freilich halten viele dieser Einsicht nicht stand. Immer wieder finden sich für sie neue Konstrukte und Ikonostasen der Liebe. Mit ihnen läßt sich viel Geld verdienen.

Wer an der Welt leidet, bemüht sich gerne, sein Leiden in ein Jenseits der Liebe aufzuheben, in dem alles anders sein soll. Dann wäre unsere Wirklichkeit nur Vorspiel, Abbild, Vorbereitung, Anzahlung. Dann müßte sie stets hinter den Erwartungen und Hoffnungen zurückbleiben.[96] Glaube, Hoffnung, Liebe, diese drei. Am größten ist die Liebe.

Wäre es nur so, könnten sich die Väter und ihre Gewalt getrost weiter verstecken. Ist die Welt nur vorläufig, braucht sie nicht geändert zu werden. Dann reicht auch der Schein von Liebe fürs Normale.

Und drüben das Himmel-Reich. Die Auserwählten. Der gewohnt patronome Zuschnitt. Die Landnahme.

Zumal es im Draußen, Drüben keine Welt gibt, die nicht der des Innen gleich wäre, mache ich, so verlockend sie winken, die Konstruktionen der reinen Liebe nicht mit. Ich kann nicht sagen, was Liebe ist.

Versuchte ich es, machte ich mich zum neuen Wertevater, der die dysfunktionale Definition durch eine besser zu funktionalisierende ersetzte. Wer Liebe festlegt und gar als die wahre definiert, will Gewalt ausüben, indem er andere anstiftet, seine Definition einzuüben.

Auch bezeugte ich mich als Funktionär geläuterter Unmenschlichkeit: Je höher eine solche Definition von Liebe angesetzt würde, desto höher erhöbe sie sich über die Wirklichkeit der Gegenwart – und desto tiefere Enttäuschung erreichte sie in den ihr Gehorsamen. Die reine und wahre Liebe erwiese sich als die in Lückenangst und Schuldgefühl noch unerreichbarer fixierte Liebe – und damit als eine verbesserte Stütze des alten Systems.

Je weiter sich eine Definition ins Oben verliert, auf desto strafendere Weise rächt sie sich nach unten. Das unerreichbar gesetzte Ideal ist Sanktion des idealen gegen den realen Menschen. Haß.

Wir schauen über den Rand der Moderne hinaus. Wir wissen nicht, was sein wird. Da Liebe nicht positiv definiert werden darf (das ahnen alle, die ihre Liebe als unbestimmtes Gefühl lieben), kann ich sie nur negativ und auch nur im Rahmen des Gesagten gegen ihren Schein abzugrenzen suchen:

Solange Klassen beibehalten werden, ist eine andere als die gewaltbestimmte Liebe unter ihren Angehörigen nicht möglich. Zwischen Vätern und Nicht-Vätern kann es ebensowenig Liebe geben wie zwischen Herren und Knechten oder zwischen Kapitaleignern und Lohnabhängigen. Auch wenn wir daran gewöhnt worden sind, Zweckbeziehungen und Klassenverhältnisse zwischen Eltern und Kindern, Männern und Frauen als Liebe auszugeben, findet sich nur Schein von Liebe. Dieser deckt die wirkliche Gewalt, während nirgends der Schein von Gewalt reale Liebe verhüllen muß. Die Gewalt-Liebe zwischen Angehörigen verschiedener Klassen hebt den Unterschied der ihr vorausgehenden Definition niemals auf, so daß sie diese beseitigte. Sie hebt sie auf, indem sie sie bewahrt und weitergibt.

Gewaltliebe wird in allen Defensivinstitutionen als mythisierter Standard eingeübt. Bewahrung und Weitergabe von Gewalt durch Liebe haben sich – gesellschaftlich und individuell – zu Herrschaftsrelationen (Tauschwerten) ausgebildet. Ich halte diese patronomen Werte in den beiden folgenden Sätzen als Ergebnis fest:

1. Gewalt ist nur Gewalt, wenn sie sich jeweils jene Liebe zu definieren mächtig bleibt, ohne die sie nicht überleben kann.

2. Hat sich Gewalt gegen Liebe so erwiesen, daß diese Funktion jener wird, kann gewaltfreie Liebe nicht mehr existieren.

Wo Liebe auf Funktion ausgerichtet und von der Vatergewalt zu Zweck und Erfolgsleistung zugerichtet ist, kenne ich kein anderes Resultat als dieses. Schon wer in die gräßlich gehorsamen Gesichter guckt, die in den Autos, die an Verkehrsampeln halten, ihre stets gleiche Gefühllosigkeit gegeneinander offenbaren, erkennt die Zurichtung der Liebe unter uns immer wieder von neuem.

Wir alle wissen gut genug, was Liebe ist.

Was gegen solchen Wahn Sinn in die Welt trägt und nicht, als reine Liebe, über diese hinaus? Vielleicht jenes Erbe von Liebe, das die Kinder, die wir als die Kleinen definieren, so lange mit sich tragen, bis die Erziehung der Väterreihe auch sie hoffnungslos erdrückt.

Daß uns immer noch eine solche Chance gezeigt wird, obwohl wir sie gleich wieder erzieherisch zugrunde richten, macht nicht nur staunen. Kindsein weist über sich hinaus: Vielleicht schaffen Kinder endlich den Tag, da sie sich selbst gegen das Beste ihrer Väter bestimmen. Vielleicht läßt sich die Utopie in dieser Welt einlösen. Vielleicht löst sich dann Liebe von der Gewalt.

Ob dies schon im nächsten Jahrtausend sein wird? Wir schauen über den Rand des unseren hinaus...

Vertriebene[97] sollt ihr sein aus allen Vater- und Urväterländern! Eurer Kinder Land sollt ihr lieben: Diese Liebe sei euer neuer Adel. An euren Kindern sollt ihr gutmachen, daß ihr eurer Väter Kinder seid.

Eine persönliche Notiz des Autors

Nein, ein Übervater bin ich nicht. Wer die utopisch klingenden Texte meiner Streitschrift über die Vatergewalt und deren Deckmantel, die Vaterliebe, gelesen hat, meint vielleicht, bei uns zu Hause laufe alles ganz anders. Leicht wäre es freilich und werbewirksam, mich auf dem dunklen Hintergrund eines Patriarchats, wie ich ihn beschrieben habe, als einen durchweg «neuen» Vater auszugeben. Ich müßte lügen, wenn ich das täte. Nein, die Utopie ist bei uns noch nicht verwirklicht. Wir sehen sie erst von ferne.

Weil ich zu sehen gelernt habe, was eine bis in Kleinigkeiten hinein patronom gewirkte Gesellschaft in allen Menschen angerichtet hat und nach wie vor anrichtet, weiß ich ziemlich genau, wie gut ich ins herkömmliche Bild passe. Wie ich Gewalt liebe und als Liebe ausgebe. Allerdings weiß ich auch, daß durch Softie-Sein die patronomen Strukturen als solche nicht gekippt werden können. Im Gegenteil.

Die Patronomie wirklich zu überwinden setzt harte und nüchterne Gemeinschaftsarbeit der von ihr Betroffenen voraus. Softies, die alles nur ein wenig lässiger angehen wollen, werden nach meiner Erfahrung von den Defensivinstitutionen lässig an den Rand gedrängt und ausgeschieden. Die vielen Beispiele für sogenannte neue Partnerschaftlichkeit, Männlichkeit, Väterlichkeit, die ich Tag für Tag vor Augen habe, enden stets wie gehabt. Und diejenigen, die immer schon wußten, wie es endet, und die sich deswegen keinen Millimeter in ihrer ererbten Mannmenschlichkeit bewegt haben, triumphieren. Die Vätertradition bleibt in ihnen stark. Und über sie in der Gesellschaft.

Kein Wunder, daß dieses Buch über die «Vaterliebe» so lange gebraucht hat, bis es erscheinen konnte. Manche Verleger und Lektoren waren von meinem Manuskript nicht nur betroffen, sondern persönlich beleidigt. Das Neue hat es nicht leicht. Der Fortschritt bleibt eine Schnecke. Härte und Nüchternheit, die für gewöhnlich als mannmenschliche Tugenden gelten, sind nicht jedermanns Sache. Manchmal denke ich, wie leicht es wäre, gar nichts über das Patriarchat zu wissen und einfach so zu leben, wie es Hunderttausende unbefragt tun. Die Väterreihe der Gewalt fortzusetzen, ihre vielfältigen Angebote in Schule, Kirche, Staat ebenso zu nutzen wie andere auch.

Die Kinder merken sowieso nicht viel davon, solange sie noch so klein sind wie die meinen (vier und fünf). Sie denken, alles müsse so sein, wie es ist. Sie sind früh Betrogene.

Und die Frauen? Nur wenige spüren, daß es so nicht weitergehen kann. Noch weniger von ihnen sorgen schon dafür, daß sich etwas ändert. Wenigstens an dem Rand der Gesellschaft, zu dem sie zugelassen sind.

Und ich schaue und schreibe. Ob ich tief genug am Bestehenden leide? Ob ich persönliche Konsequenzen ziehe, die was wert sind?

Meine Frau zitiert, wenn sie wieder mal genug hat von meinen eingeübten Mannes- und Vaterallüren, das Beispiel vom «Wegweiser». Der steht da und zeigt in die (richtige) Richtung. Aber selbst schlägt er den Weg nicht ein.

Alle SchreiberHerren, die ich aus den Jahrhunderten patronomer Forschung kenne, waren solche Wegweiser: Rousseau ist nur einer von ihnen; seine familiären Verhältnisse sprechen Bände. Ich hätte weder die Frau noch das Kind dieses großen Aufklärers sein wollen.

Mannmenschliche Logik hat sich allerdings einen Ausweg geschaffen: Wahrheit wird durch persönliches Versagen dessen, der sie erkannt hat und lehrt, nicht unwahr. Sie steht für sich und sie dauert.

Frauen stehen dieser unpersönlichen Logik häufig zu Recht sehr distanziert gegenüber. Sie leben ihre Wahrheiten – und dozieren sie nicht nur. Ich bedaure, noch immer kein solch ganzheitliches Wahrheitsgefühl erworben zu haben.

Meine eigene Biographie hat mich daran gehindert. Immerhin war ich fast zwanzig Jahre lang katholischer Priester und damit ein Mannmensch, der strikt auf Patronomie hin erzogen worden ist, um diese unverfälscht («orthodox») weiterzugeben. Damit sich nur nichts änderte am Profit der Oberklassen. Auch mein Beruf als Hochschullehrer ist verdammt patronom gewirkt. Also nochmals Patronomie in Reinkultur. Und die meisten Kollegen haben keine Ahnung davon.

Erst seit ein paar Jahren beginne ich, anders zu denken und zu fühlen. Ich habe eine Vision von einer Gegenkultur. Aber es ist noch nicht lange genug, daß ich von innen her anders sein könnte – und dieses Andere auch detailliert da weitergeben könnte, wo es darauf ankommt. Ob ich diese Vaterhemmung je meinen eigenen Kindern erklären kann? Wie werden sie einmal ihren Vater sehen, der ein solches Buch geschrieben und kaum umgesetzt hat?

Wem es ähnlich geht, mit dem und der würde ich mich gern (auch brieflich) unterhalten.

Horst Herrmann

Anmerkungen

(mit Literaturangaben)

Worum es geht

1 E. Badinter, Die Mutterliebe. Geschichte eines Gefühls vom 17. Jahrhundert bis heute (München–Zürich 1982, 2. Aufl.), 293.

2 Vgl. G. Delaisi de Parseval, Was wird aus den Vätern? Künstliche Befruchtung und das Erlebnis der Vaterschaft (Weinheim–Basel 1985), 77 f., 81, 92, 290; G. Marcel, Philosophie der Hoffnung (München 1964), 114; H. Bullinger, Wenn Männer Väter werden. Schwangerschaft, Geburt und die Zeit danach im Erleben von Männern. Überlegungen, Informationen – Erfahrungen (Reinbek 1983), 18–24; K. Lüdicke – A. Leimböck, Der Vater und die Geburt. Erfahrungen aus der Praxis ambulanter Entbindungen, in: Kindheit 1 (1979), Heft 3, 281–287; K. A. Ruwe, Väter sind auch gute Mütter (München–Stuttgart 1984), 33 f.

3 Badinter, 294. Vgl. B. Schön, Sechsunddreißig Jahre, verheiratet, teilzeitbeschäftigt, Vater eines Sohnes. Kinder verändern den Alltag eines Mannes (Reinbek 1983), 76 f.; I. Sollwedel, Neue Männer für die neuen Frauen? Männer über Karriere, Geld, Haushalt, Kinder, Liebe und was sonst die Ehe ausmacht (Reinbek 1984), 23 f.; H. Zulliger, Väter als Partner der Söhne, in: Pädagogische Rundschau 19 (1965), 811–815.

4 D. Klein, Nestflüchter und Teilzeitväter, in: Konkret Sexualität 4 (Hrsg. H. L. Gremliza und V. Sigusch, Hamburg 1984), 73; vgl. E. Ell, Das neue Bild von Vater und Mutter, in: Jugendwohl 46 (1965), 433–439 sowie M. Friese, Erbarmen mit den Männern. Gedanken zum Thema Männer, Frauen und Familien (Reinbek 1983), 56 f.

5 Klein, 73.

6 Badinter, 293.

7 U. Schweikert, Rezension, in: Klappentext zu B. Vesper, Die Reise (Frankfurt a. M. 1979, 16. Aufl.).

8 Vesper, 165.

9 Vesper, 340.

10 Vesper, 668 und 670.

11 H. Böll, Wohin die Reise gehen kann, in: Werke. Essayistische Schriften und Reden 3. 1973–1978 (Hrsg. B. Balzer, Köln o. J.), 498 f.

12 Vesper, 675 f.

13 So der Buchtitel von L. F. Pusch (Hrsg.): Feminismus. Inspektion der Herrenkultur. Ein Handbuch (Frankfurt a. M. 1983) = Feminismus.

14 Vgl. J.-J. Rousseau, Emil oder über die Erziehung (Hrsg. L. Schmidts, Paderborn–München–Wien–Zürich 1981, 5. Aufl.), 53.

Seite 7–12

15 Vgl. F. Lerchenmüller, Eltern, Kinder, Deutsche, in: Konkret Heft 4 / 1985, 41; R. Martin, Väter im Abseits. Mutter und Kind in der vaterlosen Gesellschaft (Stuttgart 1979), 96–102.

16 Vgl. R. Kaufmann, Gebrannte Kinder. Die Jugend in der Nachkriegszeit (München 1966), 6.

17 S. Bovenschen, Die imaginierte Weiblichkeit. Exemplarische Untersuchungen zu kulturgeschichtlichen und literarischen Präsentationsformen des Weiblichen (Frankfurt a. M. 1979), 14. Vgl. N. Hatebur, Antikes Patriarchat und Frauenfeindlichkeit. Entwurf einer nicht-patriarchalen Kultursoziologie (Münster / W. 1987), 10, Anm. 4.

18 Vgl. M. Foucault, Die Ordnung des Diskurses. Inauguralvorlesung am Collège de France am 2. 2. 1970 (Frankfurt a. M. – Berlin–Wien 1977), 34 f. zu Logophilien und Logophobien.

19 Th. W. Adorno, Minima Moralia. Reflexionen aus dem beschädigten Leben (Frankfurt a. M. 1978), 108.

20 Vgl. D. Oehler, Charisma des Nicht-Identischen, Ohnmacht des Aparten, in: Text + Kritik (Hrsg. H. L. Arnold), Sonderband Th. W. Adorno (München 1977), 150 (J. Habermas).

21 Rousseau, 94.

1. Gewaltgesellschaft

1 F. Passow, Handwörterbuch der griechischen Sprache 2.1 (Leipzig 1952, 5. Aufl., neu bearbeitet von V. Chr. Rost u. a.), 772, verweist auf Lukian (2. Jahrhundert n. Chr.). «Patroktonie» (ebda.) findet sich als Terminus bei Sophokles und Aischylos. Vgl. auch Oxford Latin Dictionary (Hrsg. P. G. W. Glare, Oxford 1976), 1307 f. Die besonderen Hinweise der Lexika auf Sparta erklären sich vielleicht aus der dortigen Gynaikokratie (Frauenherrschaft), welche die Durchsetzung späterer Patronomien erforderlich machte. Zu Sparta vgl. E. Borneman, Recht und Sexualität im griechischen Mythos, in: E. Lessing, Die griechischen Sagen (München 1977), 241.

2 Vgl., auch zum folgenden, K. D. Dutz – H. J. Wulff, Termini, Terminologien und Terminologie-Theorie: Zur Einleitung, in: dies. (Hrsg.), Kommunikation, Funktion und Zeichentheorie. Zur Terminologie der Semiotik 3 (Münster / W. 1983), 7–10.

3 Vgl. G. Mendel, Plädoyer für die Entkolonialisierung des Kindes. Soziopsychoanalyse der Autorität (Olten–Freiburg 1973), 35 f.

4 Vgl. H. Persson, Mann – Maschine – Frau. Über die soziale Beziehung und psychische Verbindung zur Maschine und ihre Bedeutung im Geschlechterverhältnis. Anlässe, Ausformungen und Folgen männlicher Vergeltungsängste im Patriarchat (Masch. Diplomarbeit Münster / W. 1984), 40 f.

5 Vgl. K. Theweleit, Männerphantasien, I Frauen, Fluten, Körper, Geschichte (Reinbek 1982), 312.

6 A. Mitscherlich, Auf dem Weg zur vaterlosen Gesellschaft. Ideen zur Sozialpsychologie (München 1963), 378 f.

7 H. Blüher, Die Rolle der Erotik in der männlichen Gesellschaft (Stuttgart

1962), 263; vgl. K. Theweleit, Männerphantasien, II Männerkörper – Zur Psychoanalyse des weißen Terrors (Reinbek 1982), 440.

8 Vgl. B. Krais, Einleitung, in: P. Bourdieu u. a., Titel und Stelle. Über die Reproduktion sozialer Macht (Frankfurt a. M. 1981), 17 und 20; Theweleit, II, 121 und 123.

9 A. Mitscherlich, 370.

10 A. Mitscherlich, 376.

11 Theweleit, II, 292.

12 H. Schröder, Feministische Gesellschaftstheorie, in: Feminismus, 456 und 466.

13 Vgl. Schröder, 469.

14 Schröder, 468.

15 Den Vorwurf, einen Neo-(Psycho-)Lamarckismus zu favorisieren, scheue ich nicht. Über wissenschaftliche Theorien (auch die der Molekulargenetik) ist selten das letzte Wort gesprochen.

16 Vgl. Theweleit, I, 297–303.

17 Vgl. H. Herrmann, Die Stellung unehelicher Kinder nach kanonischem Recht (Amsterdam 1971), 65; Delaisi de Parseval, 29 sowie Borneman, Mythos, 232.

18 G. Mendel, Die Revolte gegen den Vater. Eine Einführung in die Soziopsychoanalyse (Frankfurt a. M. 1972), 73–85, 108 und 158; Delaisi de Parseval, 28 ff.; Borneman, Mythos, 232 sowie A. Rosenberg, Die Gestalt und Entstaltung des Vaters, in: W. Bitter (Hrsg.), Vorträge über das Vaterproblem in Psychotherapie, Religion und Gesellschaft (Stuttgart 1954) = Vaterproblem, 152.

19 Vgl. Mendel, Vater, 93. Zum (orthodox-religiösen) Thema «Welt als fraglos geordneter Kosmos» vgl. S. Freud, Studienausgabe (Hrsg. A. Mitscherlich, A. Richards, J. Strachey) IX Fragen der Gesellschaft. Ursprünge der Religion (Frankfurt a. M. 1974), 568.

20 Vgl. M. Kaser, Römische Rechtsgeschichte (Göttingen 1950, 2. Aufl.), 25.

21 A. Borst, Lebensformen im Mittelalter (Frankfurt a. M. – Berlin–Wien 1979), 70. Vgl. Borneman, Mythos, 231 zu L. H. Morgans Väter-Theorie.

22 Vgl. Borst, 131.

23 Vgl. Borst, 172 f. und 177.

24 Vgl. Meyers Enzyklopädisches Lexikon (MEL) (Mannheim–Wien–Zürich 1971 ff), XXIV, 368–370.

25 MEL VIII, 287, 292, 297–303. Zur Lückenangst vgl. Delaisi de Parseval, 17 f.

26 MEL XVI, 668–673.

27 Vgl. Rosenberg, 146.

28 Vgl. Kaser, 11–18; Borneman, 232 Mythos zum «Recht» schlechthin; J. Zielinski, Pater familias. Der Verfall des Vaterbildes und das Problem der Autorität in der industriellen Gesellschaft (Essen 1961), 19 f.; D. Claessens, Familie und Wertsystem. Eine Studie zur «zweiten, soziokulturellen Geburt» des Menschen und der Belastbarkeit der «Kernfamilie» (Berlin 1979, 4. Aufl.), 35.

29 MEL XXIII, 146 und W. Betz, Tabu – Wörter und Wandel, in: MEL XXIII, 141. Vgl. A. Mitscherlich, 319 und 322.

30 1 Mose 9,21–27.

Seite 23–34

31 Mendel, Vater, 91. Zu «Vaterzeichen» vgl. Ch. Sigrist, Regulierte Anarchie. Untersuchungen zum Fehlen und zur Entstehung politischer Herrschaft in segmentären Gesellschaften Afrikas (Frankfurt a. M. 1979), 253.

32 A. Mitscherlich, 327. Vgl. Freud, IX, 567.

33 Vgl. Claessens, Familie, 163–166.

34 Vgl. Kaufmann, 64.

35 Vgl. J. Kuper (Hrsg.), Gebratener Papageitaucher oder Die Blätter des Mak khi hout (Frankfurt a. M. 1983), 123, 149 und 155.

36 Vesper, 323.

37 K. Rutschky, Deutsche Kinder-Chronik. Wunsch- und Schreckensbilder aus vier Jahrhunderten (Köln 1983), 32.

38 Rutschky, Chronik, 52.

39 Vgl. Betz, 142.

40 Vgl. L. F. Pusch, Das Deutsche als Männersprache. Aufsätze und Glossen zur feministischen Linguistik (Frankfurt a. M. 1984), 55 f.

41 MEL XV, 571.

42 Persson, 166.

43 Vgl. H. Göttner-Abendroth, Du Gaia bist Ich. Matriarchale Religionen früher und heute, in: Feminismus, 181 f.

44 Mendel, Vater, 333.

45 Theweleit, II, 55.

46 Vgl. Theweleit, II, 57.

47 Vgl. Mendel, Vater, 119.

48 Vgl. M. Mitscherlich, Die friedfertige Frau (Frankfurt a. M. 1985), 19–25.

49 Pusch, Männersprache, 8.

50 Pusch, Männersprache, 76.

51 Rousseau, 419.

52 H. Herrmann, Die Löcher kennt allein der Experte, in: Sexualität konkret (Sammelband 2, Hrsg. V. Sigusch, I. Klein, H. L. Gremliza, Hamburg 1984) = Sexualität, 328.

53 Rousseau, 386.

54 M. Wex, «Weibliche» und «männliche» Körpersprache als Folge patriarchalischer Machtverhältnisse (Frankfurt a. M. 1980, 2. Aufl.), 12–201, 300.

55 Wex, 6.

56 Zitiert nach: A. Mitscherlich, 452.

57 Wex, 226.

58 Vgl. Wex, 320 f.

59 Vgl. Wex, 328 f.

60 Vgl. M. Erni, Das Vaterbild der Tochter. Eine psychologisch-pädagogische Untersuchung bei 13- bis 20jährigen Mädchen und bei einer kleinen Vergleichsgruppe von Knaben (Einsiedeln–Zürich–Köln 1965), 13–16.

61 Vgl. Erni, 13–16; W. Kerkhoff, Vater-Kind-Beziehung und soziale Schichtzugehörigkeit. Eine Untersuchung über das Vatererleben 11- bis 13jähriger Kinder (Rheinstetten 1975), 18–20; H. J. Gamm, Anthropologische Untersuchungen zur Vater-Rolle (Essen 1965), 11; A. Ammen, Die außerhäusliche Berufstätigkeit des Vaters. Eine empirische Untersuchung zur Familiensoziologie (Stuttgart 1970), 14 f.; H. Asperger, Fehlen und Versagen des Vaters in ihrer

Auswirkung auf Entwicklung und Erziehung von Kindern und Jugendlichen, in: Jugendwohl 41 (1960), 142–150; S. Croissier, Kognitive und soziale Faktoren in der Entwicklung kindlicher Geschlechtsrolleneinstellungen (Weinheim–Basel 1978), 34f.; E. Gabert, Autorität und Freiheit. Das mütterliche und das väterliche Element (Frankfurt a. M. 1983), 18ff.; W. Gerson, Das Vaterproblem in der Erziehung, in: Die Sammlung 15 (1960), 539–549; M. Juritsch, Der Vater in Familie und Welt. Eine anthropologische Studie (Paderborn 1966), 23f.; L. von Keyserlingk, Liebe aus der Ferne. Wie Kinder mit dem abwesenden Vater in Kontakt bleiben (Freiburg 1983), 42f.; W. Moll, Vater und Väterlichkeit (Graz–Wien–Köln 1962), 7f.; A. Vetter, Das Urbild der Väterlichkeit, in: Jugendwohl 41 (1960), 123–131.

62 Vgl. W. Hammel, Krise und Bildung. Das Phänomen der Krise im Zusammenhang von Reifung, Bildung und Erziehung (Ratingen 1967), 27 und 33 sowie O. F. Bollnow, Krise und neuer Anfang. Beiträge zur pädagogischen Anthropologie (Heidelberg 1966), 11f.

63 Vgl. Hammel, 32f.

64 Erni, 36, 292ff., 319–321. Brauchbare Arbeiten, etwa zu der Frage, wann genau die gegenwärtige «Krise» eingesetzt habe, fehlen. Zur Verdrängung des Vaters in den deutschen Märchen (also relativ früh) vgl. W. Kurth – B. Hübner, Typisierung von Mann, Frau und Kind in den Kinder- und Hausmärchen der Brüder Grimm (Masch. Staatsexamensarbeit, Münster/W. 1984), 162f.

65 Vgl. Erni, 17–33; Kerkhoff, 18–20.

66 Erni, 16; R. Daur, Begrüßungsansprache, in: Vaterproblem, 12.

67 Vgl. W. Braun, Der Vater im familiären Erziehungsprozeß. Beiträge zu einer pädagogischen Jugendtheorie (Bad Heilbrunn 1980), 5 und 9.

68 Vgl. E. Borneman, Das Patriarchat. Ursprung und Zukunft unseres Gesellschaftssystems (Frankfurt a. M. 1975), 421 sowie Hatebur, 30f. und 39.

69 Erni, 33.

70 Vgl. Braun, 26–77.

71 Vgl. Braun, 40 und 128.

72 Braun, 65.

73 M. Horkheimer, Kritische Theorie. Eine Dokumentation (Hrsg. A. Schmidt), I (Frankfurt a. M. 1968, 2. Aufl.), 6.

74 Braun, 53. Vgl. dens. 52, 54–64, 68 und 122.

75 Vgl. Hatebur, 12f.

76 Hatebur, 12.

77 Rosenberg, 146 und 156.

78 Vgl. S. Freud, Vorlesungen zur Einführung in die Psychoanalyse, Studienausgabe I (Frankfurt a. M. 1981, 9. Aufl.), 168.

79 Rosenberg, 160.

80 Rosenberg, 163.

81 Erni, 61.

82 Erni, 76.

83 Erni, 235; vgl. Kerkhoff, 20f.

84 Kerkhoff, 145f.

85 Rosenberg, 147.

Seite 46–52

86 E. Michel, Das Vaterproblem heute in soziologischer Sicht, in: Vaterproblem, 60; Gamm, 12.

87 Michel, 68.

88 H. Zimmer, zitiert nach: J. Stork, Die Bedeutung des Vaterbildes in der frühkindlichen Entwicklung, in: Fragen nach dem Vater. Französische Beiträge zu einer psychoanalytischen Anthropologie (Hrsg. J. Stork, Freiburg–München 1974) = Fragen, 268. Vgl. Stork, 288, 291 und 296.

89 D. W. Winnicott, zitiert nach: Stork, 293.

90 J. Bopp, Mit einem ohne zwei, Spiel drei, in: Konkret Sexualität 1985 (Hrsg. H. L. Gremliza und V. Sigusch, Hamburg 1985), 31.

91 Da die Termini «Patrologie» und «Patristik» bereits (von der «Kirchenväter-Kunde») besetzt sind, bietet sich – gegen «Paternalistik», «Patriologie», «Paternetik», «Paternistik» – diese Neuschöpfung an, die die Bildung zahlreicher Derivate ermöglicht. Hinweise hierzu verdanke ich K. D. Dutz.

92 H.-A. Fischer-Barnicol, Fragen nach dem Vater. Religionsphilosophisches Bedenken eines anthropologischen Themas, in: H. Tellenbach (Hrsg.), Vaterbilder in Kulturen Asiens, Afrikas und Ozeaniens. Religionswissenschaft – Ethnologie (Stuttgart–Berlin–Köln–Mainz 1979), 112.

93 Zielinski, 22.

94 Kaufmann, 19.

95 H. Tellenbach, Nähe und Ferne von Vaterbildern fremder Kulturen, in: ders. (Hrsg.), Vaterbilder, 11. Vgl. auch H. Tellenbach (Hrsg.), Das Vaterbild im Abendland I. Rom – Frühes Christentum – Mittelalter – Neuzeit – Gegenwart (Stuttgart–Berlin–Köln–Mainz 1978); ders. (Hrsg.), Das Vaterbild in Mythos und Geschichte. Ägypten, Griechenland, Altes Testament, Neues Testament (Stuttgart–Berlin–Köln–Mainz 1976).

96 Vgl. G. Debon, Die väterliche Macht in China, in: Tellenbach (Hrsg.), Vaterbilder in Kulturen, 78 und 81.

97 Zitiert nach: Debon, 73.

98 Zielinski, 30. Vgl. G. Scherer, Die Macht des Vaters. Meditationen über Kindschaft, Mündigkeit und Vatertum (Essen 1962), 7, 141 f.; Daur, 12 f.; L. Bopp, Zeige uns den Vater. Christliches Vatertum und seine Leitbilder (Freiburg–Basel–Wien 1962), 14; J. Bodamer, Der Mann von heute. Seine Gestalt und Psychologie (Freiburg–Basel–Wien 1964), 133 f.; Erni, 321.

99 Vgl. Mendel, Vater, 21.

100 Vgl. H. Schelsky, Die Soziologen und das Recht. Abhandlungen und Vorträge zur Soziologie von Recht, Institution und Planung (Opladen 1980), 217 (zu H. Spencer), 221 (zu M. Hauriou) und 223 f sowie M. Dannecker, Menschenbild und Sexualwissenschaft. Bemerkungen zu einem verschleierten Verhältnis, in: V. Sigusch (Hrsg.), Sexualität und Medizin. Arbeiten aus der Abteilung für Sexualwissenschaft des Klinikums der Universität Frankfurt a. M. (Köln 1979), 70 f. (zu A. Gehlen).

101 Vgl. Hatebur, 115.

102 Vgl. Kaufmann, 79 ff und 87.

103 A. Mitscherlich, 387.

104 Mendel, Vater, 348.

105 A. Mitscherlich, 367. Vgl. Borneman, Mythos, 232: «Recht ist also im histori-

schen Sinne das, was die Natur negiert und deshalb mit einem stets wachsendem Apparat von Gesetzgebern und Gesetzen, Richtern und Richtsprüchen, Polizisten und polizeilichen Maßnahmen, Gefängniswärtern und Gefängnissen, Strafbehörden und Strafen erzwungen werden muß.»

106 H. Gollwitzer, Die kapitalistische Revolution (München 1974), 68.

107 K. Schrader-Klebert, Die kulturelle Revolution der Frau, in: Kursbuch 17 (Juni 1969), 39, auch zum Folgenden.

108 Vgl. C. Koch – W. D. Narr, Krise – oder das falsche Prinzip Hoffnung, in: Leviathan. Zeitschrift für Sozialwissenschaft 4 / 1976, 297.

109 Koch–Narr, 305.

110 Vgl. Koch–Narr, 316.

111 Vgl. D. Claessens – K. Claessens, Kapitalismus als Kultur. Entstehung und Grundlagen der bürgerlichen Gesellschaft (Frankfurt a. M. 1979), 79.

112 Vgl. H. Hülsmann, Die technologische Formation oder: Lasset uns Menschen machen (Berlin 1985), 37.

113 Vgl. E. von Braunmühl, Antipädagogik. Studien zur Abschaffung der Erziehung (Weinheim–Basel 1975), 18.

114 W. Schluchter, Aspekte bürokratischer Herrschaft. Studien zur Interpretation der fortschreitenden Industriegesellschaft (München 1972), 12.

115 Vgl. H. Marcuse, Kultur und Gesellschaft 2 (Frankfurt a. M. 1965), 89 und 94 f. sowie Schluchter, 280 und 285.

116 A. Mitscherlich, 346.

117 Vgl. Adorno, 178.

118 R. Lautmann, der Zwang zur Tugend. Die gesellschaftliche Kontrolle der Sexualitäten (Frankfurt a. M. 1984), 21–23, 56 und 200 f.

119 Vgl. E. Bornemann, Sex im Volksmund. Der obszöne Wortschatz der Deutschen. 1 Wörterbuch von A–Z (Reinbek 1974), Einleitung «Über die sexuelle Umgangssprache».

120 H. Herrmann, Ehe und Recht. Versuch einer kritischen Darstellung (Freiburg–Basel–Wien 1972), 70–76.

121 Dannecker, 63–65, 68 f., 71 und 73.

122 Zitiert nach: Kursbuch 17 (Juni 1969), 89.

123 Schrader-Klebert, 25.

124 Herrmann, Unehelichenrecht, 132 f., 162.

125 Zitiert nach: V. Sigusch, Verfolgt, konform, subversiv, in: Sexualität, 266 f. Vgl. Lautmann, 191 und 200 f.

126 Vgl. Sigusch, Verfolgt, 277.

127 MEL XXIII, 546.

128 A. A., Zur Kritik der progressiven Intelligenz in Deutschland. Eine Stimme aus der Dritten Welt, in: Kursbuch 9 (Juni 1967), 186.

129 Vgl. Rosenberg, 146, 149 und 154.

130 Zitiert nach: K. Rutschky, Schwarze Pädagogik. Quellen zur Naturgeschichte der bürgerlichen Erziehung (Frankfurt a. M.–Berlin–Wien 1977), 41 f.

131 Handbuch (1877), zitiert nach: Rutschky, Pädagogik, 33.

132 Zitiert nach: Hatebur, 35.

133 Rousseau, 10. Vgl. I. Kant, Ausgewählte Schriften zur Pädagogik und ihrer Begründung (Hrsg. H. H. Groothoff, Paderborn 1963), 9 f., 30 und 40 f.

Seite 60–72

134 D. Sölle, Gott und ihre Freunde. Zur feministischen Theologie, in: Feminismus, 209.

135 Rosenberg, 153.

136 Vgl. Duden, 12 und Borst, 449.

137 Rosenberg, 153.

138 Zitiert nach: C. Gilligan, Die andere Stimme. Lebenskonflikte und Moral der Frau (München–Zürich 1984), 15.

139 Vgl. Gilligan, 17 und 58.

140 Vgl. Gilligan, 18 f und 60.

141 Gilligan, 27.

142 Vgl. H. von Canitz, Väter. Die neue Rolle des Mannes in der Familie (Frankfurt a. M. – Berlin–Wien 1982), 91 sowie Borneman, Mythos, 232 uns 243.

143 Vgl. Rutschky, Pädagogik, 24 und Kant, 26.

144 Rutschky, Pädagogik, XLV.

145 Zitiert nach: Rutschky, Pädagogik, 38–40. Kant, 28: «Man soll bei der Erziehung nur verhindern, daß Kinder nicht weichlich werden.»

146 A. Le Gall, Die neue Rolle des Vaters (Luzern–München 1972), 203.

147 Le Gall, 193.

148 G. Vinnai, Das Elend der Männlichkeit. Heterosexualität, Homosexualität und ökonomische Struktur. Elemente einer materialistischen Psychologie (Reinbek 1977), 26 f.

149 Vgl. Vinnai, 86.

150 P. Gorsen, Der feministische Mann, in: Sexualität, 128 und 130; vgl. Ch. Wolff, Bisexualität (Frankfurt a. M. 1981), 247–256 sowie Borneman, Mythos, 248 f.

151 Vgl. Gorsen, 134.

152 Rutschky, Pädagogik, LI.

153 Braunmühl, 21.

154 Vgl. Rutschky, Pädagogik, 102.

155 Mendel, Entkolonialisierung, 202.

156 Vgl. Mendel, Entkolonialisierung, 198 f.

157 Vgl. Frauenhaus Köln, Nachrichten aus dem Ghetto Liebe. Gewalt gegen Frauen. Ursachen – Auswirkungen – Bewältigungsstrategien (Frankfurt a. M. 1980), 9.

158 Vgl. Mendel, Entkolonialisierung, 95.

2. Stützen der Gewaltliebe

1 Vgl. Rutschky, Pädagogik, 57.

2 Vgl. Adorno, 7.

3 Vgl. Adorno, 252.

4 Adorno, 45.

5 F. Nietzsche, Werke in sechs Bänden (Hrsg. K. Schlechta, München 1980), IV, 1215 f.; vgl. Adorno, 123.

6 Vgl. H. J. Fraas, Die Vater-Sohn-Beziehung in psychologischer und theologischer Sicht, in: E. Lade (Hrsg.), Christliches ABC heute und morgen. Hand-

Seite 73–88

buch für Lebensfragen und Kirchliche Erwachsenenbildung (Bad Homburg 1978 ff), Familie, Gruppe 4 (Ergänzung 1 / 1985), 71. Vgl. auch Hatebur, 117 und 129.

7 O. Kuss, Fragmentarische Notizen eines Außenseiters (München 1979), 118.

8 Vgl. Göttner-Abendroth, 281.

9 F. J. Stendebach, Vater und Mutter. Aspekte der Gottesvorstellung im alten Israel und ihre anthropologische wie soziologische Relevanz, in: Dynamik im Wort (Hrsg. Kath. Bibelwerk, Stuttgart 1983), 147. Vgl. Gamm, 39 und Borneman, Mythos, 249 (Zeus als «Mutter-Vater»).

10 Vgl. O. Loretz, Vom kanaanäischen Totenkult zur jüdischen Patriarchen- und Elternehrung. Historische und tiefenpsychologische Grundprobleme der Entstehung des biblischen Geschichtsbildes und der jüdischen Ethik, in: Jahrbuch für Anthropologie und Religionsgeschichte (Hrsg. A. Rupp, Saarbrücken), 3 (1978), 167.

11 Stendebach, 147.

12 Vgl. Stendebach, 150.

13 Vgl. Stendebach, ebd.

14 Stendebach, ebd.

15 Kuss, 135.

16 Vgl. MEL XXV, 703.

17 A. Köberle, Vatergott, Väterlichkeit und Vaterkomplex im christlichen Glauben, in: Vaterprobleme, 15 f.

18 Vgl. Nietzsche, III, 212 f.

19 Kuss, 97.

20 Vgl. M. Weber, Die protestantische Ethik I (Hrsg. J. Winckelmann, Gütersloh 1979, 5. Aufl.), 172 f.

21 Vgl. Weber, 41 und 283 f sowie Adorno, 246.

22 Vgl. Kuss, 147 und Nietzsche, III, 344.

23 K. M. Kodalle, Unbehagen an Jesus. Eine Herausforderung der Psychoanalyse an die Theologie (Olten–Freiburg 1978), 10.

24 Kodalle, 7.

25 Vgl. Kodalle, 8.

26 E. Ortigues, Das Inzestverbot und der Platz des Dritten, in: Fragen, 152.

27 Vgl. zum folgenden Kodalle, 13–18.

28 Freud, IX, 534.

29 Th. Reik, Dogma und Zwangsidee. Eine psychoanalytische Studie zur Entwicklung der Religion (Stuttgart 1973), 51.

30 Reik, Dogma, 61.

31 Reik, Dogma, 45. Vgl. zum standardisierten Thema «pietätvoller Sohn» auch Vergils Aeneas in der Deutung von Th. Haecker, Vergil. Vater des Abendlandes (Frankfurt a. M.–Hamburg 1958), 104 f, wo «pietas» mit (demutsvoller) «Liebe zum Vater» übersetzt ist. Vgl. auch Haecker, 112 sowie, in anderem Zusammenhang, Sigrist, 113 f.

32 A. Mayer, Der zensierte Jesus. Soziologie des Neuen Testaments (Olten–Freiburg 1983), 14 f, 22, 51 f, 70 f und 303.

33 Vgl. C. Lagadec, Die Gestalt des Herrn nach Hegel und Nietzsche, in: Fragen, 123.

Seite 89–101

34 H. Marcuse, Der eindimensionale Mensch. Studien zur Ideologie der fortge-
    schrittenen Industriegesellschaft (Neuwied–Berlin 1967, 2. Aufl.), 24.
35 Vgl. H. Herrmann, Der priesterliche Dienst. IV Kirchenrechtliche Aspekte der
    heutigen Problematik (Freiburg–Basel–Wien 1972), 13, 33, 61.
36 Vgl. Persson, 23.
37 Vgl. Nietzsche, III, 134 und 499.
38 Vgl. Nietzsche, II, 539f.
39 Kuss, 112.
40 Kuss, 113.
41 Nietzsche, IV, 1216.
42 E. Fromm, Das Christusdogma und andere Essays (München 1965), 27.
43 Fromm, Christusdogma, 40.
44 Kodalle, 46.
45 Kuss, 80.
46 Rousseau, 9.
47 Adorno, 7.
48 Zitiert nach: Kaufmann, 16.
49 Vgl. Adorno, 207.
50 Vgl. Duden, Bd. 7, Das Herkunftswörterbuch. Die Etymologie der deutschen
    Sprache (Mannheim–Wien–Zürich 1963), 155.
51 Persson, 193.
52 Vgl. Kaufmann, 56.
53 Duden, 530 und Adorno, 34.
54 Kaufmann, 56f.
55 Kaufmann, 59.
56 Vgl. Adorno, 228.
57 Adorno, 46.
58 Adorno, 224.
59 Vgl. Adorno, 46, 71 und 224.
60 Adorno, 28.
61 Adorno, 255.
62 Zitiert nach: M. Schatzman, Die Angst vor dem Vater. Langzeitwirkung einer
    Erziehungsmethode. Eine Analyse am Fall Schreber (Reinbek 1974), 31.
63 Zitiert nach: Schatzman, 199.
64 Schatzman, 9.
65 Ders., ebd.
66 Zitiert nach: Schatzman, 88.
67 Schatzman, 33.
68 Zitiert nach: Schatzman, 122.
69 Zitiert nach: Schatzman, 37.
70 Vgl. Schatzman, 36–42.
71 Vgl. Hatebur, 115.
72 Zitiert nach: Schatzman, 193f.
73 Schatzman, 188f.
74 Vgl. Adorno, 240.
75 Zitiert nach: Schatzman, 55.
76 K. Ph. Moritz, Anton Reiser. (Frankfurt a. M. 1980, 2. Aufl.), 15.

Seite 102–117

77 Zitiert nach: M. von Brück, Nachwort, in: Moritz, Reiser, 436.

78 Moritz, Reiser, 91.

79 Moritz, Reiser, 101.

80 Vgl. A. J. Bisanz, Die Ursprünge der Seelenkrankheit bei Karl Philipp Moritz (Heidelberg 1970), 117.

81 Vesper, 558 f.

82 Moritz, Reiser, 19.

83 Moritz, Reiser, 16.

84 Bisanz, 47.

85 Moritz, Reiser, 72.

86 Moritz, Reiser, 411.

87 Zitiert nach: Bisanz, 15.

88 Moritz, Reiser, 121.

89 Moritz, Reiser, 127.

90 K. Ph. Moritz, Aussichten zu einer Experimentalseelenlehre an Herrn Direktor Gedike. Bei der Jubelfeier des Werderschen Gymnasiums (Berlin 1782), 5.

91 Moritz, Reiser, 196.

92 Moritz, Reiser, 28 f. Vgl. dens., 94.

93 Moritz, Reiser, 228.

94 Moritz, Reiser, 229.

95 Vgl. Moritz, Reiser, 74, 112, 138 und 167.

96 Moritz, Reiser, 75. Vgl. 165.

97 Moritz, Reiser, 148.

98 Moritz, Reiser, 177.

99 Adorno, 21.

100 Delaisi de Parseval, 29.

101 Delaisi de Parseval, 60 f.; Marcel, 114.

102 Kaufmann, 20.

103 Delaisi de Parseval, 29.

104 Delaisi de Parseval, 36.

105 Dies., ebd.

106 Kaufmann, 15.

107 Vgl. Delaisi de Parseval, 12.

108 H. de Montherlant, zitiert nach: Delaisi de Parseval, 274.

109 Hatebur, 65 f.

110 Vgl. Delaisi de Parseval, 291.

111 Vgl. Delaisi de Parseval, 85 f.

112 Vgl. Delaisi de Parseval, 87–91.

113 Zitiert nach: J. Colette, Der Wunsch, man selbst zu sein, und die Funktion des Vaters bei Kierkegaard, in: Fragen, 77 f.

114 Vgl. Hülsmann, 161; Hatebur, 29, 69 und 76 f.; M. French, Jenseits der Macht. Frauen, Männer und Moral (Reinbek 1985), 125; E. E. Vardiman, Die Frau in der Antike (Wien–Düsseldorf 1982), 125.

115 Vgl. J. Offenbach, Feminismus – Heterosexualität – Homosexualität, in: Feminismus, 219.

116 Vgl. Rutschky, Pädagogik, 3; Kodalle, 139 (zu R. L. Rubenstein, My Father Paul, New York 1972, 75).

Seite 117–125

117 Vgl. Delaisi de Parseval, 102.

118 Rosenberg, 146 f., 149, 153 und 160.

119 Rousseau, 22; vgl. Rutschky, Chronik, 180 f.

120 Rutschky, Pädagogik, 148.

121 Adorno, 69.

122 Vgl. M. Dobberthien, Frauenarbeit. Zwischen Chance und Diskriminierung, in: Feminismus, 429.

123 Rutschky, Chronik, XXVIII.

124 J. Gröll, Die Moral der Familie. Zur Form von individueller Reproduktion, Familie und Staat (Münster/W. 1983), 9. Vgl. Adorno, 332 f.

125 Adorno, 18; vgl. Schröder, 479–484 und Hatebur, 141.

126 Vgl. Adorno, 258.

127 Adorno, 25. Vgl. dens., 239.

128 Adorno, 79.

129 Stork, 272.

130 Hatebur, 70 ff.

131 Hatebur, 72, Anm. 185.

132 Duden, 31 und 141.

133 Vgl. Claessens – Claessens, 72.

134 Kaufmann, 48. Vgl. dens., 13, 36, 38, 75 und 67 sowie 163 (zum Verhalten in peer-groups).

135 E. Ringel, Selbstschädigung durch Neurose. Psychotherapeutische Wege zur Selbstverwirklichung (Wien–Freiburg–Basel 1973), 46.

136 Vgl. Adorno, 205.

137 Adorno, 22.

138 Adorno, 267.

139 Lagadec, 120.

140 Adorno, 84.

141 Lagadec, 127.

142 Vgl. Horkheimer, 346.

143 Adorno, 233.

144 Kaufmann, 22.

145 Vgl. K. Mollenhauer, Theorien zum Erziehungsprozeß (München 1972), 120 f.

146 Vgl. Claessens, 84 sowie A. Mitscherlich, 62 und 98 f.

147 Kaufmann, 21.

148 Gröll, 59 f. (zu F. Neidhardt).

149 Rousseau, 17.

150 Kaufmann, 115 und 119, auch zum Folgenden.

151 Kaufmann, 139 und 143, auch zum Folgenden.

152 Kaufmann, 156 f.

153 Kaufmann, 165, 170–175.

154 Kaufmann, 222 und 225, auch zum Folgenden.

155 Vgl. A. Mitscherlich, 86, 169 uns 295 f. sowie Ch. Kerner, Letzter Hilferuf, in: Die Zeit Nr. 33 / 1984 vom 10. 8. 1984, 24.

156 E. Borneman, Studien zur Befreiung des Kindes, I, Unsere Kinder im Spiegel ihrer Lieder, Reime, Verse und Rätsel (Frankfurt–Berlin–Wien 1980), 13.

157 K.J. Huch, Einübung in die Klassengesellschaft. Über den Zusammenhang von Sozialstruktur und Sozialisation (Frankfurt a. M. 1981), 58.
158 P. Bourdieu, L. Boltanski, M. de Saint Martin, Kapital und Bildungskapital. Reproduktionsstrategien im sozialen Wandel, in: Bourdieu u. a., Titel und Stelle. Über die Reproduktion sozialer Macht (Frankfurt a. M. 1981), 60.
159 Adorno, 312.
160 Vgl. Nietzsche, II, 903.
161 Vgl. Gröll, 60.
162 Gröll, 62.
163 Vgl. Hülsmann, 47.
164 vgl. Kaufmann, 227.
165 Vgl. Kaufmann, 27, 148 ff. und 257, Anm. 1.
166 Michel, 58.
167 Vgl. Canitz, 34 und 38.
168 Horkheimer, 338.
169 Claessens – Claessens, 59.
170 Claessens – Claessens, 124.
171 Vgl. Claessens – Claessens, 134 und 140.
172 Vgl. Claessens – Claessens, 33 zur Politischen Ökonomie von K. Marx.
173 Rosenberg, 141.
174 Rosenberg, 157 Anm. 1.
175 Der Spiegel Nr. 46/1985 vom 11. 11. 1985, 203.
176 Vgl. M. Jansen, Frauen unter Gorbatschow, in: Konkret 5/1988, 15–17.
177 Claessens – Claessens, 141.
178 Horkheimer, 337 f.
179 Kaufmann, 181.
180 Rutschky, Chronik, XXX.
181 Vgl. M. Schneider, Neurose und Klassenkampf. Materialistische Kritik und Versuch einer emanzipativen Neubegründung der Psychoanalyse (Reinbek 1973), 98.
182 Vgl. Kaufmann, 181.
183 Vgl. K. Marx, Grundrisse der Kritik der Politischen Ökonomie (Berlin 1953), 135.
184 Horkheimer, 351 f. Vgl. dens., 288.
185 Kaufmann, 20.
186 Schneider, 161. Kant als Pädonom: «Es ist von der größesten Wichtigkeit, daß Kinder arbeiten lernen» (35).
187 Vgl. Marx, Grundrisse, 135.
188 Marx, zitiert nach: Claessens – Claessens, 92.
189 Horkheimer, 311.
190 Claessens – Claessens, 169.
191 Dr. Buckup zitiert nach: Schneider, 224.
192 Vgl. Schneider, 216.
193 Hatebur, 64.
194 K. Marx, Ökonomisch-philosophische Manuskripte aus dem Jahre 1844, in: MEW, Ergänzungsband, 1. Teil (Berlin 1968), 515.
195 Schneider, 233.

Seite 136–148

196 Vgl. Schneider, 203.

3. Liebesleistungen

1   Vgl. Hatebur, 51, Anm. 102.
2   Vgl. Hülsmann, 57.
3   Vgl. Mendel, Entkolonialisierung, 94 sowie Claessens – Claessens, 58f.
    und 63.
4   Vgl. Nietzsche, V, 314f.
5   Hülsmann, 8.
6   Vgl. Hülsmann, 59.
7   Vgl. Hülsmann, 64.
8   Vgl. Kuss, 85.
9   Hülsmann, 21.
10 Hülsmann, 30f.
11 Adorno, 321.
12 Hatebur, 55. Vgl. dens., 73.
13 Vgl. Claessens – Claessens, 104.
14 Vgl. Hülsmann, 26.
16 Hülsmann, 51.
17 Vgl. P. K. Kelly, Frauen-Friedenspolitik angesichts der drohenden Weltver-
    nichtung, in: Feminismus, 507f.
18 Vgl. Kelly, 513.
19 Kelly, 510.
20 Kaufmann, 82.
21 Nietzsche, III, 134.
22 Nietzsche, II, 647.
23 Nietzsche, II, 526.
24 R. Weil (Hrsg.), Wer hat den lieben Gott auf die Welt gebracht? (Gütersloh
    1974, 2. Aufl.). Das Buch enthält keine Seitenangaben.
25 Zitiert nach: V. Böll – R. Matthaei (Hrsg.), Querschnitte. Aus Interviews,
    Aufsätzen und Reden von Heinrich Böll (Köln 1977), 173.
26 Zitiert nach: Böll – Matthaei, 196.
27 Vgl. K. Katzenberger, Killing me softly – eine katholische Collage, in: D.
    Scherf (Hrsg.), Der liebe Gott sieht alles. Erfahrungen mit religiöser Erziehung
    (Frankfurt a. M. 1984), 107.
28 Nietzsche, II, 448. Adorno, 326: «Nichts gefällt dem Bestehenden besser, als
    daß Bestehen als solches Sinn sein soll.»
29 Nietzsche, III, 144.
30 Nietzsche, III, 212. Adorno, 311: «Die metaphysischen Kategorien sind nicht
    bloß die verdeckende Kategorie des gesellschaftlichen Systems, sondern drük-
    ken jeweils zugleich dessen Wesen aus, die Wahrheit über es, und in ihren Ver-
    änderungen schlagen die der zentralsten Erfahrungen sich nieder.»
31 Nietzsche, II, 482.
32 Nietzsche, II, 483. Vgl. Adorno, 244–247.
33 A. Mitscherlich, 125.

34 Hülsmann, 39.

35 Ders., ebd.

36 Vgl. Mendel, Entkolonialisierung, 207f., Anm. 55.

37 Vgl. Adorno, 259.

38 Nietzsche, II, 529.

39 Adorno, 239f.

40 Weber, 43.

41 Rousseau, 354.

42 Nietzsche, III, 147.

43 Nietzsche, III, 324.

44 Nietzsche, III, 333.

45 Adorno, 28.

46 S. Keen, Die Lust an der Liebe, Leidenschaft als Lebensform (Weinheim–Basel 1985, 2. Aufl.), 27f.; zum Folgenden vgl. Keen, 31f.

47 Claessens – Claessens, 24. Vgl. E. Jünger, Der Kampf als inneres Erlebnis (Berlin 1922), 37: «Eine Kultur mag noch so ragend sein – erlischt der männliche Nerv, ist sie Koloß auf tönernen Füßen… Da möchte jemand fragen: Wohl mag der liebe Gott bei den stärksten Bataillonen sein, sind aber auch die stärksten Bataillone bei der höchsten Kultur? Gerade deshalb ist es heilige Pflicht der höchsten Kultur, die stärksten Bataillone zu haben.»

48 E. Fromm, Die Kunst des Liebens (Frankfurt a. M.–Berlin–Wien 1980), 54. Vgl. dens., 78.

49 Hatebur, 74–76.

50 Hatebur, 79; Anm. 204. Vgl. dens., 81, 83 und 94.

51 So der Diktator Portugals Salazar nach: Mendel, Entkolonialisierung, 52.

52 Vgl. Mendel, Entkolonialisierung, 117.

53 MEL IX, 433. Vgl. J. Hirschberger, Geschichte der Philosophie, I Altertum und Mittelalter (Basel–Freiburg–Wien 1960, 4. Aufl.), 499.

54 Kuss, 107.

55 Borneman, Mythos, 233f. und 249.

56 E. Morgan, Der Mythos vom schwachen Geschlecht (Frankfurt a. M. 1975), 188. Sigrist, 164 spricht in bezug auf Frauen in segmentären Gesellschaften Afrikas von deren (disqualifizierendem) «Nichtkombattantenstatus».

57 F. Basaglia – F. Basaglia-Ongaro, Befriedungsverbrechen, in: F. Basaglia u. a., Befriedungsverbrechen. Über die Dienstbarkeit der Intellektuellen (Frankfurt a. M. 1980) = Befriedungsverbrechen, 22.

58 Hülsmann, 161.

59 Vgl. M. Foucault, Macht – Wissen, in: Befriedungsverbrechen, 79f.

60 Vgl. Adorno, 241f., 257f. und Claessens – Claessens, 188.

61 Vgl. Basaglia – Basaglia-Ongaro, 20.

62 Kuss, 130.

63 Vgl. Basaglia – Basaglia-Ongaro, 54f.

64 Rousseau, 390.

65 Borneman, Mythos, 239. Vgl. dens., 263.

66 Vgl. Mendel, Entkolonialisierung, 63, 79 und 83f.

67 Mendel, Entkolonialisierung, 143.

68 Mendel, Entkolonialisierung, 171.

69 Mendel, Entkolonialisierung, 190.

70 Mendel, Entkolonialisierung, 198–200.

71 Mendel, Entkolonialisierung, 201.

72 Mendel, Entkolonialisierung, 192.

73 Braunmühl, 13, auch zum Folgenden.

74 Mendel, Entkolonialisierung, 211, Anm. 105.

75 Rousseau, 389.

76 Vgl. E. Fischer-Homberger, Neue Materialien zur «Krankheit Frau» (19. und
    20. Jahrhundert), in: Feminismus, 308–339.

77 Mendel, Entkolonialisierung, 145.

78 Fischer-Homberger, 311.

79 Hatebur, 33 f.

80 Ch. Schmerl, Die Gewalt der Bilder – Frauenfotografie im Patriarchat, in: Fe-
    minismus, 241.

81 Schröder, 503 f.

82 J. Murphy, Von Mäusen zu Menschen. Vom Fortschritt in der Klonforschung,
    in: R. Arditti u. a. (Hrsg.), Retortenmütter (Reinbek 1985), 67.

83 Zitiert nach: Rousseau, 448.

84 Vgl. Herrmann, Priesterlicher Dienst, 47.

85 Vgl. Schmerl, 244.

86 Theweleit, I, 42.

87 Vgl. Schmerl, 245.

88 Vgl. M. R. Cutrufelli, Der Nächste bitte! Warum Männer zu Prostituierten
    gehen (Berg. Gladbach 1983), 30, 42, 50 und 89.

89 B. Kavemann – I. Lohstöter, Väter als Täter. Sexuelle Gewalt gegen Mädchen
    (Reinbek 1984), 100.

90 Vgl. Kavemann – Lohstöter, 9 f, 14 f und 79 f.

91 Offenbach, 225 f.

92 Theweleit, I, 276.

93 Mendel, Entkolonialisierung, 130.

94 M. Daly, Jenseits von Gottvater, Sohn & Co. Aufbruch zu einer Philosophie
    der Frauenbefreiung (München 1980), 90.

95 Vgl. R. Reiche, Sexualität und Klassenkampf. Zur Abwehr regressiver Ent-
    sublimierung (Frankfurt a. M. 1972), 170.

96 Kuss, 127.

97 Nietzsche, III, 450.

C 2120/7 a

rororo MANN

C 2120/7 b